高职高专会计专业
工学结合系列教材

基础会计实务

- 戚素文 主 编
- 李泽岚 李丽华 副主编

清华大学出版社
北 京

内 容 简 介

本书以教育部《全面提高高等职业教育教学质量的若干意见》(教高[2006]16号)文件为指导,紧扣高职教育培养高技能专门人才的目标要求,以会计核算岗位要求、会计职业基本能力的形成、满足就业需求为依据,围绕会计工作任务和会计从业资格考试的要求来选择课程内容。本书打破了传统的以理论知识为核心,附之于会计核算方法的教学内容体系,以基于实际会计工作过程和会计工作任务为主线,按照教、学、做一体化的教学模式,结合新企业会计准则进行编写,将其内容划分为六个项目,二十项任务。每个教学项目都提出了具体的技能目标和知识目标。每项工作任务都是一项具体的行动化学习任务。在每一个项目的开篇均以案例导入,每个项目后均附有精心选配的针对性强、多角度、多形式的课后练习,为会计课程的教学和自学提供了方便。

本书可作为高职高专院校财会专业项目化教学的教材,也可作为相关专业及会计从业人员的学习用书。

本书封面贴有清华大学出版社防伪标签,无标签者不得销售。
版权所有,侵权必究。举报: 010-62782989, beiqinquan@tup.tsinghua.edu.cn。

图书在版编目(CIP)数据

基础会计实务/戚素文主编. —北京:清华大学出版社,2009.9(2023.11重印)
高职高专会计专业工学结合系列教材
ISBN 978-7-302-20570-8

Ⅰ. 基… Ⅱ. 戚… Ⅲ. 会计学－高等学校:技术学校－教材 Ⅳ. F230

中国版本图书馆 CIP 数据核字(2009)第 113792 号

责任编辑:康 蓉
责任校对:袁 芳
责任印制:沈 露

出版发行:清华大学出版社
    网 址:http://www.tup.com.cn, http://www.wqbook.com
    地 址:北京清华大学学研大厦 A 座 邮 编:100084
    社 总 机:010-83470000 邮 购:010-62786544
    投稿与读者服务:010-62776969, c-service@tup.tsinghua.edu.cn
    质 量 反 馈:010-62772015, zhiliang@tup.tsinghua.edu.cn
印 装 者:三河市人民印务有限公司
经 销:全国新华书店
开 本:185mm×260mm 印 张:15.5 字 数:351 千字
版 次:2009 年 9 月第 1 版 印 次:2023 年 11 月第 18 次印刷
定 价:49.00 元

产品编号:032620-03

高职高专会计专业工学结合系列教材
编委会名单

主　任： 梁伟样（丽水职业技术学院）

编委会成员（按拼音排序）：

　　　　陈　强（浙江商业职业技术学院）

　　　　顾全根（苏州经贸职业技术学院）

　　　　李　莉（四川商务职业学院）

　　　　戚素文（唐山职业技术学院）

　　　　施海丽（丽水职业技术学院）

　　　　俞校明（浙江经贸职业技术学院）

　　　　周小芬（长沙商贸旅游职业技术学院）

　　　　邹　敏（湖南交通职业技术学院）

秘书组： 康　蓉（tsinghuakr@126.com）

丛书 序

2006年11月16日,教育部发布了《全面提高高等职业教育教学质量的若干意见》(教高[2006]16号),提出要积极推行订单培养,探索工学交替、任务驱动、项目导向、顶岗实习等有利于增强学生能力的教学模式;要积极与行业企业合作开发课程,建立突出职业能力培养的课程标准,建设融"教、学、做"为一体、强化学生能力培养的优质教材。

新的《企业会计准则》已于2007年1月1日起施行;新修订的企业所得税法从2008年1月1日起执行;增值税从2009年1月1日起在全国范围内实行转型,由生产型增值税转为消费型增值税,税法在变,会计法规在变,会计专业的教材也需要及时更新。

为适应高职院校教学模式改革的形势,我们通过招标,以课题研究的方式,邀请了全国部分省市高职院校的会计教师、企业会计专家,共同编写了这套高职高专会计专业工学结合系列教材,共9种14本,包括《基础会计实务》、《财务会计实务》、《成本会计实务》、《企业纳税实务》、《会计电算化实务》、《财务管理实务》、《审计实务》、《财务报表阅读与分析》、《出纳实务》,其中前5种教材单独配备了"全真实训",以方便教师的教学与学生的实训练习。

本系列教材具有以下特色。

1. **项目导向、任务驱动**。以真实的工作目标作为项目,以完成项目的典型工作过程(环节、方法、步骤)作为任务,以任务引领知识、技能和方法,让学生在完成工作任务中学习知识,训练技能,获得实现目标所需要的职业能力。

2. **内容适用、突出能力**。根据高职毕业生就业岗位的实际情况,以会计岗位的各种业务为主线,以介绍工作流程中的各个程序和操作步骤为主要内容,围绕职业能力培养,注重内容的实用性和针对性,体现职业教育课程的本质特征。

3. **案例引入、学做合一**。每个项目以案例展开并贯穿于整个项目之中,打破长期以来理论与实践二元分离的局面,以任务为核心,配备相应的全真实训教材,便于在做中学、学中做,学做合一,实现理论与实践一体化教学。

4. **资源丰富、方便教学**。在教材出版的同时为教师提供教学资源库,主要内容为:教学课件、习题答案、趣味阅读、课程标准、模拟试卷等,以便于教师教学参考。

本系列教材无论从课程标准的开发、教学内容的筛选、教材结构的设计还是工作任务的选择,都倾注了职业教育专家、会计教育专家、企业会计实务专家和清华大学出版社各位编辑的心血,是高等职业教育教材为适应学科教育到职业教育、学科体系到能力体系两个转变进行的有益尝试,也是梁伟样教授主持的清华大学出版社重点课题"高职高专会计专业工学结合模式的课程研究"的首批成果。

本系列教材适用于高等职业院校、高等专科学校、成人高校及本科院校的二级职业技术学院、继续教育学院和民办高校的财会类专业使用,也可作为在职财会人员岗位培训、自学进修和岗位职称考试的教学用书。

本系列教材难免有不足之处,请各位专家、老师和广大读者不吝指正,希望本系列教材的出版能为我国高职会计教育事业的发展和人才的培养作出贡献。

高职高专会计专业工学结合系列教材
编写委员会

前言 Preface

基础会计实务

本教材依据教育部《全面提高高等职业教育教学质量的若干意见》（教高[2006]16号）文件精神设计、组织其结构和内容。本书打破传统教材学科体系的构建模式，按照"项目导向，先会后懂，理实一体"的教学理念重组教材结构。充分体现建构主义先进理念，按照工学结合的教学模式，将教材内容与会计岗位的基本能力相结合，与会计从业资格考证相连接，与会计职业素质养成相贯通。建立起以职业能力、职业素质培养为目标，以项目为导向，以工作任务为核心，以学生为主体，以真实经济业务为载体，以实训为手段的内容体系，是一本教、学、做一体化的项目教材。

本书是由长期从事会计教学工作同时又有多年企业兼职会计工作经历的"双师型"专任教师和长期从事企业会计实际工作的兼职教师共同编写的，在编写前，充分分析和论证了会计核算工作岗位的任务、职能，以及对会计人员的素质、能力要求。在内容、体例、结构，以及理论与实践的融合等方面都体现了较大的改革与创新。体现在以下几个方面。

1. 教材名称

将原来的《基础会计》改为《基础会计实务》，虽两字之差，但更加突出了该课程的实用性和实践性。

2. 教材的总体设计

为充分体现"任务引领，项目导向"的指导思想，将本教材的内容重新进行了整合、序化，设计为六个项目，二十项任务。要求以项目为单位组织教学，以目标任务为引领和激励目标。所以，本教材是以一个项目为一个单元，围绕每一项任务要求来组织编写的。建议在教学中以企业基本经济业务为载体，以实训场所为依托，以操作技术为核心，以具体训练项目为途径，教、学、做连为一体，来培养学生的综合职业能力和职业发展能力，满足学生就业与发展的需要。

3. 教材的内容

更加体现课程内容的职业性、高等性和实践性的特点。紧紧围绕完成会计核算工作任务和会计从业资格考试的需要来选择教材内容，变知识学科本位为职业能力本位；打破传统的以"了解"、"掌握"为特征设定的学科型课程目标，从"项目与职业能力"分析出发来设定职业能力培养目标，变书本知识的传授为动手能力的培养。

同时，在教材的编写过程中，坚持以国家最新的企业会计准则和财务会计制度为依据，较好地注意了知识的时效性。

4. 体例、结构的编排

体现了工学结合、职业能力培养的主导思想。打破传统的基础会计教材的框架，建立了行为导向型的教材框架。对每一项目内容均重点描述了会计职业能力的目标，即教师要教什么，学生要做什么，以及怎样训练学生的职业能力，即训练项目。每一个项目内容的开篇，都采取"案例导入"的方式。教材的体例、结构紧紧围绕会计核算的各种基本方法的学习及其运用而安排。而掌握这些方法应必备的理论知识则通过在"做中学"加以理解和掌握，通过"知识链接"的形式来介绍，进而达到知识的积累并内化为学生的会计职业能力、岗位适应能力和职业发展能力。教材中还按照会计核算的一般程序，将单项训练和综合训练相互结合。这种编排，对于激发学生的职业兴趣，形成职业意识，培养职业认同，养成职业习惯，提高职业技能将会起到促进作用。

本书由唐山职业技术学院财经系戚素文教授担任主编，编写了项目一；由唐山职业技术学院财经系李泽岚教授担任第一副主编，编写了项目四和项目六；由唐山百货大楼集团公司李丽华财务总监担任第二副主编，与江苏经贸职业技术学院陈惠明副教授一起编写了项目三；四川商务职业学院曹屹老师编写了项目二；丽水职业技术学院蒋麟凤老师编写了项目五。全书由李泽岚和戚素文教授进行总纂。

本书由唐山市大众会计师事务所副主任、注册会计师赵彩琴和唐山市财政局会计处高级会计师王静担任主审。参与本书编写指导的还有丽水职业技术学院的教学副院长梁伟样教授和内蒙古商贸职业技术学院的教务处长李军义副教授。

本书是在教高[2006]16号文件精神指导下，对会计类教材按照项目化教学要求进行编写的一次改革和创新，由于编者水平有限，特别是对16号文件精神的理解上还有待于加深，加之时间仓促，难免存在不足之处，敬请广大读者和各界同仁多提宝贵意见。

编 者

2009年5月

目录 Contents

1 项目一 认识会计与会计职业

任务 1.1 认识会计 …… 2
- 1.1.1 会计的特点 …… 2
- 1.1.2 会计的职能 …… 3
- 1.1.3 会计的对象 …… 4
- 1.1.4 会计的目标 …… 5
- 1.1.5 会计的方法 …… 6

任务 1.2 认识会计职业 …… 10
- 1.2.1 会计职业 …… 10
- 1.2.2 会计人员的职业素质要求 …… 13
- 1.2.3 会计人员的职业发展 …… 16

课后练习 …… 20

23 项目二 运用借贷记账法编制会计分录

任务 2.1 认识会计要素 …… 24
- 2.1.1 案例资料 …… 24
- 2.1.2 会计要素的内容 …… 24
- 2.1.3 会计等式 …… 30

任务 2.2 设置和使用账户 …… 36
- 2.2.1 案例资料 …… 36
- 2.2.2 账户的设置 …… 36
- 2.2.3 账户的使用 …… 41

任务 2.3 借贷记账法 …… 43
- 2.3.1 案例资料 …… 43
- 2.3.2 借贷记账法 …… 44
- 2.3.3 总分类账与明细分类账的平行登记 …… 54

任务 2.4 借贷记账法的运用 …… 58
- 2.4.1 筹集资金的核算 …… 58
- 2.4.2 材料采购业务的核算 …… 61

2.4.3　产品生产业务的核算 ································· 65
　　2.4.4　产品销售业务的核算 ································· 71
　　2.4.5　财务成果的核算 ······································· 75
课后练习 ··· 81

项目三　填制与审核会计凭证

任务 3.1　填制与审核原始凭证 ································· 95
　　3.1.1　案例资料 ·· 95
　　3.1.2　原始凭证的填制 ······································· 95
　　3.1.3　原始凭证的审核 ······································ 103
任务 3.2　填制与审核记账凭证 ································ 105
　　3.2.1　案例资料 ··· 105
　　3.2.2　记账凭证的填制方法 ································ 106
　　3.2.3　记账凭证的审核 ······································ 111
任务 3.3　整理与装订会计凭证 ································ 112
　　3.3.1　案例资料 ··· 112
　　3.3.2　会计凭证的传递 ······································ 112
　　3.3.3　会计凭证的整理与装订 ····························· 113
　　3.3.4　会计凭证的保管 ······································ 115
课后练习 ·· 117

项目四　设置与登记会计账簿

任务 4.1　设置会计账簿 ··· 123
　　4.1.1　案例资料 ··· 123
　　4.1.2　账簿的设置方法 ······································ 124
任务 4.2　启用与登记会计账簿 ································ 130
　　4.2.1　案例资料 ··· 130
　　4.2.2　账簿的启用和登记方法 ····························· 131
任务 4.3　对账 ·· 135
　　4.3.1　案例资料 ··· 135
　　4.3.2　对账的方法 ·· 135
任务 4.4　更正错账 ·· 142
　　4.4.1　案例资料 ··· 142
　　4.4.2　错账更正的方法 ······································ 143
任务 4.5　结账与更换新账 ······································ 148
　　4.5.1　案例资料 ··· 148
　　4.5.2　结账的程序与方法 ··································· 149

      4.5.3　更换新账的方法 ………………………………………………… 152

　　课后练习 …………………………………………………………………… 153

项目五　编制基本会计报表

　　任务5.1　编制资产负债表 ……………………………………………………… 160

      5.1.1　案例资料 …………………………………………………………… 161

      5.1.2　资产负债表的结构 ………………………………………………… 161

      5.1.3　资产负债表的编制方法 …………………………………………… 163

　　任务5.2　编制利润表 …………………………………………………………… 168

      5.2.1　案例资料 …………………………………………………………… 168

      5.2.2　利润表的结构 ……………………………………………………… 168

      5.2.3　利润表的编制方法 ………………………………………………… 170

　　任务5.3　编制现金流量表 ……………………………………………………… 170

      5.3.1　现金流量表的结构 ………………………………………………… 170

      5.3.2　现金流量表的编制方法 …………………………………………… 172

　　任务5.4　报送会计报表 ………………………………………………………… 175

　　课后练习 …………………………………………………………………… 182

项目六　会计基本技能的综合运用

　　任务6.1　账户分类 ……………………………………………………………… 189

      6.1.1　案例资料 …………………………………………………………… 189

      6.1.2　账户按用途和结构不同分类 ……………………………………… 189

　　任务6.2　账务处理程序的运用 ………………………………………………… 197

      6.2.1　记账凭证账务处理程序 …………………………………………… 197

      6.2.2　科目汇总表账务处理程序 ………………………………………… 216

      6.2.3　汇总记账凭证账务处理程序 ……………………………………… 220

　　课后练习 …………………………………………………………………… 231

参考文献

认识会计与会计职业

项目一
Xiangmu 1

技能目标

1. 认识会计与会计职业。
2. 能制订会计职业生涯规划。

知识目标

1. 明确会计的职能、目标和对象。
2. 明确会计核算方法的组成内容和相互联系。
3. 明确会计核算的基本前提。
4. 明确会计人员的工作职责。
5. 熟悉会计人员的职业素质。

案例导入

王华、陈思是一所高等职业院校会计专业大三的学生,正在为选择未来的工作做准备,2007年12月5日参加了某市人才市场招聘会,他们在一家招聘单位了解到如下情况。

该企业为一家玻璃制品有限责任公司,注册资金2 000万元,为增值税一般纳税人,主要生产特种彩色玻璃和普通白色玻璃。筹建期已经结束,准备于2008年1月开始生产。欲招聘出纳1名,成本会计1名,会计主管1名。招聘条件是各岗位会计人员必须有从业资格证书,成本会计和会计主管还须熟悉岗位职责,有企业相关工作经历。但是王华、陈思是即将毕业的学生,因此,对该企业这样的招聘条件有些疑惑。

问题:

1. 会计专业应届毕业生没有会计从业资格证书,如何取得?
2. 会计人员的工作职责是什么?
3. 招聘企业为什么这样规定?你认为合理吗?

任务 1.1 认识会计

会计一词,在现实生活中至少包括三种含义:其一是指从事会计工作的人,如张会计、李会计等;其二是指会计工作,如我是干会计的;其三是指以会计为研究对象的学科,也就是会计学,如我是教会计的教师。本任务中的会计无特殊说明,它是指会计工作。

1.1.1 会计的特点

会计是以货币为主要计量单位,反映和监督一个单位经济活动的一种经济管理工作。它与企业其他管理活动相比,会计具有以下基本特点。

1. 以货币为主要计量单位

对任何一种经济活动的核算和记录,都必须应用一定的计量单位,否则就无法进行数量反映。人们经常采用的计量单位主要有三种:实物量度(如千克、米、件等)、劳动量度(如工作日、工时等)和货币量度(元、角、分)。这些计量单位,由于衡量的基础不同,分别应用在不同的方面。

实物量度是为了核算各种不同物资的实物数量而采用的,它对于提供经营管理上所需的实物指标,保护各种物资的安全和完整具有重要意义。但是,实物量度有一定的局限性,它只能用于总计同一种类的物资,而不能用来总计各种不同种类的物资,更无法用来综合反映各种不同的经济活动。

劳动量度是为了核算企业经营活动中消耗的劳动者工作时间的数量而采用的一种计量单位,应用劳动量度可以具体确定某一工作过程的劳动耗费,这在商品经济条件下是非常必要且具有特定作用的。但是,由于价值规律是商品经济下的基本经济规律,社会再生产过程中所消耗的劳动量,还不能广泛利用劳动量度来进行记录和计算,仍需要间接地利用价值形式进行计算,即必须借助于价值形式才能把各种经济性质相同或不同的生产经营业务加以综合,以求得经营管理所必需的资产、负债、成本、利润等这样一些综合性的经济指标,总括反映各个单位错综复杂的经济活动过程及其结果。

货币是商品的一般等价物,具有价值尺度的功能。以货币作为统一的计量单位来进行核算是会计的一个重要特点。尽管实物量度和劳动量度也要经常应用,但会计上的主要计量单位还是货币。

2. 具有连续性、系统性、全面性和综合性

会计具有一套科学的专门方法,能对经济活动进行连续、系统、全面和综合的核算与监督。连续性是指会计对各种经济业务按其发生的时间先后顺序进行不间断的记录;系统性是指对会计记录要按一定要求进行科学的分类、整理和汇总,为经营管理提供系统的、有用的会计信息;全面性是指会计对全部经济活动进行完整的计量和记录,反映其来龙去脉,不能有任何遗漏;综合性是指会计对各项经济业务以统一货币为计量单位进行综合汇总,为经营管理提供总括的价值指标。

3. 会计核算以凭证为依据

为了实现会计目标,向各有关方面提供真实、有用的会计信息,会计对任何经济业务的记录与核算,必须取得或填制合法会计凭证,并按有关规定对凭证进行审核。只有经过审核无误的会计凭证才能作为进行会计处理的依据。

1.1.2 会计的职能

会计的职能,是指会计在经济管理中所具有的功能。正确认识会计的职能,对于正确提出会计工作应担负的任务,确定会计人员的职责和权限,充分发挥会计工作应有的作用,都有非常重要的意义。《中华人民共和国会计法》(以下简称《会计法》)对会计的基本职能表述为:会计核算和会计监督。

1. 会计的核算职能

会计核算职能是会计最基本的职能,也称反映职能。它是指以货币为主要计量单位,对特定主体的经济活动进行确认、计量、记录和报告,为有关各方提供会计信息。会计核算的内容具体表现为生产经营过程中的各种经济业务,包括:①款项和有价证券的收付;②财物的收发、增减和使用;③债权、债务的发生和结算;④资本、基金的增减和经费的收支;⑤收入、费用、成本的计算;⑥财务成果的计算和处理;⑦其他需要办理会计手续、进行会计核算的事项。会计核算的要求是真实、准确、完整和及时。

确认是运用特定的会计方法,以文字和金额同时描述某一交易或事项,使其金额反映在特定主体财务报表的合计数中的会计程序。确认分为初始确认和后续确认。

计量是确定会计确认中用以描述某一交易或事项的金额的会计程序。

记录是指对特定主体的经济活动采用一定的记账方法、在账簿中进行登记的会计程序。

报告是指在确认、计量、记录的基础上,对特定主体的财务状况、经营成果和现金流量情况(行政和事业单位是对其经费收入、经费支出、经费结余及其财务状况),以财务报表的形式向有关方面报告。

2. 会计的监督职能

会计监督职能又称控制职能,是指对特定会计主体经济活动和相关会计核算的合法性、合理性进行审查,即以一定的标准和要求利用会计所提供的信息对各单位的经济活动进行有效的指导、控制和调节,以达到预期的目的。会计监督的内容包括:①监督经济业务的真实性;②监督财务收支的合法性;③监督公共财产的完整性。会计监督是一个过程,它分为事前监督、事中监督和事后监督。

会计监督职能要求会计人员在进行会计核算的同时,也要对特定主体经济业务的合法性、合理性进行审查。合法性审查是指保证各项经济业务符合国家法律法规,遵守财经纪律,执行国家有关方针政策,杜绝违法乱纪行为;合理性审查是指检查各项财务收支是否符合特定主体的财务收支计划,是否有利于预算目标的实现,是否有奢侈浪费行为,是否有违背内部控制制度要求的现象,为增收节支、提高经济效益严格把关。

上述两种会计职能是相辅相成、辩证统一的关系。会计核算是会计监督的基础,没有核算所提供的各种信息,监督就失去了依据;而会计监督又是会计核算质量的保障,只有核算,没有监督,就难以保证核算所提供信息的真实性、可靠性。

应当指出:会计作为管理经济的一种活动,它的职能随着会计的发展而发展。理论界认为,会计除了传统的核算、监督职能外,还有预测经济前景、参与经济决策、计划组织,以及绩效评价等职能。

1.1.3 会计的对象

会计的对象是指会计核算和监督的内容。前已述及,会计需要以货币为主要计量单位,对特定主体的经济活动进行核算与监督。也就是说,凡是特定主体能够以货币表现的经济活动,都是会计核算和监督的内容,即会计对象。换言之,会计对象就是能用货币表现的经济活动。以货币表现的经济活动,通常又称为价值运动或资金运动。

资金运动包括各特定对象的资金投入、资金运用(即资金的循环与周转)、资金退出等过程,而具体到企业、行政单位、事业单位又有较大的差异,即同样是企业,工业、商业、建筑业及金融业等也均有各自资金运动的特点,其中尤以工业企业最具代表性。下面以工业企业为例,说明企业会计的具体对象。

工业企业是从事工业产品生产和销售的营利性经济组织。为了从事产品的生产和销售活动,企业必须拥有一定数量的资金,用于建造厂房、购买机器设备、采购原材料、支付职工工资、支付经营管理中必要的开支等,生产出的产品经过销售后,收回的货款还要补偿生产中的垫付资金、偿还有关债务、上交有关税金等。由此可见,工业企业的资金运动表现为资金的投入、资金的循环与周转(包括供应过程、生产过程和销售过程三个阶段)和资金退出企业三部分,既有一定时期内的显著运动状态(表现为收入、费用和利润等),又有一定时期的相对静止状态(表现为资产、负债和所有者权益),如图1-1所示。

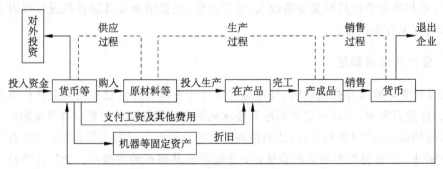

图1-1 工业企业资金的循环与周转图

资金的投入包括企业所有者投入的资金和债权人投入的资金两部分，前者属于企业所有者权益，后者属于企业债权人权益——企业负债。投入企业的资金一部分构成流动资产，另一部分构成非流动资产。

资金的循环与周转分为供应过程、生产过程和销售过程三个阶段。在供应过程中，企业要购买原材料等劳动对象，发生材料买价、运输费、装卸费等材料采购成本，与供应单位发生货款结算关系。在生产过程中，劳动者借助于劳动手段将劳动对象加工成特定的产品，发生材料消耗的材料费、固定资产磨损的折旧费、生产工人劳动耗费的人工费等，构成产品使用价值和价值的统一体，同时还将发生企业与工人之间的工资结算关系、与有关单位之间的劳务结算关系等。在销售过程中，将生产的产品销售出去，发生有关销售费用、收回货款、缴纳税金等业务活动，并同购货单位发生货款结算关系、同税务机关发生税务结算关系等。企业获得的销售收入，扣除各项费用后的利润，还要提取盈余公积金，并向所有者分配利润。

资金的退出包括偿还各项债务、上交各项税金、向所有者分配利润等，这部分资金便离开本企业，退出本企业的资金循环与周转。

上述资金运动的三个阶段，构成了开放式的运动形式，是相互支撑、相互制约的统一体。没有资金的投入，就不会有资金的循环与周转；没有资金的循环与周转，就不会有债务的偿还、税金的上交和利润的分配等；没有这类资金的退出，就不会有新一轮的资金投入，就不会有企业进一步的发展。

1.1.4 会计的目标

会计的目标又称财务报告的目标，是指会计管理活动所期望达到的预期结果。会计目标是会计工作的内在规定性，它决定会计活动的方向。2006年财政部新颁布的基本会计准则第四条明确规定了会计的目标是向财务报告使用者提供与企业财务状况、经营成果和现金流量等有关的会计信息，反映企业管理层受托责任履行情况，有助于财务报告使用者作出经济决策。概括地讲，会计的目标包括了反映企业管理层受托责任的履行情况和提供决策有用的会计信息两个方面。同时对企业提供的会计信息要满足会计信息的质量要求。

1. 反映企业管理层受托责任的履行情况

企业管理水平的高低直接影响企业的经济效益、经营风险、竞争能力和发展前景，在一定程度上决定企业的前途和命运。在现代企业制度下，企业的所有权和经营权高度分离，企业的管理层受企业的所有者之托经营和管理企业，会计信息如实反映企业各项经营活动、投资活动和筹资活动，以及关于企业财务状况、经营业绩和现金流量的信息，有助于反映管理层受托责任的履行情况，也为所有者评价管理者的经营业绩和管理水平提供依据，以便所有者决定是否对企业继续投资，是否更换管理层，以及对企业的经营管理提出有针对性的建议与措施等做出决策。

2. 提供决策有用的会计信息

企业会计提供的信息主要涉及两个方面：一是会计信息使用者；二是会计信息使用者需要什么样的信息。企业会计主要通过包括财务报表在内的会计报告对使用者提供信息。

会计信息使用者一般分为国家宏观经济管理部门、企业内部管理者和企业外部使用者三个方面。国家宏观经济管理部门，如财政、税收、统计等相关部门；企业内部管理者主要包括企业的权力机构及其管理者，如董事会、监事会、总经理等；企业外部使用者有投资人、债权人、客户、供应单位等，他们是会计提供信息的主要服务对象。

会计信息使用者需要什么样的信息，取决于信息使用者的目的及需求不同。

投资者（含潜在的投资者）。他们是会计信息的主要使用者。他们关心投资的内在风险和投资报酬。投资者利用会计信息，主要结合公司的投资项目、资本结构和股利分配政策，以了解企业的赢利能力及其发展趋势，进而制定投资决策，如是否投资、继续持有还是转让投资、增加还是减少投资等决策。他们还需要利用会计信息来帮助他们评估企业支付股利情况。

债权人（含潜在的债权人）。他们主要关心企业的偿债能力，他们利用会计信息来帮助做出有关决策，如是否将资金贷给企业，是增加或减少给企业的贷款，是否应继续保持对企业的债权，是否向企业赊销商品和劳务等。

政府有关部门，包括财政、税务、物价、银行、审计、统计和证券监管部门。他们需要利用会计信息了解企业的经营状况，并对企业会计信息的真实性、合规性、完整性进行监督和检查。他们将各企业的会计信息汇总后，还可了解国民经济各部门、各地区的整体情况，为制定各项经济政策提供依据。

社会公众，主要指企业内部职工及企业外部与企业有直接或间接联系的用户，如顾客、证券商、经纪人、中介机构、经济分析人员等。他们有的以主人翁的身份参与企业经营管理，关心企业的利润分配情况及企业的发展前景；有的出于投资决策、购买决策或对企业经营情况进行咨询、审计、鉴证、评价、分析等需要利用会计信息。

企业管理者。在两权普遍分离的条件下，企业内部管理者是指企业最高管理层的成员。他们受雇于企业投资者，必须完成投资者赋予的经济责任，实现企业的经营目标，进而实现管理者自身的价值。为此，企业内部管理者就必须对经营过程中遇到的重大问题进行正确的决策，如新产品的开发、产品的定价、成本费用的控制、工资奖金的分配、对外投资等问题。这些问题决策的正确与否，直接关系到企业的兴衰成败。所以，企业管理者必须了解本企业所有的会计信息，并据以做出正确决策。

1.1.5 会计的方法

会计的方法是用来核算和监督会计内容，实现会计目标的手段。会计方法包括会计核算方法、会计分析方法和会计预测、决策方法等。会计核算是会计的基本环节，会计分析、会计预测和决策等都是在会计核算的基础上，利用会计核算资料进行的。这里只阐述会计核算方法,这是初学者必须掌握的基础知识。

会计核算方法一般包括设置账户、复式记账、填制和审核会计凭证、登记账簿、成本计算、财产清查、编制会计报表这七种专门方法。其中,复式记账是会计核算方法的核心。在实际运用中,它们相互配合、相互衔接,形成一个完整的会计核算方法体系。

1. 设置账户

设置账户是对会计对象的具体内容,按其不同特点以及管理需要的不同分类核算与监督的一种专门方法。会计对象的内容是多种多样的,如财产物资就有各种存在的形态,厂房建筑物、机器设备、各种材料、半成品等,它们在生产中各有作用,管理的要求也不同,而企业取得的这些财产物资所需的经营资金又来自于不同的渠道,有银行贷款、投资者投入等。为了获得有用的会计信息,必须对各自不同的内容分类、归纳,并以账户的形式出现,进而分门别类地计量与记录。

2. 复式记账

复式记账是指对每一项经济业务都要以相等的金额在两个或两个以上相互联系的账户中进行登记的一种记账方法。在现实生活中,任何一项经济业务的发生都有其来龙去脉,如企业银行存款减少1 000元,去向是什么?或购买材料,或提取现金备用等。采用复式记账方法就是对发生的任何一项经济业务,既要在有关账户中登记其来源,又要在有关账户中登记其去向。只有这样才能相互联系地反映经济业务的全貌,并通过试算平衡,检查账簿记录的正确性。

3. 填制和审核会计凭证

会计凭证简称凭证,它是记录经济业务、明确经济责任的书面证明,是登记账簿的依据。填制和审核会计凭证是会计核算的专门方法之一。任何单位对已经发生或已经完成的经济业务,都应由经办人或有关部门填制凭证,并签名盖章,而且所有凭证都必须经过会计机构和会计人员的审核。只有经审核无误的会计凭证,才能作为记账的依据。填制和审核会计凭证不仅为经济管理提供真实可靠的数据资料,也为实施会计监督提供重要的依据。

4. 登记账簿

账簿是由具有一定格式而又相互联结的账页组成的簿籍。登记账簿就是根据审核无误的会计凭证,运用复式记账法在账簿中全面、连续、系统地记录经济业务的一种专门方法。通过登记账簿可以将分散的经济业务进行汇总,连续系统地提供每一类经济活动的完整的数据资料,为提供会计信息打下基础。

5. 成本计算

成本计算是指在生产经营过程中,按照一定对象归集和分配发生的各种费用支出,以确定该对象的总成本和单位成本的一种专门方法。通过成本计算,可以确定材料的采购成本、产品的生产成本和销售成本,可以反映和监督生产经营过程中发生的各项费用是否节约或超支,并据以确定企业经营盈亏。

6. 财产清查

财产清查是指通过盘点实物、核对账目,查明各项财产物资、货币资金的实有数的一种专门方法。具体做法是将实物盘点的结果与账面结存相核对,将企业的债权、债务逐笔与其对方核对,如果发现账实不符,应立即查明原因,确定责任该由谁负责,并调整账面余额,做到账实相符,以保证会计核算资料的正确性和真实性。

7. 编制会计报表

会计报表是根据账簿记录,按照规定的表格,主要运用数字形式,定期编制的总结报告。通过编制会计报表,能对分散在账簿中的日常核算资料进行综合、分析、加工整理,提供全面反映经济活动所需要的有用信息。同时,基层单位会计报表经逐级汇总后,又可以为国家宏观调控提供依据。

上述各种会计核算方法相互联系、密切配合,构成了一个完整的方法体系。在会计核算方法体系中,就其工作程序和工作过程来说,主要包括三个核心环节:填制和审核会计凭证(最初环节)、登记账簿(中心环节)和编制会计报表(最终环节)。在一个会计期间,所发生的经济业务,都要通过这三个环节进行会计处理,将大量的经济业务转换为系统的会计信息,如图 1-2 所示。

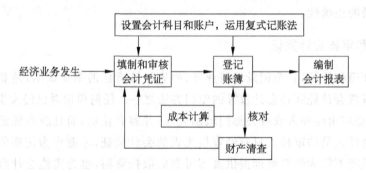

图 1-2　会计核算方法之间的关系

知识链接 1-1　会计核算的基本前提

会计核算的基本前提又称会计的基本假设。一般包括会计主体、持续经营、会计分期和货币计量。

1. 会计主体

会计主体又称会计实体,它是指会计核算和监督的特定单位或组织,它界定了从事会计工作和提供会计信息的空间范围。一般来讲,凡是拥有独立的资金、自主经营、独立核算收支、盈亏并编制会计报表的单位或组织就构成了一个会计主体。

会计主体这一基本前提要求会计人员只能核算和监督所在主体的经济活动(就企业类主体而言,其经济活动就是所发生的交易或事项,下同)。其主要意义在于:一是将特定主体的经济活动与该主体所有者及职工个人的经济活动区别开来;二是将该主体的经济活动与其他单位的经济活动区别开来,从而界定了从事会计工作和提供会计信息的空间范围,同时说明某会计主体的会计信息仅与该会计主体的整体活动和成果相关。

应当注意的是,会计主体与法律主体(法人)并非是对等的概念,法人可作为会计主体,但会计主体不一定是法人。例如,由自然人所创办的独资与合伙企业不具有法人资格,这类企业的财产和债务在法律上被视为业主或合伙人的财产和债务,但在会计核算上必须将其作为会计主体,以便将企业的经济活动与其所有者个人的经济活动以及其他实体的经济活动区别开来。企业集团由若干具有法人资格的企业组成,各个企业既是独立的会计实体也是法律主体,但为了反映整个集团的财务状况、经营成果及现金流量情况,还应编制该集团的合并会计报表,企业集团是会计主体,但通常不是一个独立的法人。

2. 持续经营

持续经营是指会计主体在可以预见的未来,将根据正常的经营方针和既定的经营目标持续经营下去。即在可以预见的未来,该会计主体不会破产清算,所持有的资产将正常营运,所负有的债务将正常偿还。

有了持续经营的前提,会计信息的可比性等会计信息质量要求才能得到满足,会计计量的历史成本计量属性才能发挥作用,企业在信息的收集和处理上所采用的会计方法才能保持稳定,会计核算才能正常进行。例如,在市场经济条件下,企业破产清算的风险始终存在,一旦企业发生破产清算,所有以持续经营为前提的会计程序与方法就不再适用,而应当采用破产清算的会计程序和方法。

3. 会计分期

会计分期是指在企业持续不断的经营过程中,人为地划分为一个个间距相等、首尾相接的会计期间,以便确定每一个会计期间的收入、费用和盈亏,确定该会计期间期初、期末的资产、负债和所有者权益的数量,并据以结算账目和编制财务报表。会计分期规定了会计核算的时间范围。

企业应当划分会计期间,分期结算账目和编制财务报告。会计期间分为年度和中期。以年度为会计期间通常称为会计年度。在我国,以公历年度作为企业的会计年度,即以公历1月1日起至12月31日止,在年度内,再划分为季度和月度等较短的期间,这些短于一个完整的会计年度的报告期间统称为中期。

4. 货币计量

货币计量是指企业会计核算采用货币作为计量单位,记录、反映企业的经济活动,并假设币值保持不变。

企业会计核算采用货币作为经济活动的最好计量单位,如果企业的经济业务是多种货币计量并存的情况,就需要确定一种货币作为记账本位币。记账本位币,是指企业

经营所处的主要经济环境中的货币。我国企业会计准则规定,企业通常应选择人民币作为记账本位币。业务收支以人民币以外的货币为主的企业,可以选定其中一种货币作为记账本位币,但是,编报的财务报表应当折算为人民币。

上述会计核算的四项基本前提,具有相互依存、相互补充的关系。会计主体确立了会计核算的空间范围,持续经营与会计分期确立了会计核算的时间长度,而货币计量则为会计核算提供了必要手段。没有会计主体,就不会有持续经营;没有持续经营,就不会有会计分期;没有货币计量,就不会有现代会计。

任务 1.2 认识会计职业

1.2.1 会计职业

1. 会计职业特点

在当今社会,会计、医生和律师是人们所向往的三大自由职业。一提到会计职业,给人的第一印象就是"专业"、"高薪",中国正面临一个"财务管理的世纪",会计职业在飞速发展中,对有志于从事会计职业的青年越来越体现出巨大的吸引力。

首先,会计职业可以带给高级管理人员必需的知识储备和更大的发展空间。据美国《福布斯》杂志统计,2005年世界500强企业中的首席执行官中,约有25%以上的教育背景是会计专业,有35%是从首席财务官(Chief Financial Officer)升任的,会计的教育或者职业背景为通向高层管理的道路奠定了坚实的基础。可见,会计确实是充满机遇的职业,将造就出无数成功人士。

其次,会计职业具有很大的责任和风险。在传统的观念中,会计人员唯老板之命是从,只需要对老板负责就行了。但按照我国有关法律的规定,企业的会计人员除要向管理者负责之外,更要向国家、社会公众负责,这就使得会计从业人员面临着更多的风险和责任。会计人员只有遵守国家的各项法律法规,恪守职业道德,严格按照国家的财经纪律工作,才能尽可能地降低职业风险。

再次,会计更是充满挑战的职业。我国现在约有1 200万人从事会计职业,无论是就业还是升职都面临激烈的竞争,虽然有如此多的会计从业者,我国却十分匮乏具有国际水准和现代经营观念的高水平会计人员,也只有这些高素质的会计人员才能够脱颖而出,成为人们所羡慕的"金领"。

最后,会计职业正在由"劳动密集型"向"智力密集型"转化,需要不断地进行学习。在传统的会计工作中,经验是至关重要的因素,会计技能也往往是通过师傅带徒弟的方式进行传递。但在现代会计工作中,随着经济活动的复杂化,会计技术、会计规则总在不断地变化，需要会计人员不断地更新自身的知识结构，不断地学习新知识。

2. 会计职业活动的领域

会计人员所从事的职业活动，一般而言，凡是有经济活动的地方，就会有会计活动。因此，会计职业活动的范围是比较广泛的。按照行业性质不同，将会计职业分为企业会计、政府与非营利组织会计和会计师事务所的注册会计师。

（1）企业会计

企业会计是指在自主经营、自负盈亏的单位中从事会计管理活动的一种职业。如在工业企业、商业企业、施工建筑企业、金融企业、服务企业等从事会计核算、成本计算、分析、预测、决策等工作。

① 财务会计。即在各类企业中从事会计核算与监督，以对外提供会计信息为主要目的的一种会计职业。如我们在工业、商业等企业中看见的记账、算账、报账的会计人员。

② 管理会计。即在各类企业中从事会计分析、投资、融资预测与决策，以对内提供会计信息为主要目的的一种会计职业。如企业中从事投资分析、预测、决策等方面的会计人员。

③ 成本会计。即在各类企业中从事产品成本计算、核算、分析，以提供成本信息为主要目的的一种会计职业。如工业企业中的成本核算员、成本分析员等。

（2）政府与非营利组织会计

政府与非营利组织会计是应用于社会再生产过程中分配领域的专业会计，它以预算管理为中心，对中央与地方政府及事业行政单位的经济业务，进行连续、系统、完整地反映和监督的经济管理活动。主要包括财政总预算会计、行政单位会计、事业单位会计。

（3）会计师事务所的注册会计师

注册会计师是指取得注册会计师证书并在会计师事务所执业的人员，有时也指其所在的会计师事务所。英文全称 Certified Public Accountant，简称 CPA，指的是从事社会审计、中介审计、独立审计的专业人士。

3. 会计人员的任职条件和工作职责

会计职业的从业者是会计人员。会计人员是指在国家机关、社会团体、企事业单位和其他经济组织会计核算和会计监督的专业技术人员。包括会计机构负责人、总会计师、高级会计师、会计师、助理会计师、会计员等。其中总会计师属于行政职务，高级会计师、会计师、助理会计师、会计员属于专业技术职务。

（1）各类会计人员的任职条件和要求

根据《会计法》规定：首先，"各单位应根据会计业务需要配备持有会计证的会计人员。未取得会计证的人员，不得从事会计工作。"其次，要具备必要的专业知识、专业技能和良好的职业道德。"会计人员应当具备必要的专业知识和专业技能，熟悉国家有关法律、法规、规章和国家统一会计制度，遵守职业道德。"最后，要按规定参加会计业务培训。"会计人员应当按照国家有关规定参加会计业务培训。"具体来讲，对于会计员、助理会计师、会计师和高级会计师四类会计专业技术职务的任职条件和要求如下：

① 会计员。根据《会计专业职务试行条例》的规定，担任会计员的基本条件是：初步掌握财务会计知识和技能；熟悉并能认真执行有关会计法规和财务会计制度；能担任一个岗位的会计工作；大学专科或中等专业学校毕业，在会计工作岗位上已见习一年期满。担任会计员的工作职责是：负责具体审核和办理财务收支，编制记账凭证，登记会计账簿，编制会计报表和办理其他会计事项。

② 助理会计师。助理会计师的任职条件是：

A. 掌握一般的财务会计基础理论和专业知识。

B. 熟悉并能正确执行有关的财经方针、政策和财务会计法规、制度。

C. 能担负某一个方面或某个重要岗位的财务会计工作。

D. 取得硕士学位或取得第二学士学位或研究生班结业证书，具备履行助理会计师职责的能力，或者大学本科毕业后在财务会计工作岗位上见习一年期满，或者大学专科毕业并担任会计员职务两年以上，或者中等专业学校毕业并担任会计员职务4年以上。助理会计师的工作职责是：负责草拟一般的财务会计制度、规定、办法；解释、解答财务会计法规、制度中的一般规定；分析、检查某一方面或某些项目的财务收支和预算执行情况。

③ 会计师。会计师的任职条件是：

A. 较系统地掌握财务会计基础理论和专业知识。

B. 掌握并能正确贯彻执行有关的财经方针、政策和财务会计法规、制度。

C. 具有一定的财务会计工作经验，能担负一个单位或管理一个地区、一个部门、一个系统某个方面的财务会计工作。

D. 取得博士学位并具有履行会计师职责的能力，或者取得硕士学位并担任助理会计师职务2年左右，或者取得第二学士学位或研究生班结业证书并担任助理会计师职务2~3年，或者大学本科或专科毕业并担任助理会计师职务4年以上。

E. 掌握一门外语。会计师的工作职责是：负责草拟比较重要的财务会计制度、规定、办法，解释、解答财务会计法规、制度中的重要问题；分析、检查财务收支和预算执行情况；培养初级会计人才。

④ 高级会计师。高级会计师的任职条件是：

A. 较系统地掌握经济、财务会计理论和专业知识。

B. 具有较高的政策水平和丰富的财务会计工作经验，能担任一个地区、一个部门或一个系统的财务会计管理工作。

C. 取得博士学位并担任会计师职务2~3年，或者取得硕士学位、第二学士学位或研究生班结业证书，或者大学本科毕业担任会计师职务5年以上。

D. 比较熟练地掌握一门外语。高级会计师的工作职责是：负责草拟和解释、解答一个地区、一个部门、一个系统或在全国施行财务会计法规、制度、办法；组织和指导一个地区、一个部门、一个系统的经济核算和财务会计工作；培养中级以上会计人才。

担任上述专业技术职务必须取得相应的会计专业技术资格。2000年9月，财政部、人事部联合印发的《会计专业技术资格考试暂行规定》及其实施办法，对考试级别、报名条件、聘用制度、证书管理等都作出了规定。如会计专业技术资格分为初级资格、中级资格和高级资格三个级别。现阶段只对初级、中级会计资格实行全国统一考试。

（2）会计人员的工作职责

按照国家制定的会计职业标准,会计人员的工作主要包括以下几个方面。

① 对单位的会计事项进行会计核算。

② 对单位的经济活动实行会计监督和控制。

③ 根据会计准则和财务会计制度,拟定本单位办理会计事务的具体办法。

④ 参与制订经济计划,考察、分析预算、财务计划的执行情况。

⑤ 办理其他会计事务,例如在本单位实行责任会计、经营决策会计、电算化会计等。

1.2.2 会计人员的职业素质要求

作为一种社会职业,会计具有多层面的素质要求：一方面,作为社会行业体系中的重要部分,会计人员必须具备其他行业从业者所共有的素质；另一方面,由于工作性质、岗位要求、技能水平的特殊性,会计人员又具有其特定的素质要求。目前,研究者普遍认为：高尚的职业道德、丰富的会计专业知识、娴熟的业务技能、较强的组织管理能力是构成会计人员职业素质的基本要素。

1. 具有高尚的职业道德

（1）爱岗敬业

热爱本职工作,这是做好一切工作的出发点。会计人员只有为自己建立了这个出发点,才会勤奋、努力地钻研业务技术,使自己的知识和技能适应具体从事的会计工作的要求。

（2）熟悉法规

法制意识是维护社会主义市场经济秩序,在法律范围内进行经营活动的重要前提。会计工作不只是单纯的记账、算账、报账工作,会计工作时时、事事、处处涉及执法守规方面的问题。会计人员不单自己应当熟悉财经法律、法规和国家统一的会计制度,还要能结合会计工作进行广泛宣传；做到在自己处理各项经济业务时知法依法、知章循章,依法把关守口,对服务和监督对象则能够进行会计法制宣传,增强他们的法制观念,帮助他们辨明法律上的是非,促使他们在日常经济活动中依法办事,避免不轨行为。

（3）依法办事

会计人员应当按照会计法律、法规、规章规定的程序和要求进行会计工作,保证所提供的会计信息合法、真实、准确、及时、完整。会计信息的合法、真实、准确、及时和完整,不但要体现在会计凭证和会计账簿的记录上,还要体现在财务报告上,使单位外部的投资者、债权人、社会公众以及社会监督部门能依照法定程序得到可靠的会计信息资料。要做到这一点并不容易,但会计人员的职业道德要求这样做,会计人员应该继续在这一点上树立自己职业的形象和职业人格的尊严,敢于抵制歪风邪气,同一切违法乱纪的行为作斗争。

（4）客观公正

会计人员在办理会计事务中,应当实事求是、客观公正。这是一种工作态度,也是会

计人员追求的一种境界。做好会计工作,无疑是需要专业知识和专门技能的,但这并不足以保证会计工作的质量,有没有实事求是的精神和客观公正的态度也同样重要;否则,就会把知识和技能用错了地方,甚至参与弄虚作假或者通同作弊。

(5) 搞好服务

会计工作的特点决定会计人员应当熟悉本单位的生产经营和业务管理情况,以便运用所掌握的会计信息和会计方法,为改善单位的内部管理、提高经济效益服务。社会主义市场经济体制的建立为企业和实行企业化管理的事业单位开辟了广阔的天地。在这片广阔天地里驰骋需要有过硬的业务本领和服务意识。会计工作是经济管理工作的一部分,把这部分工作做好对所在单位的经营管理至关重要。这也正是会计人员的责任所在。

(6) 保守秘密

会计人员应当保守本单位的商业秘密,除法律规定和单位领导人同意外,不能私自向外界提供或者泄露单位的会计信息。会计人员由于工作性质的原因,有机会了解到本单位的重要机密,如对企业来说,关键技术、工艺规程、配方、控制手段和成本资料等都是非常重要的机密,这些机密一旦泄露给明显的或潜在的竞争对手,会给本单位的经济利益造成重大的损害,对被泄密的单位是非常不公正的。所以,泄露本单位的商业秘密,是一种非常不道德的行为。会计人员应当树立泄露商业秘密是大忌的观念,对于自己知悉的内部机密,任何时候、任何情况下都要严格保守,不能信口吐露,也不能为了自己的私利而向外界提供。

2. 具有丰富的会计专业知识

会计工作是一种高智力活动,它的正常运作离不开相应的知识储备和必要的技能水平,因而在会计人员职业活动中,厚实的知识是会计人员从事会计工作和实践活动的必备基础。需要指出的是高职学生并不需要在专业知识领域有很深的造诣,因此,在理论知识体系的构建上,应遵循的基本原则是"以能够满足岗位工作需要的理论知识为基准,适当加深理论知识的学习"。需要具备的理论知识依次是:基础会计、中级财务会计、成本会计、管理会计、财务管理、审计学原理、会计电算化。下面简要介绍会计专业所学的课程。

(1) 基础会计

基础会计是会计专业的入门基础课程,解决会计业务处理的基本方法和基本技能。基础会计的主要内容包括:记账原理和方法、账户的设置、会计凭证的编制和审核、会计账簿的设置和登记、会计报表的编制原理等。

(2) 中级财务会计

中级财务会计是会计专业最重要的课程,解决企业经常性业务发生时的会计处理的基本方法和基本技能。中级财务会计的主要内容包括:购销存各环节的会计处理、投融资业务的会计处理、纳税业务和财务成果核算业务的会计处理,以及财务报告的编制等。

(3) 成本会计

成本会计是会计专业的最重要的课程,解决制造业企业有关产品成本核算的会计处理的基本方法和基本技能。成本会计的主要内容包括:成本核算的原理和方法、不同类型的企业的成本核算方法、产品成本分析和报告等。

(4) 管理会计

管理会计是主要为企业内部管理决策人员提供会计信息的课程,是解决企业有关投资分析、筹资分析、预算分析、责任会计的基本技能。管理会计的主要内容包括预测、决策、全面预算、成本控制和责任会计等。

(5) 财务管理

财务管理是会计专业的一门重要的专业课程,主要研究企业资金运动各环节的筹划与谋略,着重研究如何合理确定企业资金筹集规模和最佳资金结构,如何选择合理的筹资方式,怎样进行投资项目的可行性分析,确定最佳投资方式与投资渠道,如何安排股利分配方案,以及怎样实现企业价值增长等。

(6) 审计学原理

审计学原理是会计专业的一门重要的专业课程,其课程内容包括:审计职业规范体系、审计的分类与方法、审计组织与审计人员、审计准则和审计依据、审计程序、审计证据与审计工作底稿、内部控制的评审、审计报告、审计抽样、销售和收款循环的审计、采购和支出循环的审计、生产循环的审计、投资和筹资循环的审计、货币资金和内部审计等。

(7) 会计电算化

会计电算化是会计专业的一门重要的专业课程,其课程内容包括:会计电算化概述、系统管理及基础设置、账务处理系统、报表处理系统、工资管理系统、固定资产管理系统、采购与应付款管理系统、销售与应收款管理系统、存货核算与库存管理系统等。

除此之外,还应有财政与金融、统计、经济学等相关专业知识。

3. 具有娴熟的业务技能

会计是一种非常讲究实际经验和专业技巧的职业,动手能力很重要。会计人员在获得一定专业理论知识的基础上,特别强调实际操作能力及岗位所要求的业务素质。具体表现为:在会计岗位上能进行经济业务上的各种会计处理,如会计记录的书写、会计科目设置、复式记账法的应用、凭证处理和账簿登记等基本会计业务处理;能运用财务会计理论解决实际核算问题,如会计要素的确认、计量与核算;能完成会计报表的编制;能进行成本核算,如成本费用的归集与分配,产品成本的计算;能利用会计报表提供的数据进行分析,如偿债能力分析、营运能力分析、获利能力分析,以此预测企业的发展前景,对企业的未来作出判断。

会计人员不仅要熟悉手工操作,并且能够熟练地使用和维护计算机应用软件,如 Office 系列软件(如 Excel、Word 等)、会计核算软件、ERP(企业资源规划)系统等,适应会计业务电算化的需要。

4. 具有较强的组织管理能力

会计作为一种经济管理活动,会计人员除了具备会计核算和会计监督两个基本职能外,还应具有预测经济前景、参与经营决策、控制经济过程、评价经营业绩等能力,这就需要会计人员具有内外协调能力和管理决策能力。

会计人员的内外协调能力包括两个方面：一是对内的组织、协调、沟通能力；二是对外的协调和沟通能力。由于会计人员要确认、计量、记录、跟踪各方面的会计信息和会计资料，对内必然与企业内部的采购、生产、保管、销售等部门发生财务关系；对外必然与工商、税务、银行以及政府有关部门之间发生财务关系，为此，会计人员应具有团队精神和全局观念，从整体战略出发，公正地组织、协调各部门的关系，形成合力，实现内部控制的有效管理。还应积极主动地向领导反映经营管理活动中的情况和存在的问题，提出合理化建议，参与管理、参与预测、参与监控，从而使会计的事后反映变为事前的预测分析，成为决策层的参谋和助手。对外部各相关单位除要将企业真实的经营情况和财务状况反映给相关部门外，还要有诚恳的态度，吃苦耐劳的精神，较强的与人沟通的能力才能顺利完成各项任务。

1.2.3 会计人员的职业发展

会计是一种非常讲究实际经验和专业技巧的职业，它的入职门槛相对比较低，难就难在以后的发展。想要得到好的发展，就要注意在工作中积累经验，不断地提高专业素质和专业技巧，开拓自己的知识面。

随着社会经济的高速发展，会计行业已经开始和其他的专业慢慢融合从而产生了很多新职业，这也为以后会计人员的发展提供了更多的选择机会。以会计作为职业你会获益很多，其中最重要的是，你可以了解企业到底是如何运作的。前已述及，很多商界成功人士最早都是从事会计工作的，同时，很多大企业的财务总监必须具有会计的背景。

目前会计专业四大职业方向有：做会计的、查会计的、管会计的、研究会计的。"做会计的"即从事会计核算、会计信息披露的狭义上的会计人员。"查会计的"包括注册会计师和政府与企事业单位审计部门的审计人员、资产清算评估人员。"管会计的"是指与会计管理有关的政府部门管理人员和其他政府部门及其他非营利组织的会计业务人员，如财政部门的会计业务管理处。"研究会计的"一般指在各类研究部门的专职研究人员和高等院校会计专业的教授和会计专家。

那么，会计职业的从业人员怎样走上事业的成功之路，以实现自己的宏伟目标呢？一些成功人士总结了自己成才的经验，可供你参考。

1. 要有长远的职业规划

"凡事预则立，不预则废"，制订自己的职业规划，是激励会计人员沿着理想的目标，实现可持续发展的前提。

2. 积沙成塔，不断培养自己的良好素质

比如正直诚信、独立思考、坚持原则等优秀的个人素质是通过一件件小事培养的，也是通过一件件小事得以体现的。在日常的工作中需要注意一言一行，不断培养自己的良好素质。

3. 与时俱进，不断学习

学习是完善一个人的知识结构，适应社会发展的唯一办法。会计人员不仅要有扎实的专业技能，还要广泛地学习货币、金融、银行、财政、统计、计量经济学等相关经济学知识，同时还要了解法律和计算机应用知识，提高自己处理数据和把握信息的能力，培养自己严谨的逻辑思维能力。

4. 要培养良好的人际交往能力和一定的管理能力

常言说得好，"事在人为"。做财会工作，不仅要与企业内部的各个部门和人员打交道，还要与外部的银行、税务等部门打交道，处理好方方面面的关系，必须具备良好的人际交往能力和一定的管理能力。

以上这些能力的培养对于未来的职业发展具有重要的现实意义。

知识链接 1-2　会计的产生和发展

会计是适应社会生产实践和经济管理的客观需要而产生的，并随着社会生产的发展而发展。它的产生和发展经历了很长的历史时期。

人类的生存与社会的发展，有赖于物质资料的生产，而在物质资料的生产过程中，又必然发生人力、物力、财力的消耗。所以，在生产实践中，人们为了尽量减少生产消耗，创造尽可能多的物质资料，就要求对生产过程中的各种经济现象从数量方面记录下来，以所获得的信息去指导与管理生产，从而促进生产的不断发展。

在原始社会，由于生产过程比较简单，生产力水平非常低下，所以，人们对生产的耗费与成果是通过头脑的记忆或一定方式记载的，如刻契计量、结绳记事等。通常把这种原始的计算与记录方法称为会计的萌芽。会计产生以后，最初只是"生产职能的附带部分"，会计还不是一项独立的工作。随着生产的发展，剩余产品的出现，简单的记录与计算行为，已无法满足管理的需要，于是会计就逐渐"从生产职能中分离出来，成为特殊的、专门委托当事人的独立的职能"，专职会计就应运而生了。随着专职会计的产生，记账技术也相应得到了发展，特别是文字和货币产生以后，生产过程便逐步过渡到用货币形式来计量和记录，为簿记的形成奠定了基础。

在我国，会计的发展具有悠久的历史。"会计"一词最早出现在奴隶社会的西周时代。"零星算之为计，总合算之为会"是对会计的解释。西周王朝为记录钱粮赋税情况，设立了"司书"、"司会"等专门从事会计工作的官吏。"司书"是记账的，主要对财务收支进行登记；"司会"是进行会计监督的。

到了封建社会，生产日益社会化，商品经济有了发展，会计的地位与技术也发生了很大的变化。两汉时期的"簿书"，南北朝的"账簿"等会计账册，都相继出现。特别是唐宋时期，工商业日益发达，贸易十分活跃，经济空前繁荣，使会计的发展有了良好的社会条件。由"日记账"和"总清账"相结合的账簿体系已经形成，建立了每年一次编制"计册"，即会计报表的制度等。比较典型的是宋朝初期，已逐步形成了一套记账、算账的古

代会计结算法,即"四柱结算法",亦称"四柱清册"。所谓"四柱"是指旧管(相当于"上期结存")、新收(相当于"本期收入")、开除(相当于"本期支出")、实在(相当于"本期结存")四个部分。"四柱结算法"把一定时期内财物收支记录,通过"旧管+新收=开除+实在"(即上期结存+本期收入=本期支出+本期结存)这一平衡公式,加以总结,既可检查日常记账的正确性,又可系统、全面和综合地反映经济活动的全貌。这是我国古代会计的一项杰出成就,即使在现代会计中,仍然运用这一平衡关系。

明末清初,随着手工业、商业的进一步发展和资本主义萌芽的出现,我国商人设计了"龙门账",用于计算盈亏。把全部账目分为"进"(相当于各项收入)、"缴"(相当于各项支出)、"存"(相当于各项资产)、"该"(相当于资本、负债)四类,运用"进—缴=存—该"的平衡公式计算盈亏,并设置总账进行"类记录",开始复式记账。

在国外,从12世纪到15世纪,地中海沿岸部分城市的商业和手工业发展很快,呈现出资本主义的萌芽状态。当时,意大利威尼斯出现了借贷资本家,对银行账簿的记录采用了借贷复式记账法。1494年,意大利数学家卢卡·帕乔利(Luca Pacioli)发表了《算术、几何及比例概要》一书,系统地阐述了借贷记账法的原理及其应用。借贷记账法的运用,是会计发展史上一个光辉的里程碑,也标志着近代会计的开端。清朝后期,随着资本主义在我国的萌芽,社会经济不断发展,会计方法也不断演进,以借贷记账法为主要内容的"西式会计"传入我国,对促进我国会计的发展起到了积极的作用。

现代会计一般认为是从20世纪50年代开始至今。其主要标志是:

第一,电子技术与会计的结合。电子计算机逐渐代替传统手工操作,使会计在操作方法上有了根本的变化。

第二,生产力水平和管理科学的发展。会计理论和方法随着企业内部和外部对会计信息的不同要求而分化为两个领域,即管理会计和财务会计,并基本形成了各自的理论体系及相应的程序和方法。

中华人民共和国成立之后,我国实行高度集中的计划经济体制,引进了与此相适应的苏联计划经济会计模式,对旧中国的会计制度与方法进行改造与革新。特别是改革开放以后,为适应社会主义市场经济发展的需要,财政部先后制定了分行业的会计制度,强化了对会计工作的组织和指导。1985年颁布《中华人民共和国会计法》,1993年对《会计法》进行第一次修订。目前执行的是第二次修订并自2000年7月1日起施行的《会计法》。为适应社会主义市场经济发展的需要,财政部于1992年11月公布了《企业会计准则》和《企业财务通则》,自1993年7月1日起执行。"两则"的实施,表明了我国在会计法规体系、宏观会计管理模式等方面做出了大幅度的改革,并逐步与国际会计惯例接轨。2006年2月我国对企业会计准则又进行了全面的修订和完善,使我国的会计理论和实务都迈入了国际化的轨道。

综上所述,会计是社会经济发展到一定阶段的产物,经济的发展推动了会计的发展。会计经历了一个由简单到复杂,由低级到高级的发展过程。生产离不开管理,管理离不开会计;经济愈发展,会计愈重要。

阅读材料

1. 如何学习会计

学习会计,方法很重要,掌握适合自己的学习方法,是学习会计的总纲,纲举目张。学习会计如同过河,其方法很多,架桥、造船、扎竹排、蹚水、摸着石头过河、游到对岸、坐羊皮筏子过河。不同的方法解决不同的问题,不可能用一种方法来对付。应寻找、摸索和逐渐形成适合自己的一套学习方法。养成好的学习习惯使你终生受益。建议从以下四个"结合"学习会计。

(1) 理论与实际相结合

会计理论是从会计实际工作中总结出来的规律,它来源于实际,是实际的概括和总结。因此,会计学习应该是先实际后理论,先知道实际业务的现场流程和情景,也就是熟悉业务,根据业务来理解和认识核算的理论,也就是掌握账务处理的原理。

(2) 理解与记忆相结合

先理解后记忆,在理解的基础上加强记忆。死记硬背,效果不见得好,事倍功半。会计需要背出来的东西不多,但是基本概念还是不少,先理解后记忆,才能记住记牢。

(3) 课上与课下相结合

以课堂学习为主,以课后学习为辅。课堂上学懂学会,课堂下巩固提高。立足课上,提高听课效果。课堂上没有听懂的,不要认为课后自己看看就会了,应及时向老师请教。课下主要是做必不可少的复习,回顾思考,研读教材,完成作业,融会贯通,形成能力和技能。

(4) 想与练相结合

想是指思考,要勤于思考。上课时边听边想。下课后先回顾,再看书,再做作业,再小结,再默想消化、理解、提高。知识转化为能力的重要环节是练习。会计练习主要是做作业,包括习题册上的作业和课外布置的作业。多练,反复练,加快速度,熟能生巧。把专业技能转化为自己的专业素质。

2. 怎样阅读会计教材

从拿到教材开始到考试为止,应该至少读五遍指定教材。

一读课前预习先
从师二读课堂间
温故知新读三遍
四读再把习题练
五读复习迎考试

3. 怎样做会计作业

(1) 先弄清楚道理,然后再做,即先看书后做作业,做不出来时再看书。

(2) 经常与教师沟通,充分利用网络的学习资源。

(3) 团结协作、群策群力有利于开拓思路。

本项目小结

会计是以货币为主要计量单位,反映和监督一个单位经济活动的一种经济管理工作。它与企业其他管理活动相比,具有:以货币为主要计量尺度;连续性、系统性、全面性和综合性;会计核算以凭证为依据等特点。

会计的职能,是指会计在经济管理中所具有的功能。《中华人民共和国会计法》对会计的基本职能表述为:会计核算和会计监督。

会计的对象是指会计核算和监督的内容,通常又称为价值运动或资金运动。

会计的方法是用来核算和监督会计内容,实现会计目标的手段。会计方法包括会计核算方法、会计分析方法和会计预测、决策方法等。会计核算方法一般包括设置账户、复式记账、填制和审核会计凭证、登记账簿、成本计算、财产清算、编制会计报表等七种专门方法。其中,复式记账是会计核算方法的核心。

会计作为一种社会职业,具有多层面的素质要求:一方面,作为社会行业体系中的重要部分,会计人员必须具备其他行业从业者所共有的素质;另一方面,由于工作性质、岗位要求、技能水平的特殊性,会计人员又具有其特定的素质要求。目前,研究者普遍认为:高尚的职业道德、丰富的专业知识、娴熟的业务技能、较强的组织管理能力是构成会计人员职业素质的基本要素。

课后练习

一、判断题

1. 会计只能以货币为计量单位。　　　　　　　　　　　　　　　　　　(　　)
2. 会计监督职能也被称为控制职能,即实施过程控制,包括事前、事中和事后的监督。(　　)
3. 会计的最基本功能是会计监督。　　　　　　　　　　　　　　　　　(　　)
4. 会计核算的三项工作指记账、对账、报账。　　　　　　　　　　　　(　　)
5. 签订经济合同是一项经济活动,因此属于会计对象。　　　　　　　　(　　)
6. 会计主体必须是法律主体。　　　　　　　　　　　　　　　　　　　(　　)
7. 凡是特定对象中能够以货币表现的经济活动,都是会计对象。　　　　(　　)
8. 会计核算所提供的各种信息是会计监督的依据。　　　　　　　　　　(　　)
9. 在会计核算方法体系中,其主要的工作程序是填制和审核凭证、登记账簿和编制会计报表。(　　)
10. 企业会计工作的组织方式有集中核算与非集中核算两种。　　　　　(　　)

二、单项选择题

1. 关于会计的说法错误的是(　　)。

A. 会计是一项经济管理活动

B. 会计的主要工作是核算和监督

C. 会计的对象针对的是某一主体平时所发生的经济活动

D. 货币是会计唯一的计量单位

2. 在会计职能中,属于控制职能的是(   )。

  A. 进行会计核算 B. 实施会计监督 C. 参与经济决策 D. 评价经营业绩

3. 下列方法中不属于会计核算方法的有(   )。

  A. 填制会计凭证 B. 登记会计账簿 C. 编制财务预算 D. 编制会计报表

4. 会计核算的最终环节是(   )。

  A. 确认   B. 计量   C. 计算   D. 报告

5. 资金的循环与周转过程不包括(   )。

  A. 供应过程 B. 生产过程 C. 销售过程 D. 分配过程

6. 在会计核算的基本前提中,界定会计工作和会计信息的空间范围的是(   )。

  A. 会计主体 B. 持续经营 C. 会计期间 D. 货币计量

7. 持续经营是建立在(   )基础上的。

  A. 会计主体   B. 权责发生制

  C. 会计分期   D. 货币计量

8. 会计分期是建立在(   )基础上的。

  A. 会计主体   B. 持续经营

  C. 权责发生制   D. 货币计量

9. 根据《会计法》的规定,我国会计年度的期间为(   )。

  A. 公历1月1日起至12月31日止 B. 农历1月1日起至12月31日止

  C. 公历4月1日起至次年3月31日止 D. 农历10月1日起至次年9月30日止

10. 会计执行事后核算的主要形式是(   )。

  A. 计划、决策   B. 记账、算账、报账

  C. 预算、控制、计划   D. 预测、决策、控制

11. 计提固定资产折旧以(   )假设为基础。

  A. 会计主体 B. 货币计量 C. 会计分期 D. 持续经营

12. (   )是会计工作的主体。

  A. 会计人员 B. 会计主管 C. 单位负责人 D. 总会计师

13. 会计职业的"试金石"是(   )。

  A. 廉洁自律 B. 客观公正 C. 爱岗敬业 D. 保守秘密

14. 在一个会计期间发生的一切经济业务,都要依次经过的核算环节是(   )。

  A. 设置会计科目、成本计算、复式记账

  B. 复式记账、财产清查、编制会计报表

  C. 填制审核凭证、登记账簿、编制会计报表

  D. 填制审核凭证、复式记账、编制会计报表

15. 下列不属于中期财务报告的是(   )。

A. 年度财务会计报告 B. 半年度财务会计报告
C. 季度财务会计报告 D. 月度财务会计报告

三、多项选择题

1. 会计是（   ）。
   A. 经济管理活动 B. 以凭证为依据
   C. 以货币为主要计量单位 D. 针对一定主体的经济活动
2. 会计按其报告的对象不同,可分为（   ）。
   A. 财务会计 B. 管理会计 C. 企业会计 D. 预算会计
3. 会计的职能包括（   ）。
   A. 进行会计核算 B. 实施会计监督 C. 预测经济前景
   D. 参与经济决策 E. 评价经营业绩
4. 会计核算的基本前提有（   ）。
   A. 会计主体 B. 继续经营 C. 会计期间 D. 货币计量
5. 下列业务中属于资金退出的有（   ）。
   A. 购买材料 B. 缴纳税金 C. 分配利润 D. 银行借款
6. 下列方法中属于会计核算方法的有（   ）。
   A. 填制会计凭证 B. 登记会计账簿 C. 编制会计报表 D. 编制财务预算
7. 我国《企业会计准则》规定,会计期间分为（   ）。
   A. 年度 B. 半年度 C. 季度 D. 月度
8. 在下列组织中可以作为会计主体的是（   ）。
   A. 事业单位 B. 分公司 C. 生产车间 D. 销售部门
9. 资金运动包括（   ）。
   A. 资金的投入 B. 资金的循环与周转
   C. 资金的退出 D. 资金的积累
10. 会计有为企业外部各有关方面提供信息的作用,主要是指（   ）。
    A. 为政府提供信息 B. 为投资者提供信息
    C. 为债权人提供信息 D. 为社会公众提供信息
11. 会计人员的专业技术职务分为（   ）。
    A. 高级会计师 B. 会计师 C. 助理会计师 D. 会计员
12. 会计人员的职业道德包括爱岗敬业、依法办事、（   ）等。
    A. 熟悉财经法规 B. 搞好服务 C. 客观公正 D. 保守秘密

运用借贷记账法编制会计分录

项目二
Xiangmu 2

技能目标

1. 能对企业简单经济业务进行分析、分类，正确选取会计科目（账户）。
2. 能运用借贷记账法的基本原理编制会计分录，登记有关账户、试算平衡，会正确计算账户余额。

知识目标

1. 明确各会计要素的内涵及包括内容。
2. 理解经济业务发生对会计等式的影响。
3. 掌握常用会计科目的内容和科目分级。
4. 掌握账户的基本结构。
5. 理解复式记账法的基本原理。
6. 掌握借贷记账法的内容。
7. 明确试算平衡的原理。
8. 掌握总账与明细账平行登记的要点。

案例导入

张明和张芳两兄妹决定开一家公司，经过深入调查后，两人决定搞服装加工，并给公司起名为"明芳服装公司"。两人积极筹备公司开办事宜。首先解决资金问题：父亲为企业投资22 000元，张明出资30 000元，张芳出资15 000元。此外，又以公司的名义从银行借款25 000元，三年后一次还本付息，所有资金均存入开立的银行账户。款到位后，张明购置了缝纫机50台，每台480元；张芳去江淮公司赊购一台熨衣设备，价格3 600元，又从长江公司购入材料一批，价款12 000元。张明到人才市场招聘了一批员工，第二天上班。这样，经过紧张的准备后，企业正式挂牌营业。

问题：

1. 本案例中涉及了哪些项目？
2. 推断可能对你编制的资产负债表特别感兴趣的两组人，列出他们感兴趣的原因和内容。

任务2.1 认识会计要素

"案例导入"发生的若干事项，正是明芳服装公司（会计主体）的日常经济活动，作为一名会计，就需要将这些交易或事项（会计对象）进行确认、计量、记录和报告（即核算）。那么，如何能够有条理地、专业化地进行核算，来帮助明芳服装公司进行管理呢？我们首先需要对这些交易或事项进行分类。

2.1.1 案例资料

在"案例导入"中明芳公司的资料里，目前的经济活动中表现出以下几个方面。

（1）资产：公司以各种形式获得的资金存入银行账户，成为该公司的货币资金（银行存款），购得的缝纫机、熨衣设备（固定资产）、材料（原材料）成为公司生产中必不可少的有形的资源。

（2）负债：资产中有部分是向银行借入的3年期借款（长期借款）和赊购熨衣设备时的欠款（应付账款）。

（3）所有者权益：资产中还有一部分则来自公司的创办人张明、张芳及其父亲的投资（实收资本），张明、张芳及其父亲成为明芳公司的投资人，以其投资行为对公司的资产享有一定的权益。

根据资料中的数据可以得出：

银行存款＝22 000＋30 000＋15 000＋25 000－50×480－12 000＝56 000（元）

固定资产＝50×480＋3 600＝27 600（元）

原材料＝12 000（元）

长期借款＝25 000（元）

应付账款＝3 600（元）

实收资本＝22 000＋30 000＋15 000＝67 000（元）

对资产负债表感兴趣的人应该有两组，他们分别是明芳公司的债权人和投资人。

2.1.2 会计要素的内容

会计要素就是对会计对象的基本分类，是进行会计确认和计量的依据，也是设定会计报表结构和内容的依据。

《企业会计准则——基本准则》第十条：企业应当按照交易或者事项的经济特征确定

会计要素。会计要素包括资产、负债、所有者权益、收入、费用和利润。

1. 资产

《企业会计准则——基本准则》第二十条：资产是企业过去的交易或者事项形成的、由企业拥有或者控制的、预期会给企业带来经济利益的资源。

具体来讲，企业从事生产经营活动必须具备一定的物质资源，如货币资金、厂房场地、机器设备、原材料等，这些都是企业从事生产经营的物质基础，都属于企业的资产。此外，专利权、商标权、土地使用权等不具有实物形态，但却有助于生产经营活动进行的无形资产，以及企业对其他单位的投资等也都属于资产。

根据资产的定义，资产具有以下基本特征。

第一，资产必须是由过去的交易或者事项形成的。包括购买、生产、建造行为或其他交易或事项。也就是说，资产是过去已经发生的交易或事项所产生的结果，资产必须是现实的资产。未来将发生的交易或事项不能作为资产确认。例如，某企业将在下月份购入一批存货，并已经与供货方签订了购买合同，于下月份提供商品并付款。则该企业在本月份不能将这批货作为资产反映。因为该买卖行为还未发生，尚未产生结果。

第二，资产由企业拥有或者控制。一项资源要作为企业资产予以确认，企业应该拥有此项资源的所有权，可以按照自己的意愿使用或处置。但对一些特殊方式形成的资产，企业虽然对其不拥有所有权，却能够实际控制的，比如融资租入的固定资产，也应该确认为固定资产。例如某企业以融资租赁方式租入一台设备，租期10年。虽然从法律形式来讲，该企业并不拥有这台设备的所有权，但是由于租赁合同中规定的租赁期相当长，接近于该设备的使用寿命；租赁结束时该企业有优先购买这台设备的选择权；在租赁期内该企业有权支配设备的使用并从中受益，所以，从其经济实质来看，该企业能够控制其创造的未来经济利益。因此，在会计核算上将这台设备视为该企业的资产。

第三，资产预期能够直接或间接地给企业带来经济利益。这是指资产具有直接或间接导致现金和现金等价物流入企业的潜力。例如，企业通过收回应收账款、出售库存商品等方式直接获得经济利益，企业也可以通过对外投资以获得股利或参与分配利润的方式间接获得经济利益。按照这一特征，那些已经没有经济价值，不能给企业带来经济利益的项目，就不能继续确认为企业的资产。例如，某企业2003年购入了一台设备，由于技术更新2008年又新购入了一台设备替换了原设备，原设备不再使用，同时又没有市场出售。由于该设备不能再给企业带来经济利益的流入，因此，不再作为企业的资产。

符合资产定义的资源，在同时满足以下条件时，才能确认为资产。

第一，与该资源有关的经济利益很可能流入企业。

第二，该资源的成本或者价值能够可靠地计量。

资产是企业期望能为其带来经济利益的资源，而企业在掌控这些资源时，可以从时间角度（即资产的流动性或称变现能力）对这些资源提出不同的希望和要求。对有些资源，企业希望它们能在短期内（一年或一个营业周期内，包括一年）通过周转换回新的资源或转换成其他形式，这样的资产被称为流动资产，如货币资金、应收账款、原材料、库存商品等；而另一些资源则被要求能长期（一年以上）为企业"服役"，这类资产被称为非流动资产,如固定资产、无形资产等、工程物资、在建工程等。

> **小思考**
>
> 以下条目所涉及的项目是否都能列为资产?为什么?
> 1. 根据一份合同,公司将在未来的某一时间购买的一套设备。
> 2. 一家提供渡轮旅游观光的公司,其观光渡轮常年运行在某运河系统上。该条目中提及的渡轮和某运河系统。
> 3. 一台已经废弃、不能再使用的设备。
> 4. 完成贷款手续而得到的一笔银行贷款。
> 5. 爱利公司从贝克公司临时租用的一辆汽车。
> 6. 明芳公司新招聘的员工。

2. 负债

《企业会计准则——基本准则》第二十三条:负债是指企业过去的交易或者事项形成的,预期会导致经济利益流出企业的现时义务。现时义务是指企业在现行条件下已承担的义务。未来发生的交易或事项可能形成的义务不属于现时义务,不应当确认为负债。企业的负债主要包括短期借款、应付票据、应付账款、预收账款、应付职工薪酬、应交税费、应付利息、应付股利、其他应付款、长期借款、应付债券和长期应付款等。

根据负债的定义,负债具有下列基本特征。

第一,负债必须是由过去的交易或者事项形成的。也就是说,导致负债的交易或事项必须已经发生。例如,购置货物或使用劳务会产生应付账款(已经预付或是在交货时支付的款项除外),接受银行贷款则会产生偿还贷款的义务。只有源于已经发生的交易或事项,会计上才有可能确认为负债。对于企业正在筹划的未来交易或事项,如企业的业务计划等,并不构成企业的负债。例如,某企业已经向银行借入款项 50 000 元,该交易属于过去的交易或事项所应形成企业的负债;企业同时还与银行达成了 3 个月后再借入 50 000 元的借款意向书,该交易就不属于过去的交易或事项,不应形成企业的负债。

第二,负债预期会导致经济利益流出企业,即企业的负债通常是在未来某一时日通过交付资产(包括现金和其他资产)或提供劳务来清偿,有时候企业可以通过承诺新的负债或转化为所有者权益来了结一项现有的负债,但最终一般都会导致企业经济利益的流出。

第三,负债是企业承担的现时义务。现时义务可以是法定义务,也可以是推定义务。其中法定义务是指具有约束力的合同或者法律、法规规定的义务,一般在法律意义上需要强制执行;推定义务是指根据企业多年来的习惯做法、公开的承诺或者公开宣布的政策而导致企业将承担的责任,这些责任也使有关各方形成了企业将履行义务解脱责任的合理预期。例如某企业购买原材料形成应付账款 10 万元,向银行贷入款项 20 万元,按照税法规定应当缴纳各种税款 2 万元,应付给工人的工资 3 万元,这些均属于企业承担的法定义务,需要依法予以偿还。又如该企业多年来对家电销售业务制定了一项政策,即:"对售出的家电类商品三个月内包换、一年内保修、终身维护。"这项服务承诺属于推定义务,应当将其确认为一项负债。

符合负债定义的义务,在同时满足下列条件时,才能确认为负债。

第一,与该义务有关的经济利益很可能流出企业。

第二,未来流出的经济利益的金额能够可靠地计量。

现时的经济活动中,一个企业的负债将导致资产的流出,那么企业有限的资产则需要进行合理的安排来进行债务清偿。于是企业有必要将负债按偿还期的长短进行分类,并按此列入资产负债表的负债栏目中。被要求在一年内偿还的债务称为流动负债,如短期借款、应付账款、应付职工薪酬、应交税费等;而需要一年以上才偿还的债务则被称为非流动负债,如长期借款、应付债券、长期应付款等。

小思考

请说说以下事项中的债权债务的发生以什么为标志,发生后债权人和债务人分别是谁?

1. 小张因需要购房而向银行办理了为期20年的购房按揭贷款。
2. A公司与B公司签订了合同,由A公司将货物销售给B公司,B公司有为期1个月的延期付款时间。
3. 用户购买了移动公司销售的预存话费卡。
4. 根据公司规定,每月15日为发放上月工资时间,而现在时间为2009年2月10日,职工还没有领取1月份的工资。
5. 某商店推出系列购物卡,一公司购买了一定数额的购物卡发放给职工作为福利。

3. 所有者权益

《企业会计准则——基本准则》第二十六条:所有者权益是指企业资产扣除负债后,由所有者享有的剩余权益。公司的所有者权益亦称股东权益。

所有者权益的来源包括所有者投入的资本、直接计入所有者权益的利得和损失、留存收益等。直接计入所有者权益的利得和损失,是指不应计入当期损益、会导致所有者权益发生增减变动的、与所有者投入资本或者向所有者分配利润无关的利得或损失。其中,利得是指由企业非日常活动所形成的、会导致所有者权益增加的、与所有者投入资本无关的经济利益的流入;损失是指由企业非日常活动发生的会导致所有者权益减少的、与向所有者分配利润无关的经济利益的流出。

所有者权益具有下列特征。

第一,除非发生减资、清算,企业不需要偿还所有者权益。

第二,企业清算时,只有在清偿所有的负债后,所有者权益才返还给所有者。

第三,所有者凭借所有者权益能够参与利润分配。

所有者权益的项目主要包括实收资本、资本公积、盈余公积和未分配利润。其中盈余公积和未分配利润由于都属于企业净收益的积累,所以,合称为留存收益。

小资料

截至2007年年底,三鹿公司总资产16.19亿元,总负债3.95亿元,净资产12.24亿元。三聚氰胺事件发生后,来自全国的400多个三鹿一级代理商集聚三鹿集团总部石家庄,追讨因召回问题产品而垫付的几亿元退货款。有代理商预计,加上所欠经销商货款、奶农收奶款,以及包装、添加剂等供货商货款、员工遣散费,保守估算,三鹿总负债要接近20亿元。

乳业专家王丁棉分析认为,按三鹿2007年净资产12.24亿元计算,三鹿资产已经有一部分转移到旗下8家工厂,破产拍卖所得估计最多只有10亿元,远远不能承担其近20亿元的负债,资金总缺口至少有10亿元。而按照破产程序,受害儿童和被遣散的员工享有优先获赔权。

资产、负债、所有者权益三个要素是反映企业财务状况的会计要素,它们反映企业资金价值运动的静态关系,因此被称为静态会计要素,成为编制资产负债表的要素。

4. 收入

《企业会计准则——基本准则》第三十条:收入是指企业在日常活动中形成的、与所有者投入资本无关的、会导致所有者权益增加的经济利益的总流入。

收入包括商品销售收入、提供劳务收入和让渡资产收入。企业代第三方收取的款项,应当作为负债处理,不应当确认为收入。

按照收入的定义,收入具有以下几个特征。

第一,收入应当是企业日常活动中形成的经济利益流入。日常活动,是企业为完成其经营目标所从事的经常性活动以及与之相关的活动。比如,工业企业制造并销售商品、商业企业销售商品、租赁公司出租资产等。明确日常活动是为了区分收入与利得的关系,不属于日常活动所形成的经济利益流入应作为利得处理,如企业处置固定资产、无形资产取得的经济利益流入。

第二,收入会导致经济利益的流入,该流入不包括所有者投入的资本。收入应当会导致经济利益流入企业,从而导致资产增加或负债减少。但是并非所有的经济利益的流入都是收入,如所有者投入资本也会导致经济利益流入企业,但应计入所有者权益,而不能确认为收入。

第三,收入应当最终导致所有者权益的增加。由于收入会导致资产增加或负债减少,最终必然导致所有者权益增加,不会导致所有者权益增加的经济利益流入不能确认为收入。

收入在符合定义的基础上,只有同时满足以下三个条件时才能加以确认。

第一,与收入相关的经济利益很可能流入企业。

第二,经济利益流入企业的结果会导致企业资产增加或者负债减少。

第三,经济利益的流入额能够可靠地计量。

5. 费用

《企业会计准则——基本准则》第三十三条:费用是指企业日常活动中形成的、与所有者利润分配无关的、会导致所有者权益减少的经济利益的总流出。

费用是企业在日常活动中发生的,可能表现为资产的减少或负债的增加,或二者兼而有之。同理,费用最终导致所有者权益的减少,但所有者权益的减少并不一定是费用产生的。

根据费用的定义,费用具有以下几个方面的特征。

第一,费用应当是企业日常活动中发生的。日常活动的界定与收入定义中涉及的日常活动是一致的。

第二,费用会导致经济利益的流出,该流出不包括向所有者分配的利润。费用会导致经济利益的流出,从而导致企业资产的减少或负债的增加(最终导致资产减少)。但并非所有的经济利益的流出都属于费用,如向所有者分配利润也会导致经济利益流出,就属于所有者权益的抵减,不能确认为费用。

第三,费用应该最终导致所有者权益减少。不会导致所有者权益减少的经济利益流出不能确认为费用。如企业偿还一笔短期借款,会导致经济利益流出企业,但负债也同时减少,不会导致所有者权益的减少,所以不能确认为费用。

费用的确认除了费用的定义外,还应当同时符合以下条件才可以确认。

第一,与费用相关的经济利益很可能流出企业。

第二,经济利益流出企业的结果会导致企业资产减少或者负债增加。

第三,经济利益的流出额能够可靠地计量。

费用按照经济用途进行分类,可分为计入产品成本、劳务成本的费用和不计入产品成本、劳务成本的费用两大类。

计入产品成本、劳务成本的费用,可进一步划分为直接费用和间接费用。其中直接费用包括直接材料、直接人工和其他直接费用,这类费用发生时,能够明确地分清楚是由哪项产品或劳务所引起的;间接费用同样也应计入到产品或劳务的费用中,只是在产生时不能分清每项产品承担多少,而暂时计在制造费用中,在期末再采用合适的标准分配计入各产品或劳务的总成本中。计入产品成本或劳务成本的费用,只有在销售产品或提供劳务时才能从获得的收入里得到补偿。

不计入产品成本、劳务成本的费用,可进一步划分为管理费用、财务费用和销售费用,在发生费用的当期从当期取得的收入中得到补偿。

小思考

以下各项哪些应被视为收入或费用?

1. 企业根据税法规定计算并代扣的职工的个人所得税。
2. 接受投资者的投资。
3. 因销售商品而得到的款项。
4. 支付的罚款。
5. 每月产生的电话费、水电费、房租。
6. 因从银行借了半年的贷款而产生的贷款利息。
7. 因卖掉长年使用而变旧的汽车而获得的现金。

6. 利润

《企业会计准则——基本准则》第三十七条：利润是指企业在一定会计期间的经营成果。利润包括收入减去费用后的净额、直接计入当期利润的利得和损失等。

利得是指由企业非日常活动发生的、与所有者利润分配无关的、会引起所有者权益增加的经济利益的流入。损失是指由企业非日常活动发生的、与所有者利润分配无关的、会引起所有者权益减少的经济利益的流出。

利得和损失有两个去向：一个是直接计入所有者权益的利得和损失，作为资本公积直接反映在资产负债表中；另一个是直接计入当期利润的利得和损失，作为营业外收入、营业外支出反映在利润表中。

利润的构成有三个层次：营业利润、利润总额和净利润。

营业利润＝营业收入－营业成本－营业税金及附加－期间费用＋投资收益

其中：　　营业收入＝主营业务收入＋其他业务收入

营业成本＝主营业务成本＋其他业务成本

利润总额＝营业利润＋营业外收入－营业外支出

净利润＝利润总额－所得税费用

收入、费用和利润是反映企业经营成果的三个要素，是企业资金运动的动态表现，成为编制利润表的要素，被称为动态要素。

> **阅读提示**
>
> 为了更清楚地认识六要素之间以及与利得和损失的关系，我们看一看图2-1。

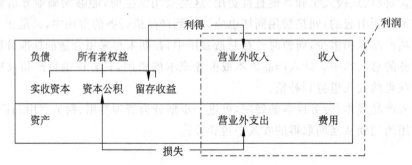

图2-1　会计六要素之间以及与利得和损失的关系

2.1.3　会计等式

1. 会计等式的含义及表示

会计要素是企业经济活动的具体分类，而要素之间并不是孤立存在的，而是有着密不可分的内在联系。被认定为会计主体的资产有各种具体的表现形式，或有形或无形，或价低或价高，或长期存在或很快被消耗，而这些资产分别来自于不同方式。给予企业这些资产的各方都有各自的目的和要求,也因不同的给予形式拥有相应的权益。也就是说,一个企业有多少资产,就意味着有关方对这些资产有多大的权益,资产和权益是同一事物的两个方面,即:

$$资产＝权益$$

资产总额反映了会计主体拥有的经济资源的总量,权益总额反映了有关方对资产总体的要求权的大小,而资产最初有两种获得方式:投资者投入和向债权人借入,而这两种方式则使得两方角色分别享有不同的权益,即投资人权益和债权人权益,因此,又可以说:

$$资产＝债权人权益＋所有者权益$$

站在会计主体的角度,债权人权益即会计主体对外的负债,所以又有:

$$资产＝负债＋所有者权益$$

我们将上式称为会计恒等式,它不仅反映了会计主体某一时点的资产、负债、所有者权益三要素之间在数量上的恒等关系,更从经济含义上体现着三者之间的内在联系,也是设置账户、复式记账、编制资产负债表的理论依据。

【例 2-1】

A公司是由甲、乙、丙、丁四方共同出资创办的新企业,其中甲方投入价值200 000元的房屋及建筑物,乙方投入一套价值1 400 000元的新设备,丙方投入价值500 000元的原材料,丁方则投入价值200 000元的一项专利权和200 000元的现金(已存入公司开户银行)。A公司又从当地工商银行借入为期半年的借款250 000元(已存入公司开户银行),并赊购一批价值100 000元的原材料。A公司××年1月初资产与权益(负债和所有者权益)情况如表2-1所示。

表 2-1 A公司资产负债和所有者权益情况表

××年1月1日　　　　　　　　　　　　　　　金额单位:元

资产项目	金　额	权益项目	金　额
银行存款	450 000	负债	
原材料	600 000	短期借款	250 000
固定资产	1 600 000	应付账款	100 000
无形资产	200 000	负债合计	350 000
		所有者权益	
		实收资本	2 500 000
		所有者权益合计	
资产总计	2 850 000	权益总计	2 850 000

表2-1清晰表明了A公司在××年1月初其资产与权益(负债和所有者权益)之间数量上存在的平衡关系。

> **小思考**
>
> 三年前,几个人合伙创建了一家公司,共筹资 400 万元(其中合伙人投资 300 万元,从银行借款 100 万元),用以建厂房、买设备和材料,形成企业的资产。经过两年的苦心经营,企业已拥有资产 600 万元,需要偿还各种债务 200 万元,试计算,企业的净资产为多少?企业的留存收益又是多少?

我国企业会计准则对收入和费用的定义是狭义的概念,不包括非日常活动产生的计入损益的利得和损失。而以广义的收入和费用来看,则有:

收入－费用＝利润

根据债权人权益和所有者权益的差别,利润仅为所有者享有,当然损失也由所有者来承担。所以将上式代入会计恒等式,则有:

资产＝负债＋(所有者权益＋利润)

资产＝负债＋所有者权益＋收入－费用

费用＋资产＝负债＋所有者权益＋收入

2. 经济业务类型

企业的经济业务可以说是复杂多样的,如从银行取得贷款、购进材料、组织生产、产品完工并销售等,但复杂的活动总有一定的规律可循,当我们找到了规律,就可以根据规律去分析复杂的经济活动。会计恒等式就像一架天平,它始终保持平衡。这样,经济业务的变化类型总体来讲就包括两大类:一类活动引起等式两边同增同减;另一类活动引起等式一边此增彼减。在此基础上,对等式两边的要素之间的变化进一步分析,得出 9 种基本业务类型。

类型 1:资产与负债等额同增。

类型 2:资产与负债等额同减。

类型 3:资产与所有者权益等额同增。

类型 4:资产与所有者权益等额同减。

类型 5:资产内部项目之间等额此增彼减。

类型 6:负债内部项目之间等额此增彼减。

类型 7:所有者权益项目之间等额此增彼减。

类型 8:负债增加,所有者权益减少。

类型 9:负债减少,所有者权益增加。

【例 2-2】

B 公司 2008 年 1 月初资产总额 1 000 000 元,负债总额 600 000 元,所有者权益总额 400 000 元。该公司 2008 年 1 月份发生如下经济业务(部分)。

(1) 从其开户银行取出现金 1 000 元。

该项经济业务引起资产要素中的"库存现金"项目增加 1 000 元,"银行存款"项目减少 1 000 元,不涉及所有者权益要素和负债要素,不影响会计基本等式的平衡关系,也没有使原有等式金额发生变化。

资产	=	负债	+	所有者权益
1 000 000	=	600 000	+	400 000
+1 000				
−1 000				
1 000 000	=	600 000	+	400 000

（2）采购一批生产用原材料，价值 20 000 元，货款未付。

该项经济业务引起资产要素中的"原材料"项目增加 20 000 元，同时引起负债要素中的"应付账款"项目增加 20 000 元，不涉及所有者权益要素，不影响会计基本等式的平衡关系，但使上笔业务后的等式金额发生了变化，两边同时增加了 20 000 元。

资产	=	负债	+	所有者权益
1 000 000	=	600 000	+	400 000
+20 000		+20 000		
1 020 000	=	620 000	+	400 000

（3）用银行存款 5 000 元，偿还一笔购货时的欠款。

该项经济业务引起资产要素中的"银行存款"项目减少 5 000 元，同时引起负债要素中的"应付账款"项目减少 5 000 元，不涉及所有者权益要素，不影响会计基本等式的平衡关系，但使上笔业务后的等式金额发生变化，两边同时减少了 5 000 元。

资产	=	负债	+	所有者权益
1 020 000	=	620 000	+	400 000
−5 000		−5 000		
1 015 000	=	615 000	+	400 000

（4）某投资人代公司偿还到期的 10 000 元短期借款，并协商同意作为对公司的追加投资。

该项经济业务引起负债要素中的"短期借款"项目减少 10 000 元，同时引起所有者权益要素中的"实收资本"项目增加 10 000 元，不涉及资产要素，不影响会计基本等式的平衡关系，也没有使原有等式金额发生变化。

资产	=	负债	+	所有者权益
1 015 000	=	615 000	+	400 000
		−10 000		+10 000
1 015 000	=	605 000	+	410 000

（5）从银行借入 1 年期借款 15 000 元，直接偿还前欠货款。

该项经济业务引起负债要素的内部项目"短期借款"增加 15 000 元，"应付账款"项目减少 15 000 元，不涉及资产要素和所有者权益要素，不影响会计基本等式的平衡关系，也没有使原有等式金额发生变化。

资产	=	负债	+	所有者权益
1 015 000	=	605 000	+	410 000
		+15 000		

$$
\begin{array}{rcl}
& & -15\,000 \\
1\,015\,000 & = & 605\,000 \quad + \quad 410\,000
\end{array}
$$

(6) 用银行存款 6 000 元,归还某投资人投资。

该项经济业务引起资产要素中的"银行存款"项目减少 6 000 元,同时引起所有者权益要素中的"实收资本"项目减少 6 000 元,不涉及负债要素,不影响会计基本等式的平衡关系,但使上笔业务后的等式金额发生变化,两边同时减少了 6 000 元。

$$
\begin{array}{rcccl}
\text{资产} & = & \text{负债} & + & \text{所有者权益} \\
1\,015\,000 & = & 605\,000 & + & 410\,000 \\
-6\,000 & & & & -6\,000 \\
1\,009\,000 & = & 605\,000 & + & 404\,000
\end{array}
$$

(7) 根据有关决议,决定向投资人分配利润 80 000 元,红利尚未实际发放。

该项经济业务引起所有者权益要素中的"未分配利润"项目减少 80 000 元,负债要素中的"应付股利"项目增加 80 000 元,不涉及资产要素,不影响会计基本等式的平衡关系,也没有使原有等式金额发生变化。

$$
\begin{array}{rcccl}
\text{资产} & = & \text{负债} & + & \text{所有者权益} \\
1\,009\,000 & = & 605\,000 & + & 404\,000 \\
& & +80\,000 & & -80\,000 \\
1\,009\,000 & = & 685\,000 & + & 324\,000
\end{array}
$$

(8) 某投资人甲购买了另一投资人乙的股份,占总股本 10 000 000 的 1%,价值 100 000 元。

该项经济业务引起所有者权益要素内部"实收资本"中的投资人具体人物发生了变化,投资人乙对公司的投资减少 100 000 元,投资人甲对公司的投资增加 100 000 元,不涉及资产要素和负债要素,不影响会计基本等式的平衡关系,也没有使原有等式金额发生变化。

$$
\begin{array}{rcccl}
\text{资产} & = & \text{负债} & + & \text{所有者权益} \\
1\,009\,000 & = & 685\,000 & + & 324\,000 \\
& & & & -100\,000 \\
& & & & +100\,000 \\
1\,009\,000 & = & 685\,000 & + & 324\,000
\end{array}
$$

(9) 某投资人向公司投入一台价值 60 000 元的设备。

该项经济业务引起资产要素中的"固定资产"项目增加 60 000 元,同时引起所有者权益要素中的"实收资产"项目增加 60 000 元,不涉及负债要素。不影响会计基本等式的平衡关系,但使上笔业务后的等式金额发生变化,两边同时增加了 60 000 元。

$$
\begin{array}{rcccl}
\text{资产} & = & \text{负债} & + & \text{所有者权益} \\
1\,009\,000 & = & 685\,000 & + & 324\,000 \\
+60\,000 & & & & +60\,000 \\
1\,069\,000 & = & 685\,000 & + & 384\,000
\end{array}
$$

阅读材料

1. 所有者权益实质上是所有者在某个企业所享有的一种财产权利，包括所有者对投入资产的所有权、使用权、处置权和收益分配权。但是，所有者权益只是一种剩余权益。因为所有者和债权人虽然都是企业财产的提供者，都对企业的财产享有要求权，但是从法律的角度来看，负债的要求权要比所有权益的要求权先实现。

2. 所有者权益是一种权利，但这种权利来自于投资者投入的可供企业长期使用的资源。任何企业的设立，都需要有一定的由所有者投入的资本金。根据多数国家公司法的规定，投入资本在企业终止经营前不得抽回，因此，所有者投入的资本构成了企业长期性（在持续经营假设的前提下，甚至可以假定资本金具有永久性）的资本来源。

3. 所有者权益具有长期性。投资者投入的资本，通常是不能抽回的，而是供企业长期使用。尽管在现实经济生活中，也有一些企业，由于经营不当或者其他原因，致使企业解散。即便是这些企业，何时解散在事发之前也是难以预料的。由此可见，所有者权益作为剩余权益，并不存在确切的、约定的偿付期限。

4. 从构成要素看，所有者权益包括所有者的投入资本、企业的资产增值及经营利润。所有者的投入资本既是企业实收资本的唯一来源，也是企业资本公积（溢价或超面值投入的资本）的最主要来源。作为企业的终极所有者，所有者还是企业资产增值的当然受益者。至于企业的经营利润，根据风险和报酬对应原则，这是所有者作为承担全部经营风险和投资风险的一种回报。

5. 所有者权益计量的间接性，所有者权益在数量上，除了投资者投入资本时能够直接计量外，在企业存续期内任一时点，都不是直接计量的，而是通过计量资产和负债来间接计量的结果。

6. 所有者权益的核算与企业组织形式有密切的关系。所有者权益是一个涵盖了任何企业组织形式的净资产的广义概念，具体到某一特定形式的企业组织，所有者权益便以不同形式出现。在独资企业和合伙企业，所有者权益以"业主资本"的形式出现；在有限责任公司，所有者权益表现为"实收资本"；而在股份有限公司，所有者权益则主要以"投入资本"（股本、资本公积）和"留存收益"（盈余分积、未分配利润）的形式出现。股份有限公司和有限责任公司与独资企业和合伙企业之间的最主要差异体现在所有者权益方面。在独资企业和合伙企业，只需为业主或各个合伙人设置一个资本账户和提款账户，用于记录资本和损益的增减变动情况。法律法规并没有要求独资企业和合伙企业把资本与赢利区别开来，但对于股份有限公司和有限责任公司，情况则有所不同：在这两类公司中，股东权益（即公司的所有者权益）的会计处理受公司法等法律法规的限制，公司必须对所有者投入的资本和赚取的利润严格区分。此外，为了保护债权人的合法权益，多数国家的公司立法往往还对股份有限公司和有限责任公司的利润分配和歇业清算以及股份有限公司买回自己发行的股份（库存股份）等有关事宜做出了严格的限制。

> **阅读提示**

权益资金与债务资金的区别

第一,性质不同。权益资金属于企业所有者的权益,是投资者对其投入资本及其所产生的赢利的要求权,是企业的资本;而债务资金属于企业债权人的权益,是债权人对企业资产的索偿权,是企业的负债。

第二,偿还期不同。债权人提供的资金是有一定的偿还期限的,企业应按期偿还负债的本金和利息;而所有者权益在企业整个经营过程中无须偿还。

第三,享受的权利不同。债权人仅对其所提供的资产,按事先规定的时间、利率有索回权,却没有参与企业经营决策和收益分配的权利;而所有者对企业净资产的要求权,会随企业经济效益的提高而有所增加,享有参与企业经营决策管理与收益分配的权利。

任务 2.2 设置和使用账户

2.2.1 案例资料

福耐特公司是一家从事矿山机械设备生产的企业,公司经营中使用一定量的人民币,并在银行开立户头用于交易转账,公司拥有大量的机器设备、钢板、电机、车床、螺丝等用于生产,车间里放着正在生产和已经完工的矿山设备,平时会发生销售矿山设备和钢板边角料的行为,也会有支付工人及管理人员工资、招待客户、维护公司网站等活动。

如何将该公司的各项内容和活动进行合理有效地记录呢?

2.2.2 账户的设置

1. 会计科目

企业常用会计科目如表 2-2 所示。

表 2-2 的内容看似复杂,但如果我们把它们先按要素进行分类,再针对具体项目的特点分别命名,就可以看到:公司的人民币(库存现金)、银行里的存款(银行存款)、公司用于生产的机器设备(固定资产)、钢板(原材料)、电机(固定资产)、车床(固定资产)、螺丝(周转材料)以及车间里完工的设备(库存商品)都是企业的资产,而括号里的就被称为会计科目。如果几个事项在会计核算中具有相同的特点和性质,就可以使用相同的会计科目,比如,该公司的汽车因为和电机、车床一样能长期为企业服务,单位价值也较高,就会被纳入固定资产的范畴。

表 2-2　企业常用会计科目表

编　号	会计科目	编　号	会计科目
一、资产类		2701	长期应付款
1001	库存现金	三、共同类	
1002	银行存款	3101	衍生工具
1012	其他货币资金	3201	套期工具
1121	应收票据	3202	被套期项目
1122	应收账款	四、所有者权益类	
1123	预付账款	4001	实收资本
1131	应收股利	4002	资本公积
1132	应收利息	4101	盈余公积
1221	其他应收款	4103	本年利润
1231	坏账准备	4104	利润分配
1402	在途物资	五、成本类	
1403	原材料	5001	生产成本
1601	固定资产	5101	制造费用
1602	累计折旧	5201	劳务成本
1604	在建工程	5301	研发支出
1701	无形资产	六、损益类	
1702	累计摊销	6001	主营业务收入
1801	长期待摊费用	6051	其他业务收入
二、负债类		6111	投资收益
2001	短期借款	6301	营业外收入
2201	应付票据	6401	主营业务成本
2202	应付账款	6402	其他业务支出
2203	预收账款	6405	营业税金及附加
2211	应付职工薪酬	6601	销售费用
2221	应交税费	6602	管理费用
2231	应付利息	6603	财务费用
2232	应付股利	6701	资产减值损失
2241	其他应付款	6711	营业外支出
2501	长期借款	6801	所得税费用
2502	应付债券	6901	以前年度损益调整

　　会计科目就是对会计六要素的内容进行具体分类的类别名称。通过设置会计科目，可以对复杂的、性质不同的经济业务进行科学的分类，将复杂的经济信息变成有规律的、易于识别的经济信息，并为将其转变为会计信息做准备。

　　会计科目的设置取决于企业的管理要求、管理水平、规模大小、业务繁简。既不要过于复杂烦琐，增加不必要的工作量，又不要过于简单粗糙，使各项会计要素混淆不清，不能满足会计信息使用者的需要。设置会计科目，是填制会计凭证和设置账户的依据，是编制会计报表的基础。

由表 2-2 可知,会计科目按其反映的经济内容的不同可以分为资产类、负债类、共同类、所有者权益类、成本类和损益类六大类。按提供指标的详细程度不同可以分为总分类科目和明细分类科目。总分类科目(即总账科目或一级科目)是总括反映会计要素具体内容的科目,它提供总括核算资料,是进行总分类核算的依据,例如银行存款、库存现金、固定资产、应收账款、原材料等科目表中列出的会计科目。明细分类科目包括子目和细目。子目(即二级科目)是在一个总分类科目下分设的若干个对该总分类科目反映的经济内容进行较为详细分类的项目,如原材料这个总分类科目下,按照材料大类分设的"原料及主要材料"、"辅助材料"、"燃料"等。细目(即三级科目)是在一个子目下再分设的若干个对该子目反映的经济内容进行更为详细分类的项目,例如对上述"原材料"总分类科目下的子目"原料及主要材料"再按其具体材料品名分设的"棉花"、"棉纱"等。

知识链接2-1　　会计科目的排序与编号

会计科目是对会计要素作进一步的划分,在排列上既要适应财务报表内容、格式及编报的传统,又须显示会计要素之间的性质区别。六大类的排列顺序是按先资产后权益、先静态后动态进行排列的,而各项目内的顺序又分别按照流动性、永久性、重要性等排列。

会计科目编号供企业填制会计凭证、登记会计账簿、查阅会计账目、采用会计软件系统时参考,方便确定科目类别和位置,满足制证、记账工作要求,提高工作效率和实行会计电算化。会计科目的编号应达到以下要求:①专一性;②简单明了便于记忆;③排列有序,层次分明;④有一定的弹性,留有余地;⑤分类合理。会计科目的一级科目是规定的,一般为固定的四位数,不能随意更改;二级以上的科目可根据自己企业的业务情况自行设置。第一位数代表该科目所属科目类别,如 1 代表资产,第二位数代表在该类中的小类,后两位数则对应具体科目。科目编号并不连续,以便今后为新发生的业务设置新科目时进行分类编号。

2. 账户

会计科目仅仅是会计要素细分后的类别名称,就像我们已经为各个物品分好了类,写好了标签,但如果没有准备好合适的箱子,这些标签就没地方粘贴,这些物品也就不能很好地分类存放。这些事先准备好的用来贴上标签存放分好类的物品的"箱子",就是会计账户。

账户,是根据会计科目开设的,用来对会计科目所反映的内容进行连续、系统记录的、具有一定格式和结构的记账实体。有了账户,会计科目就有了"安身之处"。设置账户是根据经济管理的要求,按照会计要素,对企业不断发生的经济业务进行日常归类,从而反映、监督会计要素各个具体类别并提供各类动态、静态指标,是会计核算的专门方法之一。通过账户的设置和运用,可以把经济业务分类归集,提供分门别类的经济信息资料,核算和监督各项经济指标的增减变动情况,有利于企业的经济决策。

会计科目所反映的经济内容也就是账户的核算内容。因此,账户和会计科目一样,也可以按反映的经济内容分类和按反映经济内容的详细程度分类。

账户按经济内容分类:可以确切把握各个账户核算和监督的内容以及所设置的账户体系是否能满足和适应经济管理的需要。另外,这种分类也为编制会计报表提供依据。账户反映的经济内容决定账户的性质。因此,账户按经济内容分类是最基本的分类,是其他分类的基础和前提。

账户按经济内容的分类也可以分为资产类账户、负债类账户、共同类账户、所有者权益类账户、成本类账户和损益类账户六大类。

(1) 资产类账户

资产类账户是用来核算企业资产的增减变动和结存情况的账户。按照资产的流动性不同,可划分为两类。

① 核算流动资产的账户,如库存现金、银行存款、应收账款、其他应收款、原材料、库存商品等。

② 核算非流动资产的账户,如长期股权投资、固定资产、累计折旧、无形资产等。

(2) 负债类账户

负债类账户是用来核算企业负债的增减变动和结存情况的账户。按照负债偿还期限长短,可划分为两类。

① 核算流动负债的账户,主要有短期借款、应付票据、应付账款、预收账款、应付职工薪酬、应交税费等。

② 核算长期负债的账户,主要有长期借款、应付债券、长期应付款等。

(3) 共同类账户

共同类账户是用来核算有关业务而形成的资产或负债。一般企业共同类账户有衍生工具、套期工具、被套期项目。共同类账户具有资产或负债的双重性质。

(4) 所有者权益类账户

所有者权益类账户是用来核算企业所有者权益的增减变动和结存情况的账户。按照所有者权益的来源不同,可划分为两类。

① 核算所有者原始投资的账户,如实收资本(或股本)。

② 核算所有者投资积累的账户,如资本公积、盈余公积、本年利润、利润分配。

(5) 成本类账户

成本类账户是用来核算企业生产经营过程中发生的费用,并计算成本的账户。成本类账户主要有生产成本、制造费用、劳务成本、研发成本等。

从某种意义上来说,成本类账户也是资产类账户,该类账户的期末余额属于企业的资产。例如,生产成本账户的期末余额表示企业尚未完工产品(也称在产品)的成本,是属于企业的流动资产。

(6) 损益类账户

损益类账户是用来核算与损益计算直接相关的账户,核算内容主要是企业的收入和费用。该类账户又可以划分为两类。

① 核算收入的损益类账户,主要有主营业务收入、其他业务收入、投资收益、营业外

收入账户。

② 核算支出的损益类账户,主要有主营业务成本、营业税金及附加、其他业务成本、销售费用、管理费用、财务费用、营业外支出、所得税费用等账户。

账户按照反映经济内容的详细程度分类与会计科目按其分类相同,也可以分为总分类账户(一级账户)和明细分类账户(二、三级账户)。按总分类科目(一级科目)开设的账户就是总分类账户,又称一级账户,以货币为计量单位,用于对会计要素具体内容进行总分类核算,提供总括核算资料的账户。按明细分类科目(二、三级科目)开设的账户就是明细分类账户,又称二级或三级账户,是以货币、实物等为计量单位,用来对会计要素具体内容进行明细分类核算,提供详细核算资料的账户。它们之间的关系是:统驭与被统驭、制约与被制约的关系,前者统驭后者,后者对前者起补充说明的作用,从属于前者。

除此之外,账户还可以按照用途结构分类,该内容将在"项目六"中做详细介绍。

小思考

一个企业就如同一个家庭,假设有一个家庭有这样一些事项:该家庭在建设银行开了两个账户,账号分别是 JS5678 和 JS1234,在工商银行也开了几个账户,账号分别是 GS1234、GS4567 和 GS5678;有房产两处,一处为一套三居的住房,另一处为车库一间;有一辆轿车和一辆电动自行车;还有一台液晶电视,一台冰箱,一台洗衣机。想一想,如何填写表 2-3?

表 2-3 总分类科目与明细分类科目

总分类科目 (一级科目)	明细分类科目	
	二级科目	三级科目
银行存款	建设银行	
固定资产	家电类	

知识链接 2-2　会计科目与账户的区别与联系

会计科目和账户是既有联系又有区别的两个概念。

(1) 二者的联系

它们都是对会计对象具体内容科学分类的设置,两者的口径一致,性质相同。会计科目是账户的名称,也是设置账户的依据;账户是根据会计科目开设的,是会计科目的具体运用。没有会计科目,账户便失去了设置的依据;没有账户,就无法发挥会计科目的作用。

(2) 二者的区别

会计科目仅仅是账户的名称,不存在格式和结构;而账户具有一定的格式和结构。在实际工作中,对会计科目和账户不加以严格区分,而是相互通用。

2.2.3 账户的使用

为了正确地记录和反映经济业务,账户不仅要有明确的核算内容,还要有一定的结构,也就是账户的格式。在实际业务中,每一个账户表现为账簿中的某页或某些页。一般包括以下内容。

(1) 账户名称。填写设置账户所依据的会计科目的名称。

(2) 日期栏。记录经济业务发生的日期。

(3) 凭证号栏。填写该笔账目记录所依据的记账凭证的编号。

(4) 摘要栏。填写某项经济业务的简要说明。

(5) 金额栏。金额栏分为发生额栏和余额栏:发生额栏填写某项经济业务发生时引起该账户增加或减少的金额;余额栏填写一定日期该账户的增减金额变动后的结果。由于会计分期而有了相对的期初余额和期末余额。

账户的记录应是连续的,各金额之间存在着如下的关系。

期末余额=期初余额+本期增加发生额-本期减少发生额

由于会计的记录是以货币计量为主要计量形式,所以在一个账户中,金额栏成为其主要部分,人们关注的首要内容也是某项目的金额变化。而一个账户的金额变化不外乎增加和减少两种情况。于是,为了既突出账户的主要部分,又便于教学,我们常把账户结构简单地表示为 T 字型,如图 2-2 所示。

图 2-2 T 字型账户

T 字型账户的左右两边主要用来登记该账户增减变动时的金额,至于哪一方记增加,哪一方记减少,要根据不同的记账方法及账户的性质来决定。

在现实生活中,当某项经济活动的发生引起了某账户的变化,则会记录到如表 2-4 和表 2-5 所示的账页中。

表 2-4　　明细分类账户格式及登记

总账科目编号及工种组科目编号及名称：管理费用
明细科目编号及名称：职工教育经费

总第　　页　全第　　页

08年		凭证		摘要	对方科目	日次	借方金额 十亿千百十万千百十元角分	贷方金额 十亿千百十万千百十元角分	借或贷	余额 十亿千百十万千百十元角分
月	日	种类	号码							
4	04		025	提1～3月教育附加			1 2 6 2 7 4		借	1 2 6 2 7 4
4	30			本月合计			1 2 6 2 7 4			
4	30			本月累计			1 2 6 2 7 4			
6	06		019	提1～6月教附			1 0 9 8 3 0		借	
6	30			本月合计			1 0 9 8 3 0			
6	30			本月累计			2 3 6 1 0 4			2 3 6 1 0 4
9	30		017	计提			1 7 8 6 6 3		借	
9	30			本月合计			1 7 8 6 6 3			
9	30			本月累计			4 1 4 7 6 7			4 1 4 7 6 7
12	30		018	提职教费			3 9 5 0 3 5			
12	31		049	结转本年利润				8 0 9 8 0 2	平	
12	31		×××	本月合计			3 9 5 0 3 5	8 0 9 8 0 2		
12	31		×××	本月累计			8 0 9 8 0 2	8 0 9 8 0 2		

财会主管　　复核　　记账

表 2-5 总账登记

总　账

会计科目：原材料

2008年		凭证号	摘要	借方									贷方									核对号	借或贷	余额								
月	日			百	十	万	千	百	十	元	角	分	百	十	万	千	百	十	元	角	分			百	十	万	千	百	十	元	角	分
8	1		期初余额																				借			7	3	0	0	0	6	0
8	10	1	1~20笔业务汇总			3	8	0	0	0	0	0			1	5	6	0	0	0	0		借			9	5	4	0	0	6	0

任务2.3　借贷记账法

2.3.1　案例资料

大学生活的花费与来源

2月底是乌鲁木齐各大院校开学的日子，大学生们拿着新学期父母给的生活费回到校园，和以往一样，男生请客聚餐，女生美容买衣服，有的还购置了电脑、手机等贵重物品。短短几天的时间，一些学生就花去了将近一个学期的生活费。

3月1日、2日午饭时间，记者先后走访了新疆大学、新疆医科大学和新疆农业大学附近的小餐馆，随便走进一家餐馆，都可以看到一些大学生三五成群地聚在餐桌旁拿着菜单点菜。新疆农业大学附近的一家餐馆的老板说："每逢开学，许多男生都会请客吃饭，大家轮流做东，一顿饭的花费一般在100元以上。""这次我带了1 500元的生活费，购买服装花去300元，购买日用品花了150元。"新疆财经学院2001级的学生杨某说。

据了解，大学生把电脑、手机、CD、MP3和录音笔称为五件武器。新学期伊始，为了买这些武器，有些大学生花光了一个学期的生活费。正在赛博数码广场购买电脑的新疆大学的张建说："这台电脑共花了3 500元，大部分都是父母给的生活费。"

资料来源：《新疆都市报》(2004-03-03)："新学期刚开始——大学生花光生活费"

2.3.2 借贷记账法

企业设置账户只是一个工具,为记录经济业务提供了空间场地,而如何正确地使用这些账户记录经济业务呢?我们还需要认识记账的方法。

记账方法简单地说就是把发生的经济业务记录在相应账户中的方法。从会计发展的历史来看,有单式记账法和复式记账法两类。我们以本节开始的例子为基础来看看两种记账方法的区别。

某大学生新学期开始第一个月的几项现金收支情况如下:

(1) 返校时父母给了 1 500 元的生活费。
(2) 购买服装花去了 300 元。
(3) 购买日用品花去了 150 元。
(4) 同学聚餐花去了 200 元。
(5) 买部手机花去了 800 元。
(6) 生活费不够了,找同学借了 500 元。

通过表 2-6 我们可以看到,一段时间后,如果这位同学想知道她的钱是怎么来的,又是怎么用掉的,采用单式记账法是无法满足要求的,而采用复式记账法则可以知道这些经济业务的来龙去脉。

表 2-6　单式记账法与复式记账法对比表

业务	单式记账	复式记账						
	—	—	来	源	去	向		
	库存现金	库存现金(资产)	父母给的	借的(负债)	购买服装(费用)	购买日用品(费用)	聚餐(费用)	买手机(资产)
1	+1 500	+1 500	+1 500					
2	−300	−300			−300			
3	−150	−150				−150		
4	−200	−200					−200	
5	−800	−800						−800
6	+500	+500		+500				

1. 复式记账法

复式记账法,是指对发生的每一项经济业务都要以相等的金额在两个或两个以上的账户中相互联系地进行记录的一种记账方法。当我们能熟练运用会计科目后,就可以用正确的会计科目来代替表 2-6 中的一些项目了。

复式记账法是建立在"资产=负债+所有者权益"这个会计恒等式基础上的,因此,"资产=负债+所有者权益"被称为复式记账法的理论依据。在复式记账法下,发生经济业务后,先分析该笔业务所涉及的要素类别,再根据业务具体内容选择合适的会计科目。比如上例中第 5 笔业务发生后,使该同学的资产之间发生的变化:原有的现金减少了800元,同时她得到了一部价值800元的手机,我们可以根据复式记账法的原理一方面记"库存现金"账户减少800元;另一方面记"固定资产"账户增加800元。

目前,国际上通用的复式记账法就是"借贷记账法"。

2. 借贷记账法

借贷记账法起源于13世纪的意大利,在清朝末期的光绪年间从日本传入中国。在各种复式记账法中,借贷记账法是产生最早,并在当今世界各国应用最广泛、最科学的记账方法。目前,我国的企业、事业单位会计记账都采用借贷记账法。

借贷记账法是以"借"和"贷"作为记账符号,在两个或两个以上相互联系的账户中,对每一项经济业务以相等的金额全面进行记录的一种复式记账方法。它的主要特点体现在以下几个方面。

(1) 记账符号

记账符号反映的是各种经济业务数量的增加和减少,在借贷记账法下,以"借""贷"为记账符号,账户的左方标记为"借方",右方标记为"贷方"。

① "借"和"贷"是抽象的记账符号。借贷记账法是以"借"和"贷"作为记账符号,用以指明记账的增减方向、账户之间的对应关系和账户余额的性质等。"借"和"贷"在会计记账产生之初有其特定的含义,但发展到今天,只是借贷记账法的专门符号,并已经成为通用的国际商业语言,而不再需要对其过去的含义进行深入解释。

② "借"和"贷"所表示的增减含义。"借"和"贷"作为记账符号,都具有增加和减少的双重含义。"借"和"贷"何时为增加、何时为减少,必须结合账户的具体性质才能准确说明。

(2) 账户设置

在借贷记账法下,账户的设置分为资产类、负债类、所有者权益类、共同类、成本类和损益类六大类。

(3) 借贷记账法下的账户结构

① 资产类。在资产类账户中,它的借方登记增加,贷方登记减少。期末资产类账户若有余额,其余额一般在借方,表示期末(或期初)资产的实有数。资产类账户的结构如图2-3所示。

借方	资产类账户	贷方
期初余额	×××	
本期增加额	×××	本期减少额 ×××
本期发生额	×××	本期发生额 ×××
期末余额	×××	

图2-3 资产类账户结构

资产类账户的期末余额可根据下列公式计算:

期末余额(借方)=期初余额(借方)+本期借方发生额-本期贷方发生额

以本节的案例资料为例,分别作T字型账(见图2-4)和实账(见表2-7)对照如下:

借方		库存现金	贷方	
期初余额	100			
1	1 500	2		300
6	500	3		150
		4		200
		5		800
发生额合计：	2 000	发生额合计：		1 450
期末余额	650			

图 2-4 T 字型账

表 2-7 会计科目 库存现金

日期	凭证号	摘要	借方	贷方	借或贷	余额
略		期初余额			借	100
	1	收到生活费	1 500		借	1 600
	2	买服装		300	借	1 300
	3	买日用品		150	借	1 150
	4	请客吃饭		200	借	950
	5	买手机		800	借	150
	6	借款	500		借	650
		本月合计	2 000	1 450	借	650

② 权益类。即负债和所有者权益两类账户中,贷方登记增加,借方登记减少。期末负债类和所有者权益类账户若有余额,其余额一般在贷方,表示负债和所有者权益的期末(或期初)实有数。负债类和所有者权益类账户的结构如图 2-5 所示。

借方	负债类和所有者权益类账户		贷方
		期初余额	×××
本期减少额	×××	本期增加额	×××
本期发生额	×××	本期发生额	×××
		期末余额	×××

图 2-5 权益类账户结构

负债类和所有者权益类账户的期末余额可根据下列公式计算：

期末余额(贷方)＝期初余额(贷方)＋本期贷方发生额－本期借方发生额

③ 成本类。从某种意义上说,成本类账户也是资产类账户,所以成本类账户的结构与资产类账户的结构基本一致。成本类账户的借方登记其增加额,贷方登记其减少额。期末成本类账户若有余额,表示正处于某阶段的某项资产的成本,余额在借方。成本类账户的结构如图 2-6 所示。

借方	成本类账户		贷方
期初余额	×××		
本期增加额	×××	本期减少额	×××
本期发生额	×××	本期发生额	×××
期末余额	×××		

图 2-6 成本类账户结构

④ 损益类。损益类账户是指用于期末计算企业盈亏(损益)的账户,盈亏的计算是通过收入减去费用得到的,所以损益类包括了收入(广义)和费用(广义)两类要素的账户。而它们的性质又是相反的,所以损益类账户的结构不能简单地记为哪方记增加,哪方记减少,而是要先分清楚是收入类账户还是费用类账户。

收入是增加所有者权益的,所以其账户的结构也就与所有者权益类相似,贷方登记收入的增加额,借方登记收入的减少额或转销额。企业的各种收入是使利润增加的因素,因此期末时收入的当期增加额减去收入的当期减少额后的净额,应转入计算利润的账户"本年利润"(是所有者权益类的账户)的贷方,同时记入有关收入账户的借方,所以,各种收入账户没有余额。收入类账户的结构如图 2-7 所示。

借方	收入类账户		贷方
本期减少额或转销额	×××	本期增加额	×××
本期发生额	×××	本期发生额	×××

图 2-7 收入类账户结构

费用是减少所有者权益的,所以其账户的结构与所有者权益类相反,而与资产类相似,借方登记费用的增加额,贷方登记费用的减少额或转销额。企业的各种费用是使利润减少的因素,因此期末时费用的当期增加额减去费用的当期减少额后的净额,应转入计算利润的账户"本年利润"的借方,同时记入有关费用账户的贷方,至此,各种费用账户没有余额。费用类账户的结构如图 2-8 所示。

借方	费用类账户		贷方
本期增加额	×××	本期减少额或转销额	×××
本期发生额	×××	本期发生额	×××

图 2-8 费用类账户结构

企业发生的各种费用和支出形成利润减少的因素,因此期末时应将影响利润的有关费用和支出的增加额减去其减少额后的差额,转入"本年利润"账户的借方,同时登记在有关费用和支出账户的贷方。所以,除反映成本的账户外,费用支出类账户一般没有余额。

根据以上对各类账户结构的说明,可以将账户借方和贷方所记录的经济内容加以归纳,如表 2-8 所示。

表 2-8 账户结构说明

账户类别	借 方	贷 方	余 额 方 向
资产类	+	−	借方
负债类	−	+	贷方
所有者权益类	−	+	贷方
成本类	+	−	若有余额在借方
收入类	−	+	无余额
费用类	+	−	无余额

需要说明以下事项。

① 借贷记账法下可以设置双重性质的账户,既可以反映资产又可以反映负债。登记资产增加和减少时,比照资产类账户的结构进行;登记负债的增加和减少时,比照负债类账户进行。而该账户的性质则根据某日的余额方向确定:余额方向在借方,表示此余额为资产性质;余额方向在贷方,表示此余额为负债性质。如"固定资产清理"、"待处理财产损益"等账户。

② 表2-6中余额方向只是一般情况,而非必然,某些特殊的账户,其变化方向与其所属性质并不一致,需要单独记忆,如资产中的"累计折旧"是贷方登记增加,借方登记减少,余额在贷方。

(4) 记账规则

借贷记账法的记账规则是:"有借必有贷,借贷必相等"。

"有借必有贷"是指对任何一项经济业务,采用借贷记账法时,一定涉及两个或两个以上的账户,在这些账户中,有登记在借方的账户,同时也有登记在贷方的账户。"借贷必相等"是指借方登记的账户总额必然等于贷方登记的账户总额。

按照借贷记账法的记账规则记录经济业务时,可以按以下步骤进行分析。

首先,分析经济业务涉及了什么要素的变化——分析要素。

其次,根据业务的具体情况选择相应要素下的恰当账户——选择账户。

再次,根据账户性质结构、业务变化类型确定各账户的记账符号是借还是贷——确定方向。

最后,应借应贷双方的金额是否相等——填写金额。

例如:①某企业2009年3月初,银行存款借方期初余额为55 000元,应付账款贷方期初余额为40 000元。该月的2日发生这样一笔经济业务:该企业以银行存款40 000元归还前欠某单位的应付账款。这项业务使银行存款和应付账款同时减少40 000元,涉及资产和负债两个会计要素的变化(分析要素),应选择资产类账户的"银行存款"和负债类账户的"应付账款"(选择账户),两个账户同时减少了40 000元,"银行存款"属于资产类账户,减少记在该账户的贷方;而"应付账款"属于负债类账户,减少记在该账户的借方,双方记录的金额都是40 000元。账户记录如下:

借方	银行存款	贷方	借方	应付账款	贷方
期初余额:55 000					期初余额:40 000
		本期减少:40 000	本期减少:40 000		

例如:②接上例,该企业"应收账款——甲单位"的期初借方余额为8 000元,"应收票据——甲单位"的期初借方余额为5 000元。本月3日发生这样一笔经济业务:收到甲单位签发的商业汇票一张,金额为4 000元,转账支票一张,金额为3 000元,来清偿前欠的货款。转账支票已存入了银行。这项业务使"应收票据"增加了4 000元,银行存款增加了3 000元,同时使"应收账款——甲单位"减少了7 000元。涉及"应收票据"、"银行存款"、"应收账款"三个资产类账户的变化,增加数记借方,减少数记贷方,按照"有借必有

贷,借贷必相等"的记账规则,账户的记录如下:

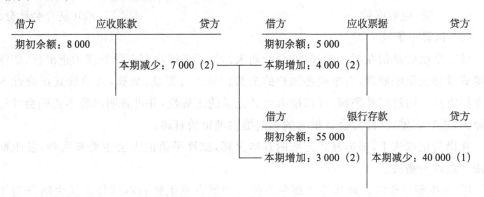

(5) 会计分录

在采用借贷记账法对每项经济业务进行记录时,必然会涉及两个或两个以上的应借和应贷账户。经济业务的发生,使有关账户之间在该业务中发生了借贷关系,这种临时发生的应借应贷的关系叫账户的对应关系。存在对应关系的账户,称作对应账户。

在实际工作中,由于账户众多,经济业务频繁,根据经济业务内容直接记入账户容易产生差错,也难以从账中直接找到错误原因,因此,在企业设置了账户之后,发生经济业务之时,按照记账规则和复式记账的要求对经济业务进行分析,把每笔业务所涉及的记账符号(记账方向)、账户名称(会计科目)和金额分别写成一个特定形式的记录,就是会计分录。

会计分录是指明每项经济业务应借应贷账户的名称、记账方向和金额的一种记录形式。在我国会计实务中,编写会计分录是通过填制记账凭证来实现的。会计分录是记账凭证中最主要的内容。

会计分录由三个基本内容构成:记账符号、账户名称、金额。一般格式如下:

借:库存现金   1 000
 贷:银行存款   1 000

在书写会计分录时应注意以下事项。

① 会计科目应书写完整,一级会计科目必须规范。

② 先借后贷,分上下行书写。

③ 借贷错开,借贷符号、会计科目和金额应左右错格写。

④ 同方向的会计科目、金额要对齐。

会计分录按所涉及账户的多少,可分为简单分录和复合分录两种。简单分录为一借一贷,复合分录为一借多贷、多借一贷、多借多贷。实际上,复合分录是由若干个简单分录合并组成的,但不能随意将不是一笔业务的几笔分录合并为一个多借多贷的分录;否则,账户之间的对应关系将混乱。

例如,将前两例的经济业务编制会计分录如下:

① 借:应付账款   40 000
  贷:银行存款   40 000(简单会计分录)

② 借:应收票据   4 000

　　　　银行存款　　　　　　　　　　　　　　3 000
　　　　贷：应收账款　　　　　　　　　　7 000（复合会计分录）

（6）试算平衡

试算平衡就是指在某一时日（如会计期末），为了保证本期会计处理的正确性，依据会计等式或复式记账原理，对本期各账户的全部记录进行汇总、测算，以检验其正确性的一种专门方法。通过试算平衡，可以检查会计记录的正确性，并可查明出现不正确会计记录的原因，进行调整，从而为会计报表的编制提供准确的资料。

在借贷记账法下，根据复式记账的基本原理，试算平衡的方法主要有两种：发生额平衡法和余额平衡法。

① 发生额平衡法。是指将全部账户的本期借方发生额和本期贷方发生额分别加总后，利用"有借必有贷，借贷必相等"的记账规则来检验本期发生额正确性的一种试算平衡方法，其试算平衡公式如下：

　　　　全部账户本期借方发生额合计＝全部账户本期贷方发生额合计

② 余额平衡法。是指本期所有账户借方余额和所有账户贷方余额分别加总后，利用"资产＝负债＋所有者权益"的平衡原理来检验会计处理正确性的一种试算平衡方法。根据余额时间不同，又分为期初余额平衡和期末余额平衡。其试算平衡公式如下：

　　　　全部账户期初借方余额合计＝全部账户期初贷方余额合计
　　　　全部账户期末借方余额合计＝全部账户期末贷方余额合计

如果试算不平衡，说明账户的记录肯定有错；但试算平衡，也不能肯定记录完全正确。这是因为有些错误并不影响借贷双方的平衡，如果发生某项经济业务在有关账户中被重记、漏记或记错了账户等错误，并不能通过试算平衡来发现。但试算平衡仍是检查账户记录是否正确的一种有效方法。

在会计实务中，试算平衡工作通常是通过编制试算平衡表来完成的。该表可以按一定时期（旬或月等）编制，在结算出各账户的本期发生额和期初、期末余额以后将各项金额填入表中。试算平衡表的格式如表2-9所示。

表2-9　试算平衡表

年　　月

账户名称	期初余额		本期发生额		期末余额	
	借方	贷方	借方	贷方	借方	贷方
合计						

下面我们用一个完整的例子来看一看借贷记账法的运用。

【例2-3】

新星工厂1月1日的资产和负债及所有者权益类账户的期初余额如表2-10所示。

表 2-10 资产和负债及所有者权益类账户的期初余额表

资产类		负债及所有者权益类	
账户名称	金额/元	账户名称	金额/元
库存现金	25 000	短期借款	180 000
银行存款	800 000	应付账款	800 000
应收账款	500 000	其他应付款	60 000
其他应收款	10 000	实收资本	15 295 000
原材料	1 600 000		
库存商品	3 300 000		
固定资产	7 800 000		
生产成本	2 300 000		
合 计	16 335 000	合 计	16 335 000

步骤 1：会计人员将根据表 2-10 中的资料开设账户，并登记期初余额（见后面各 T 字型账户期初余额栏）。

接下来，新星工厂 1 月份发生如下经济业务。

① 投资者 A 投入新机器一台，价值 50 000 元。
② 用银行存款归还前欠货款 30 000 元。
③ 从银行取出现金 5 000 元。
④ 收到购货单位归还的货款 4 000 元，存入公司开户银行。
⑤ 将现金 10 000 元存入银行。
⑥ 生产产品领用材料 20 000 元。
⑦ 从银行取得 6 个月的贷款 60 000 元存入银行。

步骤 2：分析过程和会计分录如表 2-11 所示。会计人员将根据以上经济业务发生时所产生的原始凭证编制记账凭证（下面以会计分录代替）。

表 2-11 分析过程和会计分录表

序号	分 析 过 程	会 计 分 录
1	一方面该业务使企业得到一项资产——新机器；另一方面此机器的获得方式是投资者 A 的投资，则 A 以投资的方式对企业的资产享有所有权。此业务属于资产和所有者权益同增的业务。 资产　　固定资产　+（借）　50 000 所有者权益　实收资本　+（贷）　50 000	借:固定资产　50 000 　贷:实收资本　50 000
2	用存款偿还债务，一方面使企业的资产——银行存款减少；另一方面也使企业背负的债务减少。此业务属于资产和负债同减的业务。 负债　　应付账款　-（借）　30 000 资产　　银行存款　-（贷）　30 000	借:应付账款　30 000 　贷:银行存款　30 000
3	存取钱这种业务在企业经常发生，是存款和现金之间的相互转换。取钱使企业的现金增加同时银行存款减少。此业务属于资产内部的此增（库存现金）彼减（银行存款）。 资产　　库存现金　+（借）　5 000 资产　　银行存款　-（贷）　5 000	借:库存现金　5 000 　贷:银行存款　5 000

续表

序号	分析过程	会计分录
4	收回买方所欠货款,是债权(资产)的收回,则企业对买方的债权减少,同时企业得到了现实的货币资金(银行存款)。此业务是资产内部的此增彼减。 　资产　　银行存款　+(借)　4 000 　资产　　应收账款　-(贷)　4 000	借:银行存款　4 000 　贷:应收账款　　4 000
5	存钱与取钱的业务类型都是资产内部的此增彼减,但特别需要注意的是增加的是银行存款,减少的是库存现金。 　资产　　银行存款　+(借)　10 000 　资产　　库存现金　-(贷)　10 000	借:银行存款　10 000 　贷:库存现金　10 000
6	将原材料用于生产,使原材料减少,而原材料在生产过程中的耗用是成本的增加。此业务属于成本(或被看做是资产)的增加和资产的减少。 　成本　　生产成本　+(借)　20 000 　资产　　原材料　　-(贷)　20 000	借:生产成本　20 000 　贷:原材料　　20 000
7	从银行取得贷款,企业对银行产生了负债,由于期限未超过1年,所以是一项流动负债;这笔贷款转入了企业名下的银行账户,使企业得到了可以控制的一项资产。此业务属于资产和负债同增的类型。 　资产　　银行存款　+(借)　60 000 　负债　　短期借款　+(贷)　60 000	借:银行存款　60 000 　贷:短期借款　60 000

步骤3:根据以上记账凭证(会计分录)登记步骤1所开设的T字型账户中,并逐个结出各账户的本期借、贷发生额合计和期末余额。如下所示。

借方	库存现金		贷方
期初余额	25 000		
(3)	5 000	(5)	10 000
本期发生额	5 000	本期发生额	10 000
期末余额	20 000		

借方	银行存款		贷方
期初余额	800 000		
(4)	4 000	(2)	30 000
(5)	10 000	(3)	5 000
(7)	60 000		
本期发生额	74 000	本期发生额	35 000
期末余额	839 000		

借方	应收账款		贷方
期初余额	500 000		
		(4)	4 000
本期发生额	—	本期发生额	4 000
期末余额	496 000		

借方	其他应收款		贷方
期初余额	10 000		
本期发生额	—	本期发生额	—
期末余额	10 000		

借方	原材料	贷方		借方	生产成本	贷方
期初余额 1 600 000				期初余额 2 300 000		
	(6)	20 000		(6) 20 000		
本期发生额 —	本期发生额	20 000		本期发生额 20 000	本期发生额	—
期末余额 1 580 000				期末余额 2 320 000		

借方	库存商品	贷方		借方	固定资产	贷方
期初余额 3 300 000				期初余额 7 800 000		
本期发生额 —	本期发生额	—		(1) 50 000		
期末余额 3 300 000				本期发生额 50 000	本期发生额	—
				期末余额 7 850 000		

借方	短期借款	贷方		借方	应付账款	贷方
	期初余额	180 000			期初余额	800 000
	(7)	60 000		(2) 30 000		
本期发生额 —	本期发生额	60 000		本期发生额 30 000	本期发生额	—
	期末余额	240 000			期末余额	770 000

借方	其他应付款	贷方		借方	实收资本	贷方
	期初余额	60 000			期初余额	15 295 000
本期发生额 —	本期发生额	—			(1)	50 000
	期末余额	60 000		本期发生额 —	本期发生额	50 000
					期末余额	15 345 000

步骤4：将以上T字型账户的本期发生额栏和期初、期末余额栏中的数据依次填入表2-12进行合计。

表2-12 总分类账户本期发生额及余额试算平衡表　　　金额单位：元

账户名称	期初余额		本期发生额		期末余额	
	借方	贷方	借方	贷方	借方	贷方
库存现金	25 000		5 000	10 000	20 000	
银行存款	800 000		74 000	35 000	839 000	
应收账款	500 000			4 000	496 000	
其他应收款	10 000				10 000	
原材料	1 600 000			20 000	1 580 000	
生产成本	2 300 000		20 000		2 320 000	
库存商品	3 300 000				3 300 000	
固定资产	7 800 000		50 000		7 850 000	
短期借款		180 000		60 000		240 000
应付账款		800 000	30 000			770 000
其他应付款		60 000				60 000
实收资本		15 295 000		50 000		15 345 000
合　计	16 335 000	16 335 000	179 000	179 000	16 415 000	16 415 000

2.3.3 总分类账与明细分类账的平行登记

1. 平行登记的要点

既然总账和明细账之间是统驭和从属的关系,为了使总分类账户与所属的明细分类账户之间能够起到统驭、控制与辅助说明的作用,便于账户核对,确保核算资料的正确完整,则要求采用平行登记的方法登记总账和明细账。

平行登记是指对发生的每一笔经济业务,都要根据相同的会计凭证,一方面记入总分类账户;另一方面还要记入总分类账户所属的明细分类账户的一种记账方法。平行登记的要点可归纳如下。

(1) 依据相同

依据相同是指对发生的经济业务,都要以相关的会计凭证为依据,既登记有关总分类账户,又登记其所属明细分类账户。

这一点对于平行登记非常重要。账簿登记是根据审核无误的凭证进行的,因此无论是登记总账还是登记明细账,都应以凭证为依据,而不能在登记了明细账后根据明细账的记录汇总登记总账,也不能在登记了总账后根据情况分解总账上的金额。否则,到了期末,总账和明细账的核对工作就没有了实际意义。"依据相同"也为平行登记后几个要点奠定了基础,使后面的操作有了价值。

(2) 方向相同

方向相同是指将经济业务记入总分类账户和明细分类账户,记账方向必须相同。即总分类账户记入借方,明细分类账户也应记入借方;总分类账户记入贷方,明细分类账户也应记入贷方。

(3) 期间相同

期间相同是指对每项经济业务在记入总分类账户和明细分类账户的过程中,可以有先有后,但必须在同一会计期间(如同一个月)全部登记入账。

(4) 金额相等

金额相等就是指记入总分类账户的金额,必须与记入其所属明细分类账户的金额之和相等。

通过平行登记,总分类账户与明细分类账户之间在登记金额上就形成了如下关系:

总分类账户期初(期末)余额＝所属各明细分类账户期初(期末)余额之和
总分类账户借方发生额＝所属各明细分类账户借方发生额之和
总分类账户贷方发生额＝所属各明细分类账户贷方发生额之和

2. 平行登记的应用

【例 2-4】

(1) 新华工厂 2008 年 12 月初"原材料"和"应付账款"账户期初余额如表 2-13 所示。

表 2-13 "原材料"和"应付账款"账户期初余额

账户名称		数量	单价/元	金额/元	
总账	明细账			总账	明细账
原材料				179 000(借)	
	A材料	10 000 千克	5.6		56 000(借)
	B材料	20 吨	2 400		48 000(借)
	C材料	2 500 件	30		75 000(借)
应付账款				90 000(贷)	
	华兴工厂				40 000(贷)
	祥瑞工厂				30 000(贷)
	通达工厂				20 000(贷)

(2) 12月份发生的部分经济业务如下：

① 12月3日，用银行存款偿还上月欠华兴工厂货款40 000元，欠祥瑞工厂货款30 000元。

  借：应付账款——华兴工厂   40 000
      ——祥瑞工厂   30 000
    贷：银行存款   70 000

② 12月5日，向华兴工厂购入A材料30 000千克，每千克5.6元，计168 000元；购入B材料30吨，每吨2 400元，计72 000元（暂不考虑增值税，以下同），材料验收入库，货款以银行存款付讫。

  借：原材料——A材料   168 000
     ——B材料   72 000
    贷：银行存款   240 000

③ 12月12日，用银行存款归还前欠通达工厂货款20 000元。

  借：应付账款——通达工厂   20 000
    贷：银行存款   20 000

④ 12月20日，向华兴工厂购入A材料20 000千克，每千克5.6元，计112 000元。材料验收入库，货款尚未支付。

  借：原材料——A材料   112 000
    贷：应付账款——华兴工厂   112 000

⑤ 12月26日，向通达工厂购入C材料7 500件，每件30元，计225 000元。材料验收入库，货款尚未支付。

  借：原材料——C材料   225 000
    贷：应付账款——通达工厂   225 000

⑥ 12月30日，仓库发出A材料40 000千克，单价5.6元，计224 000元；B材料40吨，单价2 400元，计96 000元；C材料8 000件，每件30元，计240 000元。

  借：生产成本   560 000

贷:原材料——A 材料　　　　　　　　　　　　　　　　224 000
　　　　　——B 材料　　　　　　　　　　　　　　　　 96 000
　　　　　——C 材料　　　　　　　　　　　　　　　　240 000

(3) 根据上述资料,进行平行登记。

① "原材料"总分类账户与所属明细分类账户的平行登记如表 2-14～表 2-17 所示。

表 2-14　原材料总分类账户

账户名称:原材料

2008年		凭证		摘　要	借　方	贷　方	借或贷	余　额
月	日	字	号					
12	1	略	略	月初余额			借	179 000
	5			购进原材料	240 000		借	419 000
	20			购进原材料	112 000		借	531 000
	26			购进原材料	225 000		借	756 000
	30			生产领用		560 000	借	196 000
	30			本期发生额及余额	577 000	560 000	借	196 000

表 2-15　原材料明细分类账户

原材料名称:A 材料

2008年		凭证		摘要	收　入			发　出			结　存		
月	日	字	号		数量	单价	金额	数量	单价	金额	数量	单价	金额
12	1	略	略	月初余额							10 000	5.6	56 000
	5			购入	30 000	5.6	168 000				40 000	5.6	224 000
	20			购入	20 000	5.6	112 000				60 000	5.6	336 000
	30			发出				40 000	5.6	224 000	20 000	5.6	112 000
	30			月结	50 000	5.6	280 000	40 000	5.6	224 000	20 000	5.6	112 000

表 2-16　原材料明细分类账户

原材料名称:B 材料

2008年		凭证		摘要	收　入			发　出			结　存		
月	日	字	号		数量	单价	金额	数量	单价	金额	数量	单价	金额
12	1	略	略	月初余额							20	2 400	48 000
	5			购入	30	2 400	72 000				50	2 400	120 000
	30			发出				40	2 400	96 000	10	2 400	24 000
	30			月结	30	2 400	72 000	40	2 400	96 000	10	2 400	24 000

表 2-17　原材料明细分类账户

原材料名称:C 材料

2008年		凭证		摘要	收　入			发　出			结　存		
月	日	字	号		数量	单价	金额	数量	单价	金额	数量	单价	金额
12	1	略	略	月初余额							2 500	30	75 000
	26			购入	7 500	30	225 000				10 000	30	300 000
	30			发出				8 000	30	240 000	2 000	30	60 000
	30			月结	7 500	30	225 000	8 000	30	240 000	2 000	30	60 000

② "应付账款"总分类账户与明细分类账户的平行登记如表 2-18～表 2-21 所示。

表 2-18 应付账款总分类账户

账户名称：应付账款

2008年		凭证		摘　要	借　方	贷　方	借或贷	余　额
月	日	字	号					
12	1	略	略	月初余额			贷	90 000
	3			还款	70 000		贷	20 000
	12			还款	20 000		平	0
	20			购料		112 000	贷	112 000
	26			购料		225 000	贷	337 000
	30			本期发生额及余额	90 000	337 000	贷	337 000

表 2-19 应付账款明细分类账户

账户名称：华兴工厂

2008年		凭证		摘　要	借　方	贷　方	借或贷	余　额
月	日	字	号					
12	1	略	略	月初余额			贷	40 000
	3			还欠款	40 000		平	0
	20			购料		112 000	贷	112 000
	30			月结	40 000	112 000	贷	112 000

表 2-20 应付账款明细分类账户

账户名称：祥瑞工厂

2008年		凭证		摘　要	借　方	贷　方	借或贷	余　额
月	日	字	号					
12	1	略	略	月初余额			贷	30 000
	3			还欠款	30 000		平	0
	30			月结	30 000		平	0

表 2-21 应付账款明细分类账户

账户名称：通达工厂

2008年		凭证		摘　要	借　方	贷　方	借或贷	余　额
月	日	字	号					
12	1	字	号	月初余额			贷	20 000
	12			还欠款	20 000		平	0
	26			购料		225 000	贷	225 000
	30			月结	20 000	225 000	贷	225 000

从上述平行登记的结果可以看出，"原材料"和"应付账款"总分类账户的期初、期末余额及本期借、贷方发生额，与其所属明细分类账户的期初、期末余额之和及本期借、贷方发生额之和都是相等的。利用这种相等的关系，可以核对总分类账和明细分类账的登记是否正确。如有不等，则表明记账出现差错，就应该检查，予以更正。

> **小资料**
>
> **借贷记账法的起源**
>
> 借贷记账法大致起源于13世纪意大利北方的三个港口城市,即威尼斯、热那亚和佛罗伦萨。十字军东征后,随着地中海航路的开辟,上述三个城市逐渐成为东西方贸易的中转站,这里的商业、手工业、金融业都较为发达。当时作为支付手段的货币为金属货币,结算手段也较为落后,商人外出交易需携带大量的金属货币,既不方便又不安全。为了交易的便利,也为了保护货币资金的安全,在这三个城市逐步出现了一些从事放贷和金钱保管业务的金融家。他们在借出金钱时,记在借主的名下,表示债权的增加(人欠我);在接受委托保管金钱或贷出款项时,记在贷主的名下,表示债务的增加(我欠人)。
>
> 随着经济活动内容的日益复杂,记录的经济业务不再局限于货币的借贷和保管业务,逐渐扩展到其他财产物资、经营损益等内容。为求得账簿记录的统一,对于非货币资金业务也采用这种记账方法。随着商品经济的发展,借、贷二字逐渐失去了原来的意义,约定俗成为具有特殊经济含义的复式记账方法。借贷记账法逐步在欧美国家传播,20世纪初传入我国。

任务2.4 借贷记账法的运用

工业企业是以产品的加工制造和销售为主要生产经营活动的营利性经济组织,其生产经营活动过程包括筹集资金的核算、材料采购业务的核算、产品生产业务的核算、产品销售业务的核算和财务成果的核算五个环节。每个环节都要发生相应的经济业务,都需要会计人员运用专门的方法,及时、准确地做出相应的会计处理,即会计核算。

2.4.1 筹集资金的核算

筹集资金是指企业根据其生产经营的需要,从金融市场筹集企业所需资金的过程。企业要进行生产经营活动,必须拥有一定数量的资金作为物质基础。因此,资金筹集是企业资金运动的起点和开展生产经营活动的首要条件。从企业的资金筹集渠道来看,主要有两条:一条是投资者投入的资本金,即企业的实收资本或股本;另一条是企业从银行等金融机构借入资金。

1. 投入资本的核算

投入资本,是指企业的投资者实际投入到企业生产经营活动的各项财产物资。所有者向企业投入资本,即形成了企业的资本金。企业的资本金是从事生产经营活动的基本条件,是企业独立承担民事责任的资金保证,在数量上应等于企业在工商行政管理部门登记的注册资金总额。

资本金按其投资主体不同,可分为国家资本金、法人资本金、个人资本金和外商资本金;按投入资本的物质形态不同,可分为货币投资、实物投资和无形资产投资等。

(1) 账户设置

"实收资本"账户。该账户用来核算企业投资者投入资本的增减变动及其结果,属于所有者权益类账户。其贷方登记企业实际收到投资者投入的资本,以及按规定用资本公积金、盈余公积金转增资本的数额;其借方一般没有数额(按法定程序减资除外);期末余额在贷方,反映企业实有资本数额。该账户应按投资者设置明细分类账户,进行明细分类核算。

股份有限公司则设置"股本"账户,核算投资者投入的资本。企业收到投资者投入的资本超过其在注册资本所占份额的部分,作为资本溢价,确认为企业的资本公积,而不确认为实收资本或股本。

(2) 实收资本(或股本)的核算

现举例说明实收资本的账务处理。

【例 2-5】

20××年1月2日,鑫达公司收到国家投入的 500 000 元货币资金,款项已存入银行。

这是一笔接受投资的业务。一方面,使企业的银行存款增加了 500 000 元,应记入"银行存款"账户的借方;另一方面,企业的资本金也增加了 500 000 元,应记入"实收资本"账户的贷方。编制会计分录如下:

借:银行存款　　　　　　　　　　　　　　　　　　　500 000
　　贷:实收资本　　　　　　　　　　　　　　　　　　　500 000

【例 2-6】

20××年1月5日,鑫达公司收到荣华公司投入的新设备一台,其价值 180 000 元。

这项经济业务同样属于接受投资业务。一方面,使企业的固定资产增加了 180 000 元,应记入"固定资产"账户的借方;另一方面,企业法人对企业的投资也增加了 180 000 元,应记入"实收资本"账户的贷方。编制会计分录如下:

借:固定资产　　　　　　　　　　　　　　　　　　　180 000
　　贷:实收资本　　　　　　　　　　　　　　　　　　　180 000

【例 2-7】

20××年1月5日,鑫达公司收到荣华公司投入的专有技术一项,双方确认价值为 200 000 元。

这项经济业务同样属于接受投资业务。一方面,使企业的无形资产增加了 200 000 元,应记入"无形资产"账户的借方;另一方面,使企业法人对企业的投资也增加了 200 000 元,应记入"实收资本"账户的贷方。编制会计分录如下:

借:无形资产　　　　　　　　　　　　　　　　　　　200 000
　　贷:实收资本　　　　　　　　　　　　　　　　　　　200 000

2. 借入资金的核算

借入资金属于企业的负债,它是企业自有资金的重要补充,对于满足企业生产经营的资金需要、降低资金成本等有着重要意义,但企业借入的各项资金必须严格遵守国家的有关法律、法规,应承担一定的风险,并到期还本付息。

> **小提示**
>
> 具备条件的企业也可根据需要,经过人民银行等相关部门的批准,通过向社会发行债券筹集资金。

(1) 账户设置

企业为了核算各种负债,反映借入资金的增减变化,应设置"短期借款"、"长期借款"等账户。

"短期借款"账户。该账户用来核算企业借入的期限在1年以内(含1年)的各种借款,属于负债类账户。其贷方登记借入的各种短期借款;其借方登记归还的借款。期末余额在贷方,表示期末尚未归还的短期借款的本金。该账户应按债权人设置明细账户,进行明细分类核算。

"长期借款"账户。该账户用来核算企业借入的期限在1年以上(不含1年)的各种借款,属于负债类账户。其贷方登记企业借入的各种长期借款的本金和利息;其借方登记归还的长期借款本金和利息;期末余额在贷方,表示企业尚未归还的长期借款的本金和利息。该账户应按借款单位、种类设置明细账户,进行明细分类核算。

(2) 借入资金业务的账务处理

现分别以"短期借款"、"长期借款"举例说明借入资金业务的核算。

【例 2-8】

鑫达公司于20××年7月1日,从工商银行取得为期3个月的银行借款30 000元,存入银行存款户。

这是一笔取得短期借款的业务。一方面,使企业的银行存款增加了30 000元,应记入"银行存款"账户的借方;另一方面,使企业的短期借款也增加了30 000元,应记入"短期借款"账户的贷方。编制会计分录如下:

借:银行存款　　　　　　　　　　　　　　　　　　　　　　　30 000
　　贷:短期借款　　　　　　　　　　　　　　　　　　　　　　30 000

【例 2-9】

鑫达公司于20××年7月20日因生产经营需要向银行申请为期3年的长期借款500 000元,款项已划转入企业的银行存款账户。

这是一笔取得长期借款的业务。一方面,使企业的银行存款增加了500 000元,应记入"银行存款"账户的借方;另一方面,使企业的长期负债也增加了500 000元,应记入"长期借款"账户的贷方。编制会计分录如下:

借：银行存款 500 000
　　贷：长期借款 500 000

2.4.2 材料采购业务的核算

在材料采购过程中，一方面是企业从供应单位购进各种材料物资；另一方面是企业要支付材料的买价和各种采购费用并与供应单位发生货款结算关系。企业购进的各种材料，经验收入库后即为可供生产领用的库存材料。

1. 账户设置

为了核算材料的增减变化情况以及与供应单位的货款结算等情况，正确计算材料采购成本，应设置和运用如下账户。

(1)"在途物资"账户

该账户用来核算企业货款已经支付，但尚未到达或验收入库材料的实际成本，属于资产类账户。其借方登记已支付货款材料的实际成本；其贷方登记已验收入库材料的实际成本；期末余额在借方，表示企业已支付货款，但尚未到达或尚未验收入库材料的实际成本。该账户一般按供货单位和材料种类设置明细账户，进行明细分类核算。

(2)"原材料"账户

该账户用来核算企业各种材料的增减变化及结存情况，属于资产类账户。其借方登记已验收入库材料的成本；其贷方登记发出材料的成本；期末余额在借方，反映各种库存材料的成本。该账户应按材料的品种、规格设置明细账户，进行明细分类核算。

(3)"应付账款"账户

该账户用来核算企业因采购材料物资等业务而应付给供应单位的货款，属于负债类账户。其贷方登记应付给供应单位的货款数；其借方登记已偿还给供应单位的货款数；期末余额一般在贷方，表示尚未偿还供应单位的货款数。该账户应按供应单位设置明细户，进行明细分类核算。

(4)"预付账款"账户

该账户用来核算企业按照购货合同规定预付给供应单位的款项，属于资产类账户。其借方登记按照合同规定预付给供应单位的货款和补付的货款；其贷方登记收到所购货物的货款和退回多付的货款；月末余额在借方，表示尚未收到货物的预付货款。企业应按照供应单位设置明细账，进行明细分类核算。

(5)"应交税费——应交增值税"账户

该账户用来核算企业应交增值税的增减变化情况，属于负债性质的账户。购入材料支付的增值税款记入该账户借方的"进项税额"项下。销售产品向购货方收取的增值税额记入该账户贷方的"销项税额"项下。当"销项税额"大于"进项税额"时即为本期应交的增值税额。

2. 材料采购主要经济业务的核算

工业企业材料采购业务的会计处理，主要涉及收料和付款两个方面。收料是由材料

仓库根据供应单位转来的发票,验收后填制"收款单"办理入库手续;付款是由会计部门根据材料仓库转来的收料单和供应单位开具的发票账单等凭证办理付款手续并登记入账。现以华夏公司为例说明材料采购业务的账务处理。

【例 2-10】

从新兴公司购入甲材料 10 000 千克,每千克 50 元,并支付运杂费 5 000 元,支付增值税 85 000 元。采购成本及增值税额均以银行存款支付。

这是一笔材料购进业务。一方面,使企业的在途物资成本增加了 505 000(10 000×50+5 000)元,应记入"在途物资"账户的借方;同时发生增值税的进项税额 85 000 元,它是准予从销项税额中抵扣的增值税,应记入"应交税费"账户的借方;另一方面,使企业银行存款减少了 590 000 元,应记入"银行存款"账户的贷方。编制会计分录如下:

```
借:在途物资——新兴公司                            505 000
    应交税费——应交增值税(进项税额)               85 000
  贷:银行存款                                      590 000
```

【例 2-11】

上述甲材料到达企业,已验收入库,结转其实际采购成本。

这是一笔材料入库业务,也是结转材料采购成本的业务。原材料的增加,应记入"原材料"账户的借方,其实际采购成本经过"在途物资"账户的归集,已形成 505 000 元,结转时,应记入"在途物资"账户的贷方,结转后该账户没有余额。编制会计分录如下:

```
借:原材料——甲材料                                505 000
  贷:在途物资——新兴公司                          505 000
```

【例 2-12】

向民生公司购入乙材料 2 000 千克,每千克买价 60 元,支付增值税 20 400 元,代垫运杂费 2 000 元,材料已运到企业并验收入库,但货款尚未支付。

这笔业务同样是材料购进业务。一方面,使企业库存原材料成本增加了 122 000(2 000×60+2 000)元,应记入"原材料"账户的借方,同时发生增值税的进项税额 20 400 元,应记入"应交税费"账户的借方;另一方面,由于材料价款、运杂费和增值税款均未支付,致使企业的负债增加了 142 400 元,应记入"应付账款"账户的贷方。编制会计分录如下:

```
借:原材料——乙材料                                122 000
    应交税费——应交增值税(进项税额)               20 400
  贷:应付账款——民生公司                          142 400
```

【例 2-13】

向康华公司预付货款 35 400 元,以银行存款支付。

这是一笔预付货款的业务。一方面,使企业的预付账款增加了 35 400 元;另一方面,使企业的银行存款减少了 35 400 元。前者应记入"预付账款"账户的借方,后者应记入"银行存款"账户的贷方。编制会计分录如下:

借：预付账款——康华公司　　　　　　　　　　　　　　　　　35 400
　　贷：银行存款　　　　　　　　　　　　　　　　　　　　　　　　35 400

【例 2-14】

收到康华公司发来的丙材料 2 000 千克，每千克 15 元，计 30 000 元，增值税进项税额 5 100 元，代垫运费 300 元，总计 35 400 元。材料已验收入库。

该项业务同样属于材料购进业务。一方面，使企业的库存材料成本增加了 30 300（30 000＋300）元，应记入"原材料"账户的借方，同时，发生增值税进项税额 5 100 元，应记入"应交税费"账户的借方；另一方面，应抵减前预付的账款 35 400 元，应记入"预付账款"账户的贷方。编制会计分录如下：

借：原材料——丙材料　　　　　　　　　　　　　　　　　　30 300
　　应交税费——应交增值税（进项税额）　　　　　　　　　　5 100
　　贷：预付账款——康华公司　　　　　　　　　　　　　　　35 400

【例 2-15】

向兴达公司购入甲材料 1 500 千克，每千克 50 元，买价 75 000 元，支付增值税 12 750 元，购入乙材料 3 500 千克，每千克 80 元，买价 280 000 元，支付增值税 47 600 元，购入甲、乙两种材料的运杂费为 2 500 元，上述甲、乙材料的成本和相关费用均以银行存款支付，材料尚未运到企业。

这项经济业务的发生，一方面，使企业的在途物资成本增加了 357 500 元，应记入"在途物资"账户的借方，同时发生增值税的进项税额 60 350 元，它是准予从销项税额中抵扣的增值税，应记入"应交税费"账户的借方；另一方面，使企业银行存款减少了 417 850 元，应记入"银行存款"账户的贷方。编制会计分录如下：

借：在途物资——兴达公司　　　　　　　　　　　　　　　　357 500
　　应交税费——应交增值税（进项税额）　　　　　　　　　　60 350
　　贷：银行存款　　　　　　　　　　　　　　　　　　　　　417 850

【例 2-16】

从兴达公司购入的甲材料、乙材料已验收入库，结转其实际采购成本。

这项经济业务的发生，一方面使库存原材料增加了 357 500 元，应记入"原材料"账户的借方；另一方面使在途物资的成本减少了 357 500 元，应记入"在途物资"账户的贷方。但这项经济业务同前面各例相比，其不同之处在于发生的运费 2 500 元是企业购入甲、乙两种材料时共同发生的，为了正确确定每种材料的采购成本，应采用一定的方法在甲、乙材料之间对其进行分配。

应记入材料采购成本的采购费用，能够分清材料品种的，则直接记入各种材料的采购成本；不能分清材料品种的，由各种材料共同负担的采购费用，可根据材料性质，按材料的重量、体积或买价进行分配，分配方法如下：

首先，计算采购费用的分配率。计算公式为：

$$采购费用分配率 = \frac{应分配的采购费用总额}{各种材料的重量（或买价）之和}$$

其次,计算各种材料应分摊的采购费用。计算公式如下:

某种材料应分配的采购费用＝该种材料的重量(或体积、或买价)×采购费用分配率

本例按重量比例分配采购费用,则:

$$运费分配率=\frac{2\ 500}{1\ 500+3\ 500}=0.5$$

甲材料应分配的运费＝1 500×0.5＝750(元)

乙材料应分配的运费＝3 500×0.5＝1 750(元)

在实际工作中,上述的计算过程是通过编制入库材料的采购成本计算表来反映的,如表 2-22 所示。

表 2-22　材料采购成本计算表

2008 年 6 月 30 日

项　目	甲材料(1 500 千克)		乙材料(3 500 千克)	
	总成本	单位成本	总成本	单位成本
买价	75 000	50	280 000	80
采购费用	750	0.50	1 750	0.50
采购成本	75 750	50.50	281 750	80.50

根据上述采购成本计算表,编制会计分录如下:

借:原材料——甲材料　　　　　　　　　　　　　　　　　75 750

　　　　——乙材料　　　　　　　　　　　　　　　　　281 750

　贷:在途物资——兴达公司　　　　　　　　　　　　　　357 500

> 小提示

工业企业所购材料的采购成本由买价和采购费用构成。其中买价是销货发票的价格;采购费用通常包括运杂费(运输费、装卸费、保险费等)、运输途中的合理损耗、入库前的整理挑选费用以及进口材料的关税。

材料采购业务的核算程序如图 2-9 所示。

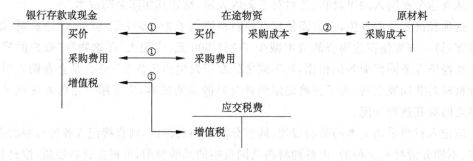

图 2-9　材料采购业务的核算程序

注:① 购入材料的实价和采购费用的核算。
　　② 材料入库的核算。

2.4.3 产品生产业务的核算

产品生产是生产企业的主要经济活动。在生产过程中,生产工人要借助于劳动资料,把劳动对象加工成为适合于社会需要的产品。而企业为了生产产品必然要发生物化劳动和活劳动的耗费,如材料的消耗、支付工资、厂房、机器设备的折旧费、修理费等。企业在一定时期内产品生产过程中发生的各项耗费,称为生产费用。生产费用按一定种类和数量的产品进行归集,就形成了产品的制造成本(或称生产成本)。生产费用按其经济用途的分类,称为成本项目。成本项目可分为直接材料、直接人工、制造费用。

直接材料是指企业在产品生产过程中,直接用于产品生产、构成产品实体的材料,包括原材料及辅助材料、外购半成品以及其他直接材料。

直接人工是指企业直接从事产品生产的工人工资及福利费。

制造费用是指企业各个生产单位(分厂、车间)为组织和管理生产所发生的各项费用,包括生产企业管理人员工资和福利费、折旧费、修理费、机物料消耗、办公费、差旅费、水电费、保险费、劳动保险费等。直接材料和直接人工又称直接费用,制造费用又称间接费用。

生产费用虽然具有不同的经济内容和用途,但最终都要归集、分配到各种产品中去,形成产品的制造成本。因此,产品生产过程的主要经济业务是分配和归集各项生产费用、计算与结转各种产品的生产成本。

1. 账户设置

为了归集产品生产过程所发生的各项费用,正确计算产品成本,应设置"生产成本"、"制造费用"、"应付职工薪酬"、"累计折旧"、"库存商品"等账户。

(1)"生产成本"账户

该账户用来核算企业为生产产品而发生的构成产品成本的各项生产费用,属于成本类账户。其借方登记为进行产品生产而发生的各项生产费用;其贷方登记已完成生产过程,验收入库的产成品的实际成本;期末余额应在借方,表示尚未完工的在产品成本。该账户按产品名称和成本项目设置明细账户,进行明细分类核算。

(2)"制造费用"账户

该账户用来核算企业为生产产品和提供劳务而发生的各项间接费用,属于成本类账户。其借方登记本期发生的全部制造费用;其贷方登记按一定方法分配转入"生产成本"账户借方的费用数额,期末分配后一般没有余额。该账户应按生产车间设置明细账户,进行明细分类核算。

(3)"应付职工薪酬"账户

该账户用来核算企业应付给职工的各种薪酬,包括各种职工工资、奖金、津贴和补贴、职工福利费、社会保险费、住房公积金、工会经费和职工教育经费、非货币性福利,因解除与职工的劳动关系给予的补偿等,属于负债类账户。其贷方登记应支付给职工的工资总额;其借方登记本期实际支付给职工的工资数额。该账户月末一般无余额。若有余额在贷方,表示期末应付未付职工的薪酬。该账户按工资、职工福利、社会保险费等设置明细

账户,进行明细分类核算。

(4) "累计折旧"账户

该账户用来核算企业固定资产的累计损耗价值,属于资产性质的账户,实质上是固定资产的调整账户。其贷方登记本期固定资产折旧的增加额;其借方登记固定资产累计折旧的减少或冲销数额。期末余额在贷方,表示截至本期期末固定资产已计提的累计折旧额。"固定资产"账户所记录的原始价值减去累计折旧就是固定资产的实际价值。

(5) "库存商品"账户

该账户用来核算企业已经完成生产过程并验收入库,可以对外出售的产成品的实际成本,属于资产类账户。其借方登记完工入库产品的实际成本;其贷方登记已经销售或已经发出产品的实际成本;期末余额在借方,表示库存产成品的实际成本。该账户应按产品的品种、规格设置明细账户,进行明细分类核算。

2. 产品生产主要经济业务的核算

(1) 材料费用的归集和分配

企业在生产经营过程中消耗的材料,应以仓储部门转来的"领料单"或"出库单"为依据,按照材料的具体用途,编制"材料费用汇总表",并据以进行会计处理。对于生产产品耗用的材料记入"生产成本"账户;对于生产车间一般性耗用的材料先记入"制造费用"账户,月末再分配到产品成本中去;对于管理部门、销售部门耗用的材料应分别记入"管理费用"、"销售费用"账户。

【例 2-17】

鑫达公司财务部门根据仓库转来的领料凭证,编制 6 月份材料耗用汇总表,如表 2-23 所示。

表 2-23 材料耗用汇总表

2008 年 6 月   金额单位:元

用 途	甲 材 料		乙 材 料		丙 材 料		金额合计
	数 量	金 额	数 量	金 额	数 量	金 额	
A 产品耗用	1 000	20 000	200	6 000			26 000
B 产品耗用	2 000	40 000	400	12 000			52 000
车间一般耗用					200	4 000	4 000
行政部门耗用					500	10 000	10 000
合 计	3 000	60 000	600	18 000	700	14 000	92 000

这是一笔发出材料的业务。一方面,使企业的原材料减少了 92 000 元;另一方面,使企业的费用增加了 92 000 元。生产费用的增加,应按其用途分别归集,用于 A 产品和 B 产品生产的,作为直接费用,记入"生产成本"账户的借方;车间发生的一般消耗性材料,属于间接费用,应记入"制造费用"账户的借方;行政管理部门消耗的材料,属于期间费用,应记入"管理费用"账户的借方;原材料的减少,应记入"原材料"账户的贷方。编制会计分录如下:

借:生产成本——A产品	26 000
——B产品	52 000
制造费用——生产车间	4 000
管理费用	10 000
贷:原材料——甲材料	60 000
——乙材料	18 000
——丙材料	14 000

（2）人工费用的归集和分配

企业应支付的职工薪酬，作为工资费用应按职工的不同岗位记入各有关的成本、费用账户。一般来说，车间生产工人的工资费用，应直接记入"生产成本"账户；车间管理人员的工资费用，应先通过"制造费用"账户进行归集，待月末分配后再记入"生产成本"账户；企业行政管理人员的工资费用属于期间费用，应记入"管理费用"账户。

【例 2-18】

鑫达公司分配 6 月份应付职工工资 41 000 元，其中制造 A 产品工人工资 15 000 元，制造 B 产品工人工资 18 000 元，制造车间管理人员工资 3 000 元，企业行政管理人员工资 5 000 元。

这是一笔工资分配业务。一方面，企业的人工费用增加了 41 000 元，其中产品生产工人的工资属于直接人工费，应记入"生产成本"账户的借方，车间管理人员的工资应记入"制造费用"账户的借方，企业行政管理人员的工资属于期间费用，应记入"管理费用"账户的借方；另一方面，企业的应付职工工资增加了 41 000 元，应记入"应付职工薪酬"账户的贷方。编制会计分录如下：

借:生产成本——A产品	15 000
——B产品	18 000
制造费用——制造车间	3 000
管理费用	5 000
贷:应付职工薪酬——工资	41 000

【例 2-19】

鑫达公司开出现金支票，从银行提取现金 41 000 元，准备发放工资。

这是一笔提取现金的业务。一方面，使企业的库存现金增加了 41 000 元，应记入"库存现金"账户的借方；另一方面，使企业的银行存款减少了 41 000 元，应记入"银行存款"账户的贷方。所以，编制会计分录如下：

借:库存现金	41 000
贷:银行存款	41 000

【例 2-20】

鑫达公司以现金 41 000 元发放本月职工工资。

这是一笔发放工资的业务。一方面，使企业的应付工资减少了 41 000 元，应记入"应

付职工薪酬"账户的借方;另一方面,使企业的现金减少了 41 000 元,应记入"库存现金"账户的贷方。编制会计分录如下:

借:应付职工薪酬——工资   41 000
    贷:库存现金   41 000

【例 2-21】

公司 6 月末按职工工资总额的 14% 计提职工福利费,计提额度如下:

生产 A 产品工人工资应提福利费:15 000×14%=2 100(元)
生产 B 产品工人工资应提福利费:18 000×14%=2 520(元)
生产车间管理人员工资应提福利费:3 000×14%=420(元)
公司行政管理人员工资应提福利费:5 000×14%=700(元)

这是一笔计提职工福利费的业务。一方面,企业计提的职工福利费增加了 5 740 元,应记入"应付职工薪酬"账户的贷方;另一方面,企业的费用也增加了 5 740 元,其中按生产工人工资的 14% 提取的福利费应直接记入"生产成本"账户借方,按生产车间管理人员工资的 14% 提取的福利费应记入"制造费用"账户的借方,按行政管理人员工资的 14% 提取的福利费,应记入"管理费用"账户的借方。编制会计分录如下:

借:生产成本——A 产品   2 100
    ——B 产品   2 520
  制造费用——生产车间   420
  管理费用   700
    贷:应付职工薪酬——职工福利   5 740

(3)制造费用的归集与分配

制造费用是企业生产车间或生产部门为生产产品和提供劳务而发生的各种间接费用。当该费用发生时,不能直接记入"生产成本"账户,而是先通过"制造费用"账户进行归集,期末再按一定的方法分配记入相关产品成本。因此,制造费用的核算应包括制造费用的归集和制造费用的分配两部分,现举例说明制造费用的归集与分配方法。

① 制造费用的归集。企业在生产过程中所发生的各项制造费用,应根据有关凭证借记"制造费用"账户,贷记"原材料"、"累计折旧"、"应付职工薪酬"、"银行存款"等账户。

【例 2-22】

鑫达公司月末计提固定资产折旧费 8 000 元,其中生产车间应提折旧费 5 000 元,行政管理部门应提折旧费 3 000 元。

这是一笔计提固定资产折旧的业务。一方面,使企业原有固定资产价值减少了 8 000 元,为了适应固定资产的特点和管理要求,企业在计提固定资产折旧时,不能直接减少"固定资产"的账面余额,而是将固定资产损耗价值记入"累计折旧"账户的贷方,以保证"固定资产"账户为原始价值;另一方面,使企业的费用增加了 8 000 元,应按其费用发生地点归集,属于生产部门发生的固定资产折旧费,是一种间接费用,应记入"制造费用"账户的借方,属于管理部门发生的固定资产折旧费应记入"管理费用"账户的借方。编制会计分录如下:

借：制造费用——生产车间 5 000
　　管理费用 3 000
　　贷：累计折旧 8 000

【例 2-23】

鑫达公司以银行存款支付生产车间水电费 4 300 元。

这是一笔支付水电费的业务。一方面，使企业的生产费用增加了 4 300 元，应记入"制造费用"账户的借方；另一方面，使企业的银行存款减少了 4 300 元，应记入"银行存款"账户的贷方。编制会计分录如下：

借：制造费用——生产车间 4 300
　　贷：银行存款 4 300

【例 2-24】

鑫达公司以银行存款支付本月办公费 5 920 元，其中生产车间 5 120 元，行政管理部门 800 元。

这是一笔支付办公费的业务。一方面，使企业的费用增加了 5 920 元，生产车间发生的办公费，应记入"制造费用"账户的借方，行政管理部门发生的办公费，应记入"管理费用"账户的借方；另一方面，使企业的银行存款减少了 5 920 元，应记入"银行存款"账户的贷方。编制会计分录如下：

借：制造费用——生产车间 5 120
　　管理费用——办公费 800
　　贷：银行存款 5 920

② 制造费用的分配。通过"制造费用"账户将日常发生的各项间接费用归集后，期末还必须按一定的方法分配记入有关产品成本，即：借记"生产成本"账户，贷记"制造费用"账户。具体分配公式如下：

$$制造费用分配率=\frac{制造费用总额}{各种产品生产工时(生产工人工资)总和}$$

某产品应分配的制造费用额＝该产品的生产工时(生产工人工资)×分配率

公式中的分配标准应根据产品的生产性质及工艺特点，选择生产工时、生产工人工资、机器工时等。这些标准的选择，应比较确切地体现各承担对象制造费用的受益比例关系。

【例 2-25】

如前各例本月生产车间共发生制造费用 21 840 元，按生产工时比例分配。A 产品生产工时 2 200 小时，B 产品生产工时 3 260 小时。

$$制造费用分配率=\frac{21\ 840}{2\ 200+3\ 260}=4$$

A 产品应分摊的制造费用＝2 200×4＝8 800(元)

B 产品应分摊的制造费用＝3 260×4＝13 040(元)

根据上述计算过程可编制"制造费用分配表"，如表 2-24 所示。

表 2-24　制造费用分配表

2008 年 6 月 30 日　　　　　　　　　　　　　　　　　　金额单位：元

产品名称	分配标准（生产工时）	分配率	分配金额
A 产品	2 200	4	8 800
B 产品	3 260	4	13 040
合　计	5 460	—	21 840

这项经济业务是将制造费用分配给 A、B 两种产品，一方面，应增加 A、B 产品的生产成本，记入"生产成本"账户的借方；另一方面，应减少制造费用，记入"制造费用"账户的贷方。编制会计分录如下：

　　借：生产成本——A 产品　　　　　　　　　　　　　　　　　　　　8 800
　　　　　　　　——B 产品　　　　　　　　　　　　　　　　　　　　13 040
　　　贷：制造费用——生产车间　　　　　　　　　　　　　　　　　　21 840

（4）完工产品制造成本的确定与结转

① 完工产品制造成本的确定。企业经过对上述各项经济业务的核算后，已将产品生产过程中发生的直接材料、直接人工和制造费用记入了生产成本明细账。至此，生产成本明细账归集了全部生产费用（包括期初在产品成本和本月发生的生产费用），最后，还要对归集到某种产品的生产费用在本月完工产品和月末在产品之间进行分配，以便确定并结转完工产品制造成本。

在月末没有在产品的情况下，生产成本明细账内归集的生产费用总额就是完工产品的总成本。完工产品的总成本除以本月该种产品的产量，就是单位成本。

在月末既有完工产品又有在产品的情况下，应将记入各种产品的生产费用，在其完工产品和月末在产品之间采用适当的方法进行分配，求得完工产品成本和月末在产品成本。

完工产品成本和月末在产品成本的计算方法有多种，这里不作介绍。

【例 2-26】

根据例 2-17～例 2-25 的资料，鑫达公司 2008 年 6 月份发生的生产费用已全部登记到生产成本明细账，设本月投产的 A 产品全部完工，B 产品尚未完工，则完工产品成本的确定如表 2-25 所示，月末在产品成本的确定如表 2-26 所示。

表 2-25　生产成本明细账

产品名称：A 产品

2008 年		凭证号数	摘　要	借方				贷方	借或贷	余额
月	日			直接材料	直接人工	制造费用	合计			
6	30	略	领用材料	26 000			26 000		借	26 000
6	30		生产工人工资		15 000		15 000		借	15 000
6	30		生产工人福利费		2 100		21 00		借	21 00
6	30		分配制造费用			8 800	8 800		借	8 800
6	30		本月生产费用合计	26 000	17 100	8 800	51 900		借	51 900
6	30		结转完工产品成本					51 900	平	0

表 2-26 生产成本明细账

产品名称：B 产品

2008年		凭证号数	摘要	借方				贷方	借或贷	余额
月	日			直接材料	直接人工	制造费用	合计			
6	30	略	领用材料	52 000			52 000		借	52 000
6	30		生产工人工资		18 000		18 000		借	18 000
6	30		生产工人福利费		2 520		2 520		借	2 520
6	30		分配制造费用			13 040	13 040		借	13 040
6	30		本月生产费用合计	52 000	20 520	13 040	85 560		借	85 560

② 完工产品制造成本的结转。经过对完工产品成本的计算确定，应编制"产品成本计算单"，并从"生产成本"账户的贷方转入"库存商品"账户的借方。

【例 2-27】

该公司本月生产的 A 产品完工 200 件，并验收入库。编制产品成本计算单如表 2-27 所示。

表 2-27 产品成本计算单

产品名称：A 产品   产量：200 件

项 目	本月生产费用合计	完工产品总成本	单位成本
直接材料	26 000	26 000	130
直接人工	17 100	17 100	85.50
制造费用	8 800	8 800	44
合 计	51 900	51 900	259.50

这是一笔结转完工产品成本的业务。依据"成本计算单"和"产品入库单"，一方面，应增加企业的库存商品；另一方面，应将完工产品成本从"生产成本"账户转出。编制会计分录如下：

借：库存商品——A 产品   51 900
    贷：生产成本——A 产品   51 900

2.4.4 产品销售业务的核算

产品销售是指企业通过货币结算出售商品产品的行为。产品销售是企业在销售过程中的主要经济活动。因此，销售过程的主要经济业务包括：①销售产品，办理结算，收回货款；②支付各种销售费用；③计算缴纳销售税金。

1. 账户设置

为了全面核算企业在销售过程中发生的经济业务，应设置"主营业务收入"、"主营业务成本"、"销售费用"、"营业税金及附加"、"应收账款"以及"预收账款"等账户。

（1）"主营业务收入"账户

该账户用来核算企业销售商品或提供劳务等主要经营活动所产生的收入。该账户属

于损益类账户,贷方登记企业本期销售产品或提供劳务所实现的收入额;借方登记本期销货退回等应冲销的收入和期末转入"本年利润"账户贷方的净收入额。期末结转后该账户应无余额。该账户按主营业务的种类设置明细账,进行明细分类核算。

(2) "主营业务成本"账户

该账户用来核算企业销售商品或提供劳务等主营业务所发生的成本。该账户属于损益类账户,借方登记本期已销售商品或提供劳务的实际成本;贷方登记本期销货退回等应冲销的成本和期末转入"本年利润"账户借方的净成本额。期末结转后该账户应无余额。该账户按主营业务的种类设置明细账户,进行明细分类核算。

(3) "销售费用"账户

该账户用来核算企业在销售商品、提供劳务的过程中所发生的各种费用,包括包装费、保险费、广告费、展览费、商品维修费、运输费、装卸费以及专设销售机构的职工薪酬、业务费、折旧费等经营费用。该账户属于损益类账户,借方登记本期发生的各项销售费用额;贷方登记期末转入"本年利润"账户借方的销售费用额;该账户期末结转后应无余额。该账户应按费用项目设置明细账户,进行明细分类核算。

(4) "营业税金及附加"账户

该账户用来核算企业因销售产品、提供劳务等日常营业活动应负担的营业税金及附加。包括应缴的消费税、营业税、资源税、城市维护建设税和教育费附加等。该账户属于损益类账户,借方登记企业按规定应缴的销售税金及附加额;贷方登记期末转入"本年利润"账户的销售税金及附加额。期末结转后本账户应无余额。该账户应按销售产品的类别或品种设置明细账户,进行明细分类核算。

(5) "应收账款"账户

该账户用来核算企业因销售商品、提供劳务等应向购货单位或接受劳务单位收取的款项。该账户属于资产类账户,借方登记取得经营收入而发生的应收账款以及为购货单位代垫的款项;贷方登记实际收到的款项等。该账户应按债务单位或个人设置明细账户,进行明细核算。

(6) "预收账款"账户

该账户用来核算企业按照合同规定向购货单位预收的货款。该账户属于负债类账户,贷方登记预收购货单位的货款和购货单位补付的货款;借方登记向购货单位发出产品销售实现的货款和退回多付的货款。该账户月末余额一般在贷方,表示预收购货单位的货款。该账户应按照预付单位设置明细账户,进行明细分类核算。

2. 销售业务的核算

(1) 营业收入的核算

企业的营业收入,包括主营业务收入和其他业务收入。主营业务收入是指企业主要经营业务所取得的收入,如工业企业的产品销售收入,它占企业整体收入的绝大部分;其他业务收入是指主营业务收入以外的收入,如销售材料取得的收入,它占企业整体收入的很小部分。通常情况下,当商品已经发出,同时收取价款或取得收取价款的凭据或权利时,就可以确认销售收入。销售商品的收入,应当按销售合同、协议或销售发票的金额确定。主营业务收入的计算公式如下：

$$主营业务收入＝商品的销售数量×单价$$

【例 2-28】

鑫达公司对外销售 A 产品 150 件，每件售价 520 元，开出增值税专用发票货款 78 000 元，增值税款 13 260 元。货款及增值税款已收到并存入银行。

这是一笔产品销售业务。一方面，对企业销售 A 产品增加的收入，应记入"主营业务收入"账户的贷方；收取的增值税，应记入"应交税费——应交增值税"账户的贷方。另一方面，对存入银行的销货款，应记入"银行存款"账户的借方。编制会计分录如下：

借：银行存款　　　　　　　　　　　　　　　　　　　　　　91 260
　　贷：主营业务收入——A 产品　　　　　　　　　　　　　　78 000
　　　　应交税费——增值税（销项税额）　　　　　　　　　　13 260

【例 2-29】

公司销售给力生公司 B 产品 50 件，每件售价 365 元，货款共 18 250 元，增值税专用发票上注明的增值税款为 3 102.50 元。货已发出，货款及增值税款尚未收到。

这项业务同样是产品销售业务。一方面，对企业销售 B 产品实现的收入，应记入"主营业务收入"账户的贷方；应收取的增值税，应记入"应交税费——应交增值税"账户的贷方。另一方面，由于销售产品的价税款尚未收到，应记入"应收账款"账户的借方。编制会计分录如下：

借：应收账款——力生公司　　　　　　　　　　　　　　　21 352.50
　　贷：主营业务收入——B 产品　　　　　　　　　　　　　　18 250
　　　　应交税费——应交增值税（销项税额）　　　　　　　3 102.50

【例 2-30】

公司收到北方公司预付 A 产品的货款 30 000 元，已存入银行。

这是一笔预收货款的业务。一方面，使企业的银行存款增加了，应记入"银行存款"账户的借方；另一方面，企业的预收账款也增加了，预收账款属于企业的负债，应记入"预收账款"账户的贷方。编制会计分录如下：

借：银行存款　　　　　　　　　　　　　　　　　　　　　　30 000
　　贷：预收账款——北方公司　　　　　　　　　　　　　　30 000

【例 2-31】

该企业向北方公司发出 A 产品 80 件，价款 30 400 元，增值税 5 168 元，计 35 568 元。北方公司已预付 30 000 元，差额款 5 568 元已经收到，并存入银行。

这项业务同样属于产品销售业务。一方面，由于企业已发出产品，则企业的销售收入已实现，应记入"主营业务收入"账户的贷方；收取的增值税应记入"应交税费——应交增值税"账户的贷方。另一方面，产品发出后，应抵减原预收账款，记入"预收账款"账户的借方。差额款 5 568 元已存入银行，应记入"银行存款"账户的借方。为了清楚地反映账户的对应关系和结算关系，编制如下两组会计分录：

借:预收账款——北方公司　　　　　　　　　　　　　　　　　　　　35 568
　　贷:主营业务收入——A产品　　　　　　　　　　　　　　　　　　30 400
　　　　应交税费——应交增值税(销项税额)　　　　　　　　　　　　5 168
借:银行存款　　　　　　　　　　　　　　　　　　　　　　　　　　5 568
　　贷:预收账款——北方公司　　　　　　　　　　　　　　　　　　　5 568

【例 2-32】

公司对外销售一批不需用的材料,增值税专用发票上注明的价款 25 000 元,增值税款 4 250 元。货款及增值税款存入银行。

这笔材料销售业务的发生,一方面,使企业因销售材料获得收入,实现了其他业务收入,应记入"其他业务收入"账户的贷方;应收取的增值税,应记入"应交税费——应交增值税"账户的贷方。另一方面,银行存款增加,应记入"银行存款"账户的借方。编制会计分录如下:

借:银行存款　　　　　　　　　　　　　　　　　　　　　　　　　29 250
　　贷:其他业务收入　　　　　　　　　　　　　　　　　　　　　　25 000
　　　　应交税费——应交增值税(销项税额)　　　　　　　　　　　　4 250

(2) 营业成本的核算

企业在销售商品取得收入的同时,要计算并结转主营业务成本,以便与当期的主营业务收入进行配比,正确计算销售利润。主营业务成本的计算公式如下:

本期应结转的主营业务成本＝商品的销售单价×本期销售商品的数量

【例 2-33】

鑫达公司 6 月 30 日,结转销售 A、B 两种产品的实际生产成本,A 产品销售数量 80 件,单位成本 249.71 元,共计 19 976.80 元;B 产品销售数量 50 件,单位成本 288.50 元,共计 14 425 元。

这项经济业务的发生,一方面使库存商品减少,应记入"库存商品"账户的贷方;另一方面主营业务成本增加,应记入"主营业务成本"账户的借方。编制会计分录如下:

借:主营业务成本——A产品　　　　　　　　　　　　　　　　　　19 976.80
　　　　　　　　——B产品　　　　　　　　　　　　　　　　　　14 425
　　贷:库存商品——A产品　　　　　　　　　　　　　　　　　　　19 976.80
　　　　　　　——B产品　　　　　　　　　　　　　　　　　　　14 425

【例 2-34】

例 2-31 所售材料的成本为 18 000 元,结转材料销售成本。

这项结转销售成本的会计事项,一方面,企业销售材料将引起其他业务支出的增加,应记入"其他业务成本"账户的借方;另一方面,对企业材料的减少,应记入"原材料"账户的贷方。编制会计分录如下:

借:其他业务成本　　　　　　　　　　　　　　　　　　　　　　　18 000
　　贷:原材料——丙材料　　　　　　　　　　　　　　　　　　　　18 000

(3) 营业税金及附加的核算

按照我国税法的规定,企业在销售商品过程中实现了销售收入,就应计算缴纳有关税金,主要包括消费税、营业税、资源税、城市维护建设税(简称城建税),同时还应计算缴纳教育费附加。具体计算方法将在《财务会计》中加以介绍。本书侧重其账务处理方法。

【例 2-35】

假设鑫达公司本月销售的 A、B 两种产品属于消费税的征收范围,按规定应交消费税 8 000 元,应交城建税 600 元,应交教育费附加 130 元。

这是一笔计算应交税费的业务。一方面,企业因销售应税产品而缴纳的消费税、城建税以及教育费附加,应记入"营业税金及附加"账户的借方;另一方面,由于税金和教育费附加计算出来后尚未交纳,构成负债,因此,应记入"应交税费"账户贷方。编制会计分录如下:

借:营业税金及附加　　　　　　　　　　　　　　　　　　　　　　8 730
　　贷:应交税费——应交消费税　　　　　　　　　　　　　　　　　　8 000
　　　　　　　　——应交城建税　　　　　　　　　　　　　　　　　　　600
　　　　　　　　——应交教育费附加　　　　　　　　　　　　　　　　　130

(4) 销售费用的核算

销售费用是企业在销售商品过程中发生的各项费用。它包括企业销售商品过程中发生的运输费、装卸费、包装费、保管费、展览费和广告费,以及为销售本企业商品而专设的销售机构(含销售网点、售后服务网点等)的职工薪酬、业务费等经营费用。

【例 2-36】

鑫达公司以银行存款支付产品广告费 1 500 元。

这是一笔支付广告费的业务。一方面,企业的销售费用增加了 1 500 元,应记入"销售费用"账户的借方;另一方面,企业的银行存款减少了 1 500 元,应记入"银行存款"账户的贷方。编制会计分录如下:

借:销售费用——广告费　　　　　　　　　　　　　　　　　　　　1 500
　　贷:银行存款　　　　　　　　　　　　　　　　　　　　　　　　1 500

【例 2-37】

鑫达公司以现金支付销售机构水电费 3 855.20 元。

这是一笔支付水电费的业务。一方面,企业的销售费用增加了 3 855.20 元,应记入"销售费用"账户的借方;另一方面,企业的现金减少了 3 855.20 元,应记入"现金"账户的贷方。编制会计分录如下:

借:销售费用——水电费　　　　　　　　　　　　　　　　　　　3 855.20
　　贷:库存现金　　　　　　　　　　　　　　　　　　　　　　　3 855.20

2.4.5 财务成果的核算

1. 利润总额的构成

利润是企业一定时期实现的最终经营成果,是收入与费用相抵后的差额,差额是正数表现为企业的利润;差额是负数表现为企业的亏损。根据《企业会计准则》的规定,利润包括营业利润、利润总额和净利润。

(1) 营业利润

营业利润是指由于生产经营活动所取得的利润,是企业利润的主要来源。用公式表示如下:

营业利润＝营业收入－营业成本－营业税金及附加－销售费用－管理费用
　　　　－财务费用－资产减值损失＋公允价值变动收益－公允价值变动损失
　　　　＋投资收益－投资损失

其中：　　　营业收入＝主营业务收入＋其他业务收入

营业成本＝主营业务成本＋其他业务成本

(2) 利润总额

利润总额是由营业利润和营业外收支净额组成的。用公式表示如下:

利润总额＝营业利润＋营业外收入－营业外支出

(3) 净利润

净利润是企业一定期间的利润总额扣除所得税后的财务成果。用公式表示如下:

净利润＝利润总额－所得税

2. 利润形成的核算

(1) 账户设置

① "营业外收入"账户。用来核算企业发生的那些与生产经营活动无直接关系的各项收入,属于损益类账户。其贷方登记企业发生的各项营业外收入额;其借方登记期末转入"本年利润"账户的营业外收入额。期末结转后该账户应没有余额。"营业外收入"账户应按收入项目设置明细账户,进行明细分类核算。

② "营业外支出"账户。用来核算企业发生的那些与生产经营活动没有直接关系的各项支出,属于损益类账户。该账户的借方登记企业发生的各项营业外支出额;贷方登记期末转入"本年利润"账户的营业外支出额。期末结转后该账户应没有余额。"营业外支出"账户应按项目设置明细账户,进行明细分类核算。

③ "投资收益"账户。用来核算企业对外投资取得的收入或发生的损失,属于损益类账户。其贷方登记取得的投资收益或期末转入"本年利润"的净损失数额;其借方登记投资损失额或期末转入"本年利润"的净收益数额;期末结转后该账户无余额。该账户应按投资收益的性质设置明细账户,进行明细分类核算。

④ "所得税费用"账户。用于核算企业按规定从本期损益中减去的所得税费用,属于损益类账户。其借方登记本期应计入损益的应交所得税;贷方登记期末应转入"本年利润"账户的所得税费用。期末结转后应无余额。

⑤ "本年利润"账户。该账户用来核算企业在一定时期内发生净利润的形成或亏损的发生情况,属于所有者权益类账户。其贷方登记期末由各收入类账户转入的当期实现或取得的收入、收益,以及年末结转的本年度发生的净亏损;借方登记期末由各成本费用类账户转入的各种费用支出,以及年末结转的本年度实现的净利润。年度终了结转后,本账户应无余额。

（2）账务处理

【例 2-38】

公司取得一笔罚款收入 1 500 元，已存入银行。

这项经济业务的发生，一方面，对企业取得的罚款收入，应记入"营业外收入"账户的贷方；另一方面，对存入银行的款项，应记入"银行存款"账户的借方。编制会计分录如下：

借：银行存款　　　　　　　　　　　　　　　　　　　　　　　5 000
　　贷：营业外收入　　　　　　　　　　　　　　　　　　　　　　　5 000

【例 2-39】

经董事会研究决定，拨付现金 3 000 元，捐赠给希望工程用于发展边远地区教育事业。

这是一笔对外捐赠业务。一方面，对企业的捐赠支出，应记入"营业外支出"账户的借方；另一方面，对以银行支付的款项，应记入"银行存款"账户的贷方。编制会计分录如下：

借：营业外支出　　　　　　　　　　　　　　　　　　　　　　　3 000
　　贷：银行存款　　　　　　　　　　　　　　　　　　　　　　　　3 000

【例 2-40】

收到被投资单位分来的利润 20 000 元，存入银行。

这是一笔从其他单位分来利润的业务。一方面，企业因对外投资从其他单位分来的利润，应增加本企业的投资收益，记入"投资收益"账户的贷方；另一方面，对银行存款的增加，应记入"银行存款"账户的借方。编制会计分录如下：

借：银行存款　　　　　　　　　　　　　　　　　　　　　　　20 000
　　贷：投资收益　　　　　　　　　　　　　　　　　　　　　　　20 000

【例 2-41】

鑫达公司本期各收支账户净发生额如下：

主营业务收入	243 000	主营业务成本	185 600
其他业务收入	25 000	营业税金及附加	3 400
投资收益	20 000	销售费用	1 200
营业外收入	5 000	管理费用	7 200
		财务费用	1 100
		其他业务成本	18 000
		营业外支出	3 000

要求：期末将上述损益类账户净发生额转入"本年利润"账户。

这是一项期末结账业务，企业各项收入的实现，会增加企业的本年利润，应记入"本年利润"账户的贷方；企业各项费用支出的发生，会抵减企业的本年利润，应记入"本年利润"账户的借方。所以，应编制如下两组会计分录。

① 期末将本期发生的各项收入转入"本年利润"账户时：

借：主营业务收入　　　　　　　　　　　　　　　　　　　　　243 000

其他业务收入	25 000
投资收益	20 000
营业外收入	5 000
贷：本年利润	293 000

② 期末将本期发生的各项成本费用转入"本年利润"时：

借：本年利润	219 500
贷：主营业务成本	185 600
营业税金及附加	3 400
销售费用	1 200
管理费用	7 200
财务费用	1 100
其他业务成本	18 000
营业外支出	3 000

结转后，"本年利润"账户的贷方发生额与借方发生额相比较，可计算出该公司本期实现的利润总额为 73 500(293 000－219 500)元。

【例 2-42】

依据例 2-41 资料中该公司本期实现利润总额为 73 500 元，适用税率为 25%，计算应交所得税额。

$$应交所得税额 = 73\ 500 \times 25\% = 18\ 375(元)$$

这是一笔计提应交所得税的业务。一方面，应反映所得税费用的增加，记入"所得税费用"账户的借方；另一方面，企业在未缴纳前应作为一项流动负债处理，记入"应交税费"账户的贷方。编制会计分录如下：

借：所得税费用	18 375
贷：应交税费——应交所得税	18 375

将所得税费用结转到"本年利润"账户时，应编制如下会计分录。

借：本年利润	18 375
贷：所得税费用	18 375

结转当期所得税费用后，该公司本期"本年利润"账户的贷方余额为 55 125(73 500－18 375)元，反映为该公司实现的净利润。

3. 利润分配的核算

(1) 利润分配的顺序

利润分配是企业按照国家有关法律、法规以及企业章程的规定，对实现的可供分配的利润在企业和投资者之间进行分配。企业可供分配的利润是当期实现的净利润，加上年初未分配利润(或减去年初未弥补亏损)后的余额。企业的利润按照下列顺序分配。

① 提取法定盈余公积金。是指企业按照本年实现净利润的一定比例提取的盈余公积金。根据《公司法》规定，公司制企业(包括国有独资企业、有限责任公司和股份有限公

司)按税后利润的10%提取,作为企业发展和生产经营的后备资金。其他企业可以根据需要确定提取比例,但至少按10%提取。

② 提取任意盈余公积金。公司制的企业根据企业发展需要,按税后利润的一定比例提取。任意盈余公积金一般要经股东大会决议提取。其他企业也可根据需要提取任意盈余公积金。

③ 向投资者分配利润。可供分配的利润减去提取的法定盈余公积金,为可供向投资者分配的利润。有限责任公司按固定的出资比例向股东分配利润,股份有限公司按股东持有的股份比例向股东分配股利。

可供分配利润经上述分配后,为未分配利润,未分配利润可留待以后年度进行分配。如企业发生亏损,可按规定用以后年度利润进行弥补。

(2) 账户设置

为反映和监督企业利润的分配情况,应设置"利润分配"、"盈余公积"、"应付股利"等账户。

① "利润分配"账户。该账户用来核算企业利润分配(或亏损弥补)以及历年结存的未分配利润额,属于所有者权益账户。其借方登记企业实际分配的利润额或从"本年利润"账户转入的全年亏损额;其贷方登记从"本年利润"账户转入的全年实现的净利润额或已弥补的亏损额。年终结转后,若为贷方余额表示历年积存的未分配利润;若为借方余额表示历年积存的未弥补亏损。为了提供企业利润分配的详细情况,应设置"提取法定盈余公积"、"应付现金股利或利润"、"未分配利润"等明细账户,进行明细分类核算。

② "盈余公积"账户。该账户用来核算企业从净利润中提取的法定盈余公积和法定公益金及其使用情况,属于所有者权益类账户。其贷方登记盈余公积和公益金提取数;其借方登记盈余公积转增资本以及弥补亏损数。期末余额在贷方,表示盈余公积的实际结存数。

③ "应付股利"账户。该账户用来核算企业经董事会或股东大会,或类似机构决议确定分配的现金股利或利润,属于负债类账户。其贷方登记企业应支付的现金股利或利润数;其借方登记实际支付的现金股利或利润数。期末余额在贷方,反映企业尚未支付的现金股利或利润数。

(3) 利润分配业务的核算

【例2-43】

该公司全年实现净利润为500 000元。根据公司分配方案,按净利润的10%提取法定盈余公积,按5%提取法定公益金,按50%分配给投资者。

提取法定盈余公积=500 000×10%=50 000(元)
提取法定公益金=500 000×5%=25 000(元)
分配股利=500 000×50%=250 000(元)

借:利润分配——提取法定盈余公积　　　　　　　　　　　　50 000
　　　　　　——提取法定公益金　　　　　　　　　　　　　25 000
　贷:盈余公积——法定盈余公积　　　　　　　　　　　　　　50 000
　　　　　　——法定公益金　　　　　　　　　　　　　　　25 000

借：利润分配——应付现金股利　　　　　　　　　　　　　　　　250 000
　　贷：应付股利　　　　　　　　　　　　　　　　　　　　　　　　250 000

(4) 年终结转全年利润和利润分配的核算

年度终了，企业首先将当年实现的净利润或亏损，转入"利润分配——未分配利润"账户。结转净利润时，按实际的净利润额，借记"本年利润"账户，贷记"利润分配——未分配利润"账户；结转亏损时，则按实际产生的亏损额，借记"利润分配——未分配利润"账户，贷记"本年利润"账户。其次，将"利润分配"账户的其他明细账户的余额转入"利润分配——未分配利润"账户。结转时，借记"利润分配——未分配利润"账户，贷记"利润分配——提取盈余公积、提取法定公益金、应付普通股股利"等账户。

【例2-44】

鑫达公司年终将本年度实现的净利润500 000元转入"利润分配——未分配利润"账户。

这项经济业务，应根据上述要求编制会计分录如下：

借：本年利润　　　　　　　　　　　　　　　　　　　　　　　　　500 000
　　贷：利润分配——未分配利润　　　　　　　　　　　　　　　　　500 000

【例2-45】

鑫达公司年终将"利润分配"账户的其他明细账户的余额转入"利润分配——未分配利润"账户。资料见例2-43所列。

这项经济业务，应根据上述要求编制会计分录如下：

借：利润分配——未分配利润　　　　　　　　　　　　　　　　　　325 000
　　贷：利润分配——提取法定盈余公积　　　　　　　　　　　　　　50 000
　　　　　　　　——提取法定公益金　　　　　　　　　　　　　　　25 000
　　　　　　　　——应付现金股利　　　　　　　　　　　　　　　 250 000

通过以上结转未分配利润后，"利润分配——未分配利润"账户的贷方余额为175 000 (500 000－325 000)元，反映为该公司本年未分配利润的余额。

本项目小结

会计要素又称财务报表要素，是对会计对象的基本分类，是进行会计确认和计量的依据，也是设定会计报表结构和内容的依据。会计要素分为六大要素：资产、负债、所有者权益、收入、费用和利润。资产、负债、所有者权益是财务状况要素，是设定资产负债表的依据；收入、费用、利润是经营成果要素，是设定利润表的依据。

"资产＝负债＋所有者权益"是会计基本等式，是静态等式，是设置账户、复式记账、编制资产负债表的理论依据。企业经济业务在资产、负债、所有者权益之间的变化归纳起来有四大基本类型，九种情况，都不会影响等式的恒等性。

会计科目是对会计要素的内容进行具体分类的类别名称。账户是根据会计科目开设的，用来对会计科目所反映的内容连续、系统地记录的一种工具。科目是账户的名称，账户有结构,能记录经济业务。科目和账户按反映的经济内容分为六类:资产类、负债类、所有者权益类、共同类、成本类、损益类;按照反映经济内容的详细程度分为总分类科目、明细分类科目,相应设置总账和明细账,并遵循依据相同、方向相同、期间相同、金额相同的平行登记要求登记总账和明细账,以检查总账与明细账登记的正确性。

复式记账法,是指对发生的每一项经济业务都要以相等的金额在两个或两个以上的账户中相互联系地进行记录的一种记账方法。其基本原理是会计恒等式:资产=负债+所有者权益。

借贷记账法是复式记账法的具体体现,是以"借"、"贷"为记账符号,以会计等式为理论依据,以"有借必有贷、借贷必相等"为记账规则,对每一项经济业务在两个或两个以上相互联系的账户中全面、系统地进行记录的一种复式记账方法。

在借贷记账法下,"借"字通常表示资产、成本、费用账户的增加,负债、所有者权益、收入账户的减少;"贷"字通常表示资产、成本、费用账户的减少,负债、所有者权益、收入账户的增加,账户的余额通常和增加方一致。

会计分录是分别指明每笔经济业务应使用的账户名称、应借应贷的方向及其金额的一种记录形式。

为检查账户记录的正确性,需要对所记录的经济业务进行试算平衡,借贷记账法下的试算平衡方法有发生额试算平衡、余额试算平衡,其理论依据分别是借贷记账法的记账规则和会计恒等式。但试算平衡不能检查出下列错误:某项经济业务用错了账户、漏记或重记经济业务、对应账户借贷方颠倒、借贷方金额等量多记或少记。

为了使总分类账户与所属的明细分类账户之间能够起到统驭、控制与辅助说明的作用,便于账户核对,确保核算资料的正确完整,则要求采用平行登记的方法登记总账和明细账。其进行平行登记的要点是:依据相同、方向相同、期间相同、金额相等。

为了更好地掌握和运用借贷记账法,以工业企业主要经济业务所组成的生产经营过程和结果为基础,根据各项经济业务的具体内容和管理要求设置账户,并运用借贷记账法,在掌握企业资金运动规律的同时对各项经济业务的发生进行会计处理。

课后练习

一、判断题

1. 会计科目和会计账户的口径一致、性质相同,都具有一定的格式和结构,所以在实际工作中对会计科目和账户不加严格区分。( )
2. 所有经济业务的发生,都会引起会计等式左右两边发生变化。( )
3. 只有拥有所有权的资源才能成为企业的资产。( )
4. 明细分类科目是对总分类科目的进一步分类,能提供更详细的会计信息。( )
5. 收回欠款存入银行会使企业的资产和权益总额同时增加。( )

6. 借贷记账法中的"借"、"贷"分别表示增加和减少。（　　）
7. 账户的本期发生额是动态资料，而期初和期末余额则是静态资料。（　　）
8. 所有者权益是指企业投资人对企业资产的所有权。（　　）
9. 企业接受某单位投入物资一批，该项经济业务会引起收入增加，权益增加。（　　）
10. 如果某项资产不能再为企业带来经济利益，即使是由企业拥有或者控制的，也不能作为企业的资产在资产负债表中列示。（　　）
11. "期末余额＝期初余额＋本期增加发生额－本期减少发生额"这一公式适用于任何性质的账户计算。（　　）
12. 资产类账户的余额，一般在借方；权益类账户的余额，一般在贷方。（　　）
13. 主营业务收入和主营业务成本都是损益类账户，所以两者的结构是一样的。（　　）
14. 通过试算平衡检查账簿记录，若借贷平衡就可以肯定记账准确无误。（　　）
15. 一般地说，各类账户的期末余额与记录增加额的一方都在同一方向。（　　）

二、单项选择题

1. 预收账款属于会计要素中的（　　）。
   A. 资产　　　　B. 负债　　　　C. 费用　　　　D. 所有者权益
2. 下列项目中属于流动资产的是（　　）。
   A. 预付账款　　B. 应付账款　　C. 无形资产　　D. 短期借款
3. 下列项目中属于流动负债的是（　　）。
   A. 应收账款　　B. 应付账款　　C. 生产成本　　D. 预付账款
4. 所有者权益是企业投资人对企业净资产的所有权，在数量上等于（　　）。
   A. 全部资产扣除流动负债　　　　B. 全部资产扣除长期负债
   C. 全部资产加上全部负债　　　　D. 全部资产扣除全部负债
5. 下列属于企业将在一年或超过一年的一个营业周期内偿还的债务是（　　）。
   A. 向银行借入的3年期的借款　　B. 应付甲公司的购货款
   C. 应收乙公司的销货款　　　　　D. 租入包装物支付的押金
6. 资产和权益在数量上（　　）。
   A. 必然相等　　　　　　　　　　B. 不一定相等
   C. 只有期末时相等　　　　　　　D. 有时相等
7. 经济业务发生后，会计等式的平衡关系（　　）。
   A. 可能会被破坏　B. 不会受影响　C. 可能会受影响　D. 会受影响
8. 下列经济业务的发生不会使会计等式两边总额发生变化的是（　　）。
   A. 收到应收账款存入银行　　　　B. 从银行取得借款存入银行
   C. 收到投资者以固定资产所进行的投资　D. 以银行存款偿还应付账款
9. 下列项目中，引起资产有增有减的经济业务是（　　）。
   A. 取得长期借款存入银行存款户
   B. 以现金支付职工工资

C. 收回某单位前欠货款存入银行存款户
D. 收到投资者投入的货币资金

10. 下列项目中,引起负债有增有减的经济业务是(　　)。
   A. 以银行存款偿还短期借款　　B. 开出应付票据抵付应付账款
   C. 以银行存款上交税金　　　　D. 收到外商投入的设备

11. 下列项目中,引起所有者权益有增有减的经济业务是(　　)。
   A. 收到国家投入的固定资产　　B. 以银行存款偿还长期借款
   C. 将资本公积转增资本　　　　D. 以厂房对外单位投资

12. 下列经济业务中,会引起负债减少,同时使所有者权益增加的是(　　)。
   A. 以银行存款偿还欠款　　　　B. 将应付账款转为对本企业的投资
   C. 以赊购方式购入原料　　　　D. 向银行借款存入银行

13. 某企业期初资产总额60万元,权益总额60万元,现发生一笔用银行存款20万元购买材料的经济业务。此时,该企业的资产总额为(　　)。
   A. 40万元　　B. 80万元　　C. 60万元　　D. 20万元

14. 将现金1 500元交存银行,企业的资产总额(　　)。
   A. 增加1 500元　　　　　　　B. 减少1 500元
   C. 不变　　　　　　　　　　　D. 减少750元

15. 某企业资产总额600万元,如果发生以下经济业务:①收到外单位投资40万元;②以银行存款支付购入材料款12万元;③以银行存款偿还银行借款10万元。上述业务发生后,企业资产总额应为(　　)。
   A. 636万元　　B. 628万元　　C. 648万元　　D. 630万元

16. 在借贷记账法下,将账户划分为借贷两方,哪一方记增加,哪一方记减少,取决于(　　)。
   A. 借贷记账法的记账规则　　B. 会计等式
   C. 账户的性质　　　　　　　D. 记账方法

17. 企业收入的发生往往会引起(　　)。
   A. 资产增加　　B. 资产减少　　C. 负债增加　　D. 所有者权益减少

18. 下列属于成本类的会计科目是(　　)。
   A. 资本公积　　B. 财务费用　　C. 销售费用　　D. 制造费用

19. 下列属于损益类的会计科目是(　　)。
   A. 主营业务收入　　　　　　B. 应付债券
   C. 银行存款　　　　　　　　D. 盈余公积

20. 在复合会计分录"借:固定资产100 000,贷:银行存款80 000,应付账款20 000"中银行存款账户的对应账户是(　　)。
   A. 应付账款　　　　　　　　B. 银行存款
   C. 固定资产　　　　　　　　D. 固定资产和应付账款

三、多项选择题

1. 下列各项目中,正确的经济业务类型有(　　)。

A. 一项资产增加,一项所有者权益减少
B. 资产与负债同时增加
C. 一项负债减少,一项所有者权益增加
D. 负债与所有者权益同时增加
E. 资产与所有者权益同时增加

2. 下列经济业务发生后,使资产和权益总额不变的项目有(　　)。
   A. 以银行存款偿还前欠购料款　　B. 从银行取得借款存入银行
   C. 以银行存款购买材料　　D. 从银行提取现金

3. 若一项经济业务发生后引起银行存款减少5 000元,则相应地有可能引起(　　)。
   A. 固定资产增加5 000元　　B. 短期借款增加5 000元
   C. 应交税费减少5 000元　　D. 应付账款减少5 000元
   E. 应付职工薪酬增加5 000元

4. 下列属于无形资产的项目有(　　)。
   A. 专利权　　B. 商标权　　C. 著作权　　D. 土地使用权

5. 所有者权益包括的内容有(　　)。
   A. 投入资本　　B. 资本公积　　C. 盈余公积　　D. 未分配利润

6. 下列属于收入的有(　　)。
   A. 销售商品的收入　　B. 提供劳务的收入
   C. 出租机器设备的收入　　D. 投资者的投入
   E. 代第三方收取的货款

7. 会计平衡公式是(　　)。
   A. 设置账户的理论依据　　B. 成本计算的理论依据
   C. 编制会计报表的理论依据　　D. 复式记账的理论依据

8. 企业资金运动所引起的会计要素之间的变化类型有(　　)。
   A. 负债与所有者权益此增彼减　　B. 负债之间此增彼减
   C. 资产与负债同增或同减　　D. 所有者权益之间此增彼减

9. 下列引起会计等式左右两边会计要素变动的经济业务有(　　)。
   A. 收到某企业前欠货款2 000元存入银行
   B. 以银行存款偿还银行借款
   C. 收到某单位投来机器一台,价值80万元
   D. 购买原材料8万元,以银行存款支付

10. 下列会计要素中,反映企业一定时点的财务状况的静态会计要素是(　　)。
    A. 资产　　B. 负债　　C. 所有者权益　　D. 收入
    E. 费用　　F. 利润

11. 下列项目属于企业流动负债的有(　　)。
    A. 原材料　　B. 其他应付款　　C. 预付账款　　D. 应交税费

12. 账户的基本结构一般应包括(　　)。
    A. 账户名称　　B. 日期与摘要

C. 凭证种类和号数　　　　　　　D. 增加、减少的金额和余额

13. 以下各项目中属于资产的有(　　)。
    A. 预收账款　　B. 预付账款　　C. 应付账款　　D. 存货

14. 借贷记账法下的"贷"字表示(　　)。
    A. 负债的增加　　B. 费用的增加　　C. 收入的增加　　D. 权益的增加

15. 下列项目中,试算平衡不能发现的错误有(　　)。
    A. 借贷双方中一方多计金额,一方少计金额
    B. 某项交易、事项未入账
    C. 某项交易、事项重复入账
    D. 一笔会计分录对应账户之间,借贷方向颠倒

16. 下列会引起资产与权益同时减少的有(　　)。
    A. 以现金支付收取的押金　　　　B. 收到某企业前欠货款
    C. 购买原材料货款未付　　　　　D. 用存款偿还到期的短期借款

17. 下列经济业务发生后,使资产和权益总额不变的项目有(　　)。
    A. 以银行存款 5 000 元,偿还前欠购料款
    B. 从银行取得借款 20 000 元,存入银行
    C. 以银行存款 3 000 元,购买材料
    D. 从银行提取现金 800 元

18. 一个会计分录应包含的内容有(　　)。
    A. 记账方法　　B. 记账方向　　C. 账户名称　　D. 记账金额

19. 期末可能有借方余额的账户是(　　)。
    A. 原材料　　B. 生产成本　　C. 其他应收款　　D. 管理费用

20. 平行登记的要点是(　　)。
    A. 依据相同　　B. 期间相同　　C. 金额相同　　D. 方向相同

四、实训题

练 习 一

(一) 目的:练习资产、负债、所有者权益的分类。
(二) 资料:福特工厂某年 3 月 31 日资产、负债及所有者权益的状况如表 2-28 所示。

表 2-28　福特工厂某年 3 月 31 日资产、负债及所有者权益的状况　　金额单位:元

序号	内　容	金　额	资　产	负　债	所有者权益
1	厂部行政用房屋	400 000			
2	生产用厂房	1 600 000			
3	仓库	1 400 000			
4	车间的机器	3 500 000			
5	轿车	250 000			
6	仓库中的原材料	2 600 000			

续表

序号	内 容	金 额	资 产	负 债	所有者权益
7	机器用润滑油	10 000			
8	尚未完工的产品	1 500 000			
9	已完工的产成品	1 100 000			
10	保险柜里的现金	20 000			
11	银行账号里的存款	280 000			
12	尚未收回的货款	40 000			
13	投资者投入的资本	9 930 000			
14	欠银行的半年期贷款	300 000			
15	购货时欠的货款	700 000			
16	上月应交未交的税费	70 000			
17	3年期借款	800 000			
18	未分配利润	900 000			

（三）要求：

1. 辨别表 2-28 各内容归属的类别，并将其金额填入三要素中的正确一栏。

2. 分别加计资产、负债、所有者权益的总额，填入合计栏中，并说明结果之间的关系。

练 习 二

（一）目的：熟悉经济业务对会计等式的影响。

（二）资料：

1. 某企业 2008 年 3 月 1 日资产、负债及所有者权益各项目见表 2-29。

表 2-29　资产、负债及所有者权益情况登记表

2008 年 3 月 1 日　　　　　　　　　　　　　　　　　　　　　　　金额单位：元

资 产	金 额	负债及所有者权益	金 额
库存现金	300	短期借款	40 000
银行存款	45 000	应付账款	18 000
应收账款	32 000	实收资本	130 000
存货	28 000	本年利润	17 300
固定资产	100 000		
合 计	205 300	合 计	205 300

2. 该企业 3 月份发生下列经济业务。

(1) 2 日，用银行存款购买原材料，价值 3 000 元。

(2) 3 日，向银行取得 3 个月的借款 20 000 元，转入企业存款户。

(3) 4 日，收回某客户所欠货款 15 000 元，存入银行。

(4) 5 日，用银行存款偿还以前欠某供货单位货款 10 000 元。

(5) 6 日，收到某投资者投入的新机器一台，价值 32 000 元。

（三）要求：根据上述资料，在表 2-30～表 2-34 中编制该企业 2008 年 3 月 2～6 日的资产负债表，验证会计等式的平衡关系。

表 2-30 资产、负债及所有者权益的分布情况

2008 年 3 月 2 日　　　　　　　　　　　　　金额单位：元

资　产	金　额	负债及所有者权益	金　额
库存现金		短期借款	
银行存款		应付账款	
应收账款		实收资本	
存货		本年利润	
固定资产			
合　计		合　计	

表 2-31 资产、负债及所有者权益分布情况

2008 年 3 月 3 日　　　　　　　　　　　　　金额单位：元

资　产	金　额	负债及所有者权益	金　额
库存现金		短期借款	
银行存款		应付账款	
应收账款		实收资本	
存货		本年利润	
固定资产			
合　计		合　计	

表 2-32 资产、负债及所有者权益分布情况

2008 年 3 月 4 日　　　　　　　　　　　　　金额单位：元

资　产	金　额	负债及所有者权益	金　额
库存现金		短期借款	
银行存款		应付账款	
应收账款		实收资本	
存货		本年利润	
固定资产			
合　计		合　计	

表 2-33 资产、负债及所有者权益分布情况

2008 年 3 月 5 日　　　　　　　　　　　　　金额单位：元

资　产	金　额	负债及所有者权益	金　额
库存现金		短期借款	
银行存款		应付账款	
应收账款		实收资本	
存货		本年利润	
固定资产			
合　计		合　计	

表 2-34　资产、负债及所有者权益分布情况

2008 年 3 月 6 日　　　　　　　　　　　　　　　　　金额单位：元

资　产	金　额	负债及所有者权益	金　额
库存现金		短期借款	
银行存款		应付账款	
应收账款		实收资本	
存货		本年利润	
固定资产			
合　计		合　计	

练　习　三

（一）目的：练习对借贷记账法下各账户借贷符号的运用以及账户中各金额之间的计算关系。

（二）资料：见表 2-35。

（三）要求：根据表 2-35 中各账户的已知金额求出空格中的金额并填入表 2-35 中。

表 2-35　各账户的金额　　　　　　　　　　　　　　　　　金额单位：元

账户名称	期初余额	借方发生额	贷方发生额	期末余额
库存现金	1 600	400	1 000	
银行存款	13 400	6 000		10 400
应收账款	20 000		12 000	18 000
短期借款	15 000		5 800	12 800
原材料		22 000	20 000	30 000
应付账款	9 600	800		8 800
本年利润	9 600	1 400		11 000
盈余公积	7 000		1 800	8 400

练　习　四

（一）目的：练习借贷记账法下分录的编制。

（二）资料：某企业 2008 年 9 月份发生部分经济业务如下：

1. 国家投入资本 25 000 元，存入银行。

2. 通过银行转账支付前欠南方工厂的购货款 3 000 元。

3. 从银行提取现金 15 000 元，准备发放工资。

4. 收回应收账款 4 500 元，存入银行。

5. 以银行存款归还向银行借入的短期借款 10 000 元。

6. 联营单位投入新机器一台，作为对该公司的投资，价值 7 500 元。

7. 购入材料 2 100 元，货款未付。

8. 收回应收账款 7 600 元，其中 5 000 元直接归还银行短期借款，其余 2 600 元存入银行。

9. 将多余的库存现金 500 元存入银行。

10. 采购员出差,预借差旅费 1 500 元,财务科以现金支付。

(三) 要求:根据上述业务编制相应的会计分录。

练 习 五

(一) 目的:通过编制会计分录、登记 T 字型账户及编制试算平衡表进一步掌握借贷复式记账法。

(二) 资料:

1. 假定恒安公司 2008 年 2 月份有关账户的期初余额如表 2-36 所示:

表 2-36 恒安公司 2008 年 2 月份有关账户的期初余额 金额单位:元

资 产		负债及所有者权益	
账户名称	借方余额	账户名称	贷方余额
库存现金	900	短期借款	100 000
银行存款	268 700	应付账款	105 300
应收账款	95 200	应付职工薪酬	19 700
原材料	67 000	应交税费	8 800
生产成本	172 000	长期借款	500 000
固定资产	930 000	实收资本	800 000
合 计	1 533 800		1 533 800

2. 恒安公司 2008 年 2 月份发生下列经济业务。

(1) 购进材料一批,计价 46 800 元(暂不考虑增值税),材料已验收入库,货款以银行存款支付。

(2) 以银行存款支付上月应交未交的税费 8 800 元。

(3) 从银行提取现金 30 000 元。

(4) 收到 A 公司投入新机器设备一台,价值 160 000 元。

(5) 以现金支付生产工人工资 30 000 元。

(6) 生产车间从仓库领用材料 56 000 元,进行产品生产。

(7) 向银行借入短期借款直接归还应付供应商货款 80 000 元。

(8) 收到客户前欠销货款 27 900 元,存入银行。

(9) 三年期借款 100 000 元已到期,以银行存款偿还。

(10) 将支付给生产工人的 30 000 元工资计入产品生产成本。

(11) 取得一年期借款 150 000 元存入银行。

(12) 购入生产用机器设备 167 000 元,其中 100 000 元用银行存款支付,剩余部分暂欠。

(三) 要求:

1. 根据资料 2 的经济业务,编制会计分录。

2. 开设 T 字型账户登记期初余额、本期发生额,结出期末余额。

3. 编制总分类账户本期发生额及期末余额试算平衡表(见表 2-37)。

库存现金	银行存款

应收账款	原材料

生产成本	固定资产

短期借款	长期借款

应付账款	应付职工薪酬

应交税费	实收资本

表 2-37　各账户本期发生额及余额试算平衡表　　　　金额单位:元

账户名称	期初余额		本期发生额		期末余额	
	借方	贷方	借方	贷方	借方	贷方
库存现金						
银行存款						
应收账款						
原材料						
固定资产						
生产成本						
短期借款						
长期借款						
应付账款						
应交税费						
应付职工薪酬						
实收资本						
合　计						

练　习　六

(一)目的:综合练习借贷记账法的应用。

(二)资料:三利公司 2008 年 12 月份发生下列经济业务。

1 日,企业收到投资者投入资本 100 000 元,存入银行。

2 日,企业收到某公司投入全新设备一台,价值为 250 000 元。

3 日,向银行申请借入了期限为 3 个月的借款 50 000 元,年利率为 6.6%;期限为 2 年的借款 120 000 元,年利率为 7.6%。款项均存入银行,借款到期一次还本付息。

4 日,计算本月份应负担的银行借款利息。

5 日,从本市购入甲材料 100 千克,单价为每千克 500 元,增值税税率为 17%,款项已由银行存款支付,材料运到企业并已验收入库。

6 日,企业从庆丰工厂购入甲材料 50 千克,单价为每千克 480 元;乙材料 60 千克,单价为每千克 600 元,增值税税率为 17%,同时发生运费 1 000 元(按材料重量分配)。材料及运费款均已由银行存款支付。

7 日,上述从大华工厂购入甲、乙两种材料已运达企业并验收入库,结转入库材料实际成本。

8 日,企业从长江工厂购入丙材料 20 千克,单价为每千克 480 元,增值税税率为 17%,长江工厂代垫运费 500 元,材料乙运到并验收入库,发票账单已到,但货款尚未支付。

12 日,以银行存款预付立新工厂丙材料款 60 000 元。

15 日,本月份应付职工工资 47 230 元。其中生产 A 产品工人工资 24 500 元,生产 B 产品工人工资 9 800 元,车间管理人员工资 7 430 元,行政管理人员工资 5 500 元。

15 日,企业从银行提取现金 47 230 元,准备发放工资。

15 日,以现金发放职工工资 47 230 元。

15日，发放工资时，按规定比例集体职工"三险一金"6 602元。其中A产品负担3 420元，B产品1 372元，车间管理人员工资1 040元，行政管理人员工资770元。

17日，以银行存款归还8日所欠长江工厂的材料款。

20日，立新工厂按合同发来12日已预付款的丙材料60千克，单价800元，增值税税率为17%，运费300元，余款已退回存入银行，材料验收入库。

23日，收到"领用材料汇总表"，该企业发生领料业务如表2-38所示。

表 2-38 领用材料汇总表　　　　　　　　　　　金额单位：元

项　目	甲材料	乙材料	丙材料	合　计
产品生产耗用	40 000	21 000	9 590	70 590
其中：A产品	24 000	13 000	7 860	44 860
B产品	16 000	8 000	1 730	25 730
车间一般耗用	400	620	180	1 200
管理部门耗用		1 000	400	1 400
合　计	40 400	22 620	10 170	73 190

24日，按规定支付银行短期借款利息2 500元。

25日，以银行存款支付车间办公费、水电费等1 256元，管理部门办公费、水电费1 000元。

26日，向向阳工厂销售A产品100件，每件售价150元，应向该单位收取的增值税税率17%，产品已经发出，货款及增值税款已存入银行。

27日，向外地北方公司销售A产品200件，每件售价150元；B产品100件，每件售价200元，增值税税率17%，并以银行存款垫付运杂费1 500元，产品已经发出，款项尚未收到。

28日，收到阳光公司预付购买A产品货款35 600元，存入银行。

29日，接到银行通知，收到北方公司27日销售货物的全部款项，存入银行。

29日，按合同规定向阳光公司发出A产品200件，每件售价150元，价款30 000元，增值税销项税额5 100元。以银行存款代垫运杂费500元，冲抵原单位28日的预收账款。

30日，按规定计算并提取本月固定资产折旧12 000元，其中车间使用的固定资产应提折旧8 400元，行政管理部门使用的固定资产应提折旧3 600元。

30日，将本月发生的制造费用16 800元分配转入产品生产成本（按生产工人工时比例分配）。

30日，按规定计算并结转本期产品销售税金3 000元。

30日，期末计算并结转已售A产品500件的实际生产成本36 000元，B产品100件的生产成本12 000元。

30日，乙公司因未能及时履行与本公司签订的供货合同，收到乙公司支付的违约金2 500元的支票，并送存银行。

30日，由于公司发给丙公司的商品规格、型号与订货合同不符，按照合同规定支付违约金3 000元，开出转账支票付讫。

31日,假设该企业有关损益类账户的累计发生额资料如表2-39所示,并计算和结转本年度的利润总额。

表2-39 该企业有关损益类账户的累计发生额资料　　　　金额单位:元

序号	科目名称	借方余额	贷方余额
1	主营业务收入		1 680 000
2	其他业务收入		80 000
3	营业外收入		70 000
4	主营业务成本	1 220 000	
5	营业税金及附加	80 000	
6	其他业务成本	50 000	
7	销售税金	75 000	
8	管理费用	65 000	
9	财务费用	20 000	
10	营业外支出	40 000	

31日,假设该公司适用的所得税税率为25%,计算并结转所得税额,进而计算净利润。

31日,续前例,假设没有以前年度未弥补亏损。经股东大会批准,公司决定按10%提取法定盈余公积金、按50%分配给投资者,进行相应的会计核算并计算"未分配利润"余额。

(三)要求:根据上述资料,运用借贷记账法编制会计分录。

五、案例分析

(一)目的:练习对要素的认知和熟悉。

(二)资料:小李和小张于2009年3月1日用10 000元银行存款投资开办了一家电脑维修部,从事电脑维修,并附带销售电脑配件。他们首先租了一间小门脸,每月房租1 000元,第一个月房租已经支付;花费2 500元购买了一些修理用的工具和配件;为了方便出行花费400元买了一部自行车;在报纸上做了广告,广告费750元,其中250元的广告费未支付;支付请来帮助修理电脑的同学的报酬300元;3月15日,小李和小张从银行提取1 000元用于个人生活支出;31日收到水电费缴费单,共计100元尚未支付。当月电脑维修全部收入已存入银行,31日银行账户余额为7 000元。小李和小张认为他们第一个月经营状况不错,尽管亏了3 000元,但是打开了市场。

(三)要求:

1. 小李和小张依据什么计算亏了3 000元,依据正确吗?
2. 分析电脑维修部3月底有哪些资产和负债。
3. 计算电脑维修部3月份的收入和费用各是多少。

填制与审核会计凭证

项目三
Xiangmu 3

技能目标

1. 能对各种不同类型的经济业务判断出相应的原始凭证,并能审核。
2. 能准确规范地填制原始凭证。
3. 能根据企业基本经济业务的原始凭证,运用借贷记账法熟练地编制记账凭证。
4. 能对记账凭证进行汇总,熟练地编制记账凭证汇总表。
5. 学会会计凭证装订方法。

知识目标

1. 掌握原始凭证的种类。
2. 掌握原始凭证的填写要求和内容。
3. 掌握记账凭证的种类、内容和填制要求。
4. 了解会计凭证的保管和传递。

案例导入

鑫达公司是一家小型加工企业,自创办以来一直请会计师事务所代理记账。2008年1月公司决定聘请从某高职学院会计专业毕业的学生李刚到单位做会计工作。公司老板将企业的情况向李刚进行了介绍。

1. 企业为一般纳税人,注册资本为100万元,2008年准备追加投资50万元。公司管理人员5人,合同制生产人员30人。开户银行为工商银行,账号为02345678,库存现金限额为5 000元。
2. 企业生产A、B两种产品,要求单独计算A、B产品的成本。
3. 企业的购销活动,经常有往来账项。
4. 原材料、库存商品分品种按照实际成本核算。

假如你是李刚,应设置哪些自制原始凭证?如何规范?采用何种记账凭证格式?怎样填写和审核原始凭证和记账凭证?怎样编制记账凭证汇总表?如何保管和传递会计凭证?会计凭证怎样装订?

任务 3.1 填制与审核原始凭证

原始凭证又称单据,是在经济业务发生或完成时取得或填制的,用以记录或证明经济业务的发生或完成情况的文字凭据。

原始凭证是会计核算的原始资料和重要依据。一切经济业务发生时都必须取得或填制原始凭证。如各单位办理现金收付、款项结算、财产收发、成本计算、费用开支、产品入库、产品销售和其他各种经济业务,都必须以原始凭证证明经济业务已经执行或完成,并作为会计核算的原始依据。

3.1.1 案例资料

鑫达有限公司是一家加工企业(一般纳税人),2008年1月份发生下列经济业务。

(1) 1月1日,开出转账支票支付万达公司货款3 000元。

(2) 1月2日,车间为制造A产品填写领料单,向仓库领用甲材料100千克,单价30元,计3 000元。

(3) 1月5日,销售给华新商厦(一般纳税人)A产品200件,每件售价50元,销售额10 000元,增值税1 700元,开具增值税专用发票,货款尚未收到。

(4) 1月8日,出纳员签发现金支票一张,向银行提取现金5 000元,备用。

(5) 1月9日,采购员江海去济南采购,填制借款单一份,预借差旅费2 000元,经审核无误,出纳员以现金支付。

(6) 1月13日,张明报销差旅费1 800元,交回现金200元,结清欠款,出纳员开出收据。

(7) 1月15日,仓库收到利达工厂φ25mm普通圆钢10吨,每吨单价3 000元,计30 000元,填写收料单一份。

(8) 1月20日,开出普通发票向三泉公司(小规模纳税人)销售B产品100件,每件30元,计3 000元,购货方以现金付款。

(9) 1月27日,收到华新商厦还来的货款11 700元(支票),填制银行进账单送存银行。

(10) 1月30日,加工车间为加工A产品填制限额领料单向仓库领用灰口铁,领用限额15 000千克。本月2日领用5 000千克,单位成本14元,8日领用5 000千克,12日领用4 500千克。

你能根据上述资料规范填写相关原始凭证吗?

3.1.2 原始凭证的填制

1. 原始凭证的基本内容

尽管原始凭证纷繁复杂,格式内容很不一样,但根据经济业务的要求,各种原始凭证应具备一些共同的基本内容。原始凭证基本内容又称原始凭证基本要素，包括：

（1）凭证名称。如销货发票、借款单等就是凭证名称。

（2）填制凭证时间。即经济业务发生时的时间。

（3）接受单位的名称。如购货单位名称，应写全称，写准确，以便于联系和核对账务。

（4）经济业务的内容、数量、单价、金额等。主要是产品名称、规格、单位、数量、金额或劳务数量、金额等，包括用阿拉伯数字小写和用汉字大写的金额。通过经济业务的内容，核对审查凭证的真实性、合法性。

（5）经办单位、人员的签名盖章。单位之间发生经济业务，必须有填制凭证单位的公章及经办人员签章，以明确法律责任，出现问题便于核对查找。对于需要进行检验、验收的实物凭证，还要有验收部门或人员的手续。

（6）原始凭证补充项目。为了满足其他工作的需要，原始凭证除上述必须具备的基本内容外，还增加其他一些补充项目，如为了防止伪造，增加了防伪条码或识别标志；为便于业务联系，增加填制单位的地址、银行账号、电话等；为方便核对查找，注明相关合同号码、结算方式等，使原始凭证更趋于规范，增加了相关功能。

2. 常见原始凭证的填制方法

（1）支票的填写方法

银行、单位和个人填写的各种票据和结算凭证是办理支付结算和现金收付的重要依据，直接关系到支付结算的准确、及时和安全。因此，填写票据和结算凭证，必须做到标准化、规范化，要素齐全、数字正确、字迹清晰、不错漏、不潦草，防止涂改。支票是银行结算凭证的一种，常见的有现金支票和转账支票，具体知识将在财务会计中介绍，这里着重说明支票的填制方法。

① 转账支票的填制。支票上印有"转账"字样的为转账支票，一般分为两个部分，即存根部分和正联部分。转账支票由出纳员用碳素笔，正楷字填写，字迹工整。填写时，先填写存根部分，再填写正联部分。

正联部分的出票日期必须使用中文大写。为防止变造票据的出票日期，在填写月、日时，月为壹、贰和壹拾的，日为壹至玖和壹拾、贰拾和叁拾的，应在其前加"零"；日为拾壹至拾玖的，应在其前加"壹"。如1月15日，应写成零壹月壹拾伍日；再如10月20日，应写成零壹拾月零贰拾日。收款人处应填写无误。出票人账号有账号章的可以加盖账号章。结算金额分为大写和小写，大写金额数字用中文正楷或行书填写，且紧接"人民币"字样填写，不得留有空白。阿拉伯小写金额数字前面，均应填写人民币符号"￥"。阿拉伯小写金额数字要认真填写，不得连写分辨不清。填写用途应实事求是，如××货款。支票填写完成，审核无误后，在出票人签章处加盖预留银行的印鉴，即单位财务专用章和法人名章，然后在支票左边与存根的衔接处加盖财务专用章，最后从骑缝线处剪开，正联交给收款人办理转账，存根联留下作为记账依据。

案例的第一笔业务要求填写转账支票，根据上述说明填写一张转账支票，如表3-1所示。

表 3-1 转账支票

② 现金支票的填制。支票上印有"现金"字样的为现金支票。其填制方法与转账支票基本相同，所不同的是："用途"处一般要填写"备用金"、"工资"、"差旅费"等。此外，转账支票一般不加盖财务专用章，但现金支票的背面应加盖预留银行的财务专用章，如表 3-2 所示。

表 3-2 现金支票背面

案例第四笔业务，要求填写一张现金支票，请你按要求填写在表 3-3 内。

表 3-3 现金支票

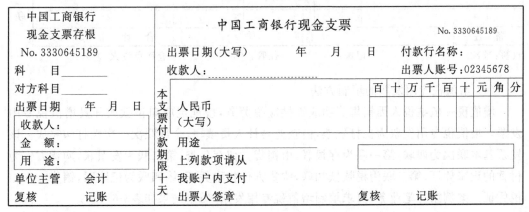

（2）领料单的填制方法

领料单又称发料单，是一种一次有效的发料凭证。它适用于临时性需要和没有消耗定额的各种材料。领料单由领料部门根据生产或其他需要填制，经部门主管批准并签名或盖章后据以领料。领料单通常以一料一单为宜，仓库发料时，填写实发数量；同时，由领发料双方签章，以示负责。领料单应填制一式多联，一联由领料部门带回，作为领用部门核算的依据；一联交财会部门据以记账；一联由仓库留存据以登记材料明细账。案例第二笔业务，要求填制领料单，填制结果如表3-4所示。

表3-4　领　料　单

领用部门：生产车间　　　　　　　　　　　　　　　　　　　　凭证编号：01
用途：生产A产品　　　　　2008年1月2日　　　　　　　发料仓库：1号库

材料编号	材料规格名称	计量单位	数量		金额	
			请领	实领	单价	金额
001	甲材料	千克	100	100	30.00	3 000.00
备注					合计	3 000.00

第二联

审批：×× 　　　发料：××　　　　记账：　　　　　　　领料：××

（3）收料单的填制方法

收料单是记录外购材料验收入库的一种原始凭证。"收料单"一般一式三联，第一联为存根，由采购员带回供应部门备查；第二联为会计记账联，交财会部门据以记账；第三联为仓库记账联，由仓库留下作为登记原材料明细账数量的依据。材料运到企业，材料保管员验收后，在收料单上填写收料日期、材料名称、计量单位、应收实收数量等项目，会计员填写材料单价、金额、运杂费等项目。案例第七笔业务，要求填制收料单，填制结果如表3-5所示。

表3-5　收　料　单

供货单位：利达工厂　　　　　　　　　　　　　　　　　　　　凭证编号：001
发票号码：03145678　　　　2008年1月15日　　　　　　收料仓库：2号库

材料编号	材料规格名称	计量单位	数量		金额	
			应收	实收	单价	金额
002	φ25mm普通圆钢	吨	10	10	3 000	30 000
备注					合计	30 000

第二联

收料：×× 　　　记账：　　　　保管：××　　　　仓库负责人：××

（4）增值税专用发票的填制方法

增值税一般纳税人因销售货物或提供应税劳务，按规定应向付款人开具增值税专用发票。增值税专用发票为机打发票，由企业会计人员填写，全部联次一次性打印完成。该发票基本联次为四联，第一联为存根联，由销货方留存备查；第二联为发票联，购货方作为付款的记账凭证；第三联为税款抵扣联，购货方作扣税凭证；第四联为记账联，销货方作扣税凭证。案例第三笔业务，要求填制增值税专用发票，填制结果如表3-6所示。

表 3-6　　××省增值税专用发票

开票日期:2008 年 1 月 5 日　　　　　　　　　　　　　　　　　　　№00041356870

购货单位	名　　称:华新商厦 纳税人识别号:77681205996 地址、电话:万寿路 61 号 开户行及账号:工行新区支行 02556677			密码区	72+-〈2〉6〉927+296+/　*加密版本 02 446〈600375〈35〉〈4/　*　37009931410 2-2〈2051+24+2618〈7　075366987 /3-15〉〉09/5/-1〉〉〉+2		
商品或劳务名称	计量单位	数量	单价	金　额 百十万千百十元角分	税率 %	税　额 十万千百十元角分	
A 产品	件	200	50	1 0 0 0 0 0 0	17	1 7 0 0 0 0	
合　计				¥　1 0 0 0 0 0 0	17	¥　1 7 0 0 0 0	
价税合计 (大写)	⊗拾壹万壹仟柒佰零拾零元零角零分　　　　　　　　　¥11 700.00						
销货单位	名　　称:鑫达有限责任公司 纳税人登记号:867140922366 地址、电话:康健路 88 号 开户银行及账号:工商行火炬路支行　02345678			备注:			

收款人:　　　　　复核:　　　　　开票人:××　　　　　销货单位:(章)

(5) 收据的填制方法

企业因相关业务而向个人收取现金时,应开具收据。收据由企业出纳人员负责填写,应按照编号顺序使用。收据一般为一式三联,第一联为存根联;第二联为收据联;第三联为记账联。出纳员在填写收据时,应采用双面复写纸一次套写完成,并在各联加盖出纳个人名章,在第二联加盖财务专用章,至此收据开具完毕。审核无误后,将收据联交给交款单位或个人,存根联保存在收据本上以备查询,记账联留作记账依据。案例第六笔业务,要求填制收据,填制结果如表 3-7 所示。

表 3-7　　收　款　收　据

2008 年 1 月 13 日　　　　　　　　　　　　　　　　　　　No. 3803535

交款单位 或交款人	张明	收款 方式	现金	第
事　由	收回差旅费余款		备注:	三
人民币(大写)	贰仟元整	¥ 2000.00		联

收款单位(盖章):(章)　　　　　　　　　　　　　收款人(签章):王军

(6) 普通发票的填制方法

增值税小规模纳税人在销售货物和提供加工、修理、修配等劳务时使用普通发票。普通发票基本联次为三联,第一联为存根联,由销货方留存备查;第二联为发票联,购货方作付款的记账依据;第三联为记账联,由销货方作为记账的依据。案例第八笔业务,要求填制普通发票,填制结果如表 3-8 所示。

表 3-8 ×市工业统一发票

发 票 联

客户名称及地址：三泉公司　　　2008 年 1 月 20 日填制　　　No 0356791203

品名及项目	规格	单位	数量	单价	金额								备注
					十	万	千	百	十	元	角	分	
B产品		件	100	30			3	0	0	0	0	0	
合　计						￥	3	0	0	0	0	0	

人民币(大写)　叁仟零佰零拾零元零角零分　　　　￥3 000.00

填票人：××　　　　收款人：××　　　　单位名称：(章)

第二联 发票联

(7) 借款单的填制方法

企业职工因工出差或其他原因向企业借款，须填制借款单。借款单可作为职工的借据、企业与职工之间结算的依据及会计人员记账的依据。借款单中的借款日期、借款单位、借款理由、借款金额由借款人填好后，在借款人处签字，再由本单位负责人审批，同意后签字；然后交财务主管核批并签字；最后交出纳员支取现金。案例第五笔业务，要求填制借款单，填制结果如表 3-9 所示。

表 3-9　借　款　单

2008 年 1 月 9 日

部　门	供应科	借款事由	去济南采购材料
借款金额	金额(大写)贰仟元整	￥2 000.00	现金付讫
批准金额	金额(大写)贰仟元整	￥2 000.00	
领导	同意 洪亮	财务主管 同意 钱梅	借款人 江海

(8) 银行进账单的填制方法

当企业持有转账支票、银行汇票和银行本票等到银行办理转账时，须填制进账单。进账单一般一式三联：第一联为回单，是出票人开户银行交给出票人的回单；第二联为贷方凭证，由收款人开户银行作为贷方凭证；第三联为收账通知，是收款人开户银行在款项收妥后给收款人的收账通知。进账单填完并审核无误后，连同转账支票一起交给开户银行办理转账。银行审核无误后，在第三联上加盖银行印章，然后传递给企业作为记账的依据。案例第九笔业务，要求填制进账单，填制结果如表 3-10 所示。

表 3-10　中国工商银行 进账单(收账通知)3

2008 年 1 月 27 日

出票人	全　称	华新商厦	收款人	全　称	鑫达有限公司									
	账　号	02556677		账　号	02345678									
	开户银行	工行新区支行		开户银行	工商银行火炬路支行									
金额	人民币(大写)	壹万壹仟柒佰元整			亿	千	百	十	万	千	百	十	元	角	分
								￥	1	1	7	0	0	0
票据种类	转账支票	票据张数	1											
票据号码	3256987													
复核　　记账				收款人开户银行签章(章)										

此联是收款人开户银行交给收款人的收账通知

（9）限额领料单的填制方法

限额领料单是一种在规定的领用限额之内多次使用的累计发料凭证。它适用于经常需要并规定有消耗定额的各种材料。在其有效期间（一般以一个月为限），只要不超过领用限额，就可以继续使用。它是由材料供应部门会同生产计划部门，根据各单位的生产任务和开展业务的需要以及材料消耗定额核定领用限额来填制的。限额领料单一般按照每种材料、每一用途分别编制。限额领料单应填制一式两联，一联交仓库作为备料发料依据；一联交领用部门作为领料的凭证。每次领料发料时，仓库应认真审查清理数量，如未超过限额，应予发料。发料后在两联同时填写实发数，计算出限额结余数，并由发料人和领料人同时签章。月末结出实发数量和金额交财会部门据以记账。案例第十笔业务，要求填制限额领料单，填制结果如表 3-11 所示。

表 3-11　限额领料单

领料部门：生产车间　　　　　　　　　　　　　　　　　　　　　　　编号：003
用途：加工 A 产品　　　　　　2008 年 1 月份　　　　　　发料仓库：2 号库

材料编号	材料名称规格	计量单位	计划投产量	单位消耗定额	领用限额	实　发		
						数量	实际（计划）单价	金额
0021	灰口铁	千克	100	150	15 000	14 500	14	203 000
日　期	领　用			退　料			限额结余	
	数量	领料人	发料人	数量	退料人	收料人		
2 日	5 000	张三	李四				10 000	
8 日	5 000	张三	李四				5 000	
12 日	4 500	张三	李四				500	
合　计	14 500						500	

生产计划部门负责人：李辉　　　　供应部门负责人：董伟　　　　仓库负责人：柳青

小思考

通过上述原始凭证的填制，你能说出原始凭证应具备哪些要素吗？

知识链接 3-1　原始凭证的种类

1. 按来源不同分类，原始凭证可分为外来原始凭证和自制原始凭证。

（1）外来原始凭证：是由经办人员在经济业务发生或者完成时，从外单位取得的凭证。如企业购买材料取得的购货发票、增值税专用发票、向外单位支付款项时取得收据、职工出差取得的车船票等。

（2）自制原始凭证：是指经济业务发生或完成时由本单位内部有关人员填制的，在本单位内部使用的原始凭证。如收料单、领料单、产品入库单、借款单、工资计算单等。

2. 按填制方法不同分类，原始凭证可以分为一次原始凭证、累计原始凭证和汇总原始凭证。

（1）一次原始凭证：即一次凭证，它是指一次填写完成，在一张凭证上只记录一笔经济业务的原始凭证。外来原始凭证和大多数自制原始凭证都是一次凭证。如发货票、银行结算凭证、借款单等。

（2）累计原始凭证：即累计凭证，它是指在一张凭证上连续登记一定期间内发生的相同经济业务的凭证。比较有代表性的就是限额领料单，当然它也是自制原始凭证。

（3）汇总原始凭证：又称原始凭证汇总表，是指将一定时期内若干张同类经济业务的原始凭证，经过汇总编制完成的凭证。如发出材料汇总表、工资结算汇总表、差旅费报销单等。

3. 按格式、使用范围不同分类，原始凭证可分为通用凭证和专用凭证。

（1）通用凭证：在全国或某行业、某部门已统一格式使用的原始凭证，如全国统一的异地结算银行凭证，税务部门统一印制格式的发票等。

（2）专用凭证：企业等单位内部自行设计、制定、使用的凭证，为满足本单位内部管理的需要，如借款单、差旅费报销单等。

4. 按用途不同分类，原始凭证可分为计算凭证、证明凭证与通知凭证。

（1）计算凭证：是指根据有关原始凭证和会计核算资料计算后编制的原始凭证，如制造费用分配表、产品成本计算单、工资计算单等。

（2）证明凭证：用来证明某项经济业务实际发生情况的凭证，如产品入库单、领料单、固定资产报废单，需要上级批准的经济业务的批准文件，根据有关决定处理经济业务的有关会议决定或记录等。

（3）通知凭证：命令、指示、要求进行某项经济业务的凭证，如罚款（扣款）通知单、工资标准执行单等。

知识链接3-2　原始凭证的填制要求

1. 记录要真实

原始凭证所填列的经济内容和数字，必须真实可靠，符合实际情况。

2. 内容要完整

原始凭证所要求填列的项目必须逐项填列齐全，不得遗漏和省略。需要注意的是，年、月、日要按照填制原始凭证的实际日期填写；名称要齐全，不能简化；品名或用途要填写明确，不能含糊不清；有关人员的签章必须齐全。

3. 手续要完备

单位自制的原始凭证必须由经办单位领导人或其他指定的人员签名盖章；对外开出的原始凭证，必须加盖本单位的公章；从外部取得原始凭证，必须盖有填制单位的公章；从个人取得原始凭证，必须有填制人员的签名盖章。总之，取得的原始凭证必须符合手续完备的要求，以明确经济责任，确保凭证的合法性、真实性。

4. 书写要清楚、规范

原始凭证要按规定填写，文字要简明，字迹要清楚，易于辨认，不得使用未经国务院公布的简化汉字。大小写金额必须相符且填写规范，小写金额用阿拉伯数字逐个书写，不得写连笔字，在金额前应填写人民币符号"￥"，人民币符号"￥"与阿拉伯数字之间不得留有空白。金额数字一律填写到角分；无角分的，角位和分位可写"00"或符号"—"；有角无分的，分位应写"0"，不得用符号"—"代替。大写金额用汉字壹、贰、叁、肆、伍、陆、柒、捌、玖、拾、佰、仟、万、亿、元、角、分、零、整（正）等，一律用正楷字或行书字书写。大写金额前未印有"人民币"字样的，应加填"人民币"三字，"人民币"三字与大写金额之间不得留有空白。大写金额到元或角为止的，后面要写"整"或"正"字；有分的，不写"整"或"正"字。如小写金额为￥1 008.00，大写金额应写成"壹仟零捌元整"。

5. 编号要连续

各种凭证要连续编号，以便查考。如果凭证已预先印定编号，如发票、支票等重要凭证，在写坏作废时，应加盖"作废"戳记，妥善保管，不得撕毁。

6. 不得涂改、刮擦、挖补

原始凭证有错误的，应当由出具单位重开或更正，更正处应加盖出具单位印章。原始凭证金额有错误的，应当由出具单位重开，不得在原始凭证上更正。

7. 填制要及时

每项经济业务发生或完成，应及时填写有关原始凭证，及时反映经济业务发生、执行情况，并按规定的程序及时送交会计机构、会计人员进行审核。

3.1.3　原始凭证的审核

审核原始凭证是会计机构、会计人员结合日常财务工作进行会计监督的基本形式，它可以保证会计核算的质量，防止发生贪污、舞弊等违法行为。出纳是财会部门的第一道窗口，一定要把好凭证复核关。在凭证复核中一定要严肃认真、坚持原则、坚持制度、履行职责。

1. 原始凭证的审核内容

原始凭证的审核内容主要包括真实性审核、完整性审核和合法性审核三个方面。

（1）真实性审核

所谓真实，就是说原始凭证上反映的应当是经济业务的本来面目，不得掩盖、歪曲和颠倒真实情况。包括经济业务双方当事单位和当事人必须是真实的；经济业务发生的时间、地点、填制凭证的日期必须是真实的；经济业务的内容必须是真实的；经济业务的"量"必须是真实的等。

（2）完整性审核

所谓完整，是指原始凭证应具备的要素要完整、手续要齐全。复核时要检查凭证必备的要素是否齐全，是否有漏项情况，日期是否完整，数字是否清晰，文字是否工整，有关人

员签章是否齐全,凭证联次是否正确。具体来说,有下列情形之一者不能作为正确的原始凭证。

① 未写接收单位,或名称不符;
② 数量和金额计算不正确;
③ 有关责任人员没有签字或盖章;
④ 凭证联次不符;
⑤ 有污染、抹擦、刀刮和挖补等。

(3) 合法性审核

所谓合法,就是按国家法律法规、会计制度(包括内部会计制度)和计划预算办事。在实际工作中,应注意明显的假发票、假车票。虽然是真实的,但制度规定不允许报销的凭证,如个人非因公外出发生的各种费用,虽然是真实的但制度规定是不允许用公款报销的;还有就是虽然可以报销,但制度对报销的比例或金额有明显限制的,如职工因公出差乘坐火车、飞机,住宿,出差补助等,对等级、金额都有限定,超过的部分应自理。如果超过比例报销,超出部分就是不合法的。具体来说,凡有下列情况之一者不能作为合法的会计凭证。

① 多计或少计收入、支出、费用、成本;
② 擅自扩大开支范围,提高开支标准;
③ 不按国家规定的资金渠道和用途使用资金;
④ 巧立名目,虚报冒领,违反规定出借公款公物;
⑤ 套取现金,签发空头支票;
⑥ 不按国家规定标准、比例提取费用;
⑦ 私分公共财物和资金;
⑧ 擅自动用公款、公物请客送礼;
⑨ 不经批准,购买自制属于控制的商品。

此外,还要对原始凭证的及时性进行审核。审核时应注意审查原始凭证的填制日期,尤其是支票、银行汇票、银行本票等时效性较强的原始凭证,更应仔细验证其签发日期。

2. 原始凭证的审核后处理

原始凭证经过认真严格审核,符合要求的,应及时办理会计手续,据以编制记账凭证,并作为记账凭证的附件一起存档;对不符合会计法规、制度要求,违反原则的事项,应区别情况分别处理。

(1) 对原始凭证进行审核,对不真实、不合法的原始凭证有权不予受理,并向单位负责人报告,请求查明原因,追究有关当事人的责任。

(2) 对记载不准确、不完整的原始凭证予以退回,并要求经办人员按照国家统一会计制度的规定进行更正、补充。

为了规范原始凭证的内容,明确相关人员的经济责任,防止利用原始凭证进行舞弊,《会计法》对原始凭证错误更正作了明确规定。

第一,内容更改的原始凭证即为无效凭证,不能作为填制记账凭证或登记会计账簿的依据。

第二,原始凭证记载的内容有错误的,应当由出具单位重开或更正,更正工作必须由原始凭证出具单位进行,并在更正处加盖出具单位印章。重新开具原始凭证也应当由原始凭证开具单位进行。

第三,原始凭证金额出现错误的,应当由出具单位重开,不得在原始凭证上更正。

> **小思考**

1. 原始凭证填错了,你知道什么错误可以在原始凭证上直接更正,什么错误不得在原始凭证上直接更正吗?
2. 你知道原始凭证遗失怎么处理吗?

任务 3.2 填制与审核记账凭证

记账凭证是会计人员根据审核无误的原始凭证加以归类整理,确定会计分录,并据以登记会计账簿的会计凭证。由于经济业务发生时取得的原始凭证种类繁多,格式多样,而且原始凭证一般不能明确经济业务应记入的账户名称和借、贷的方向,因此不便于使用原始凭证直接登记会计账簿。对此,会计人员在登记账簿之前,先对审核无误的原始凭证,编制具有一定格式的记账凭证,来确定应借、应贷的账户名称和金额,然后再据此登记入账。原始凭证作为记账凭证的证明和依据,应附于记账凭证之后,这样可以保证账簿记录的准确性,也便于对账、查账和凭证的管理,从而提高会计工作质量。

3.2.1 案例资料

鑫达有限公司 2008 年 1 月份发生下列经济业务。

(1) 2 日,企业收到国家投入资本人民币 300 000 元,存入银行。
(2) 3 日,以银行存款偿还上月欠新华工厂货款 60 000 元。
(3) 4 日,向光明工厂购入甲材料 2 000 千克,单价 10 元,计 20 000 元;增值税 3 400 元。货款及税额以支票支付,材料未到。
(4) 5 日,上述甲材料验收入库,结转其实际采购成本。
(5) 8 日,从银行提现 5 000 元,备用。
(6) 10 日,销售给新丽公司 A 产品 800 件,每件 100 元,计货款 80 000 元,增值税 13 600 元,货款及增值税尚未收到。
(7) 12 日,以银行存款 20 000 元支付广告费。
(8) 15 日,收到新丽公司货款及增值税存入银行。
(9) 20 日,结转销售 A 产品 800 件成本,每件成本 70 元。

(10) 28日,办公室以现金600元购买办公用品。

请根据上述资料编制记账凭证。

3.2.2 记账凭证的填制方法

记账凭证按照使用单位选择和适用的经济业务不同,分为通用记账凭证和专用记账凭证。

1. 通用记账凭证的填制方法

通用记账凭证是一种采用通用式格式记录全部经济业务的记账凭证。采用通用记账凭证的单位无论是款项的收付还是转账业务,都采用统一格式的记账凭证。该种凭证通常适用于规模不大,款项收付业务不多的企业。3.2.1小节中案例资料所给的10笔经济业务,具体如何填制通用记账凭证,这里只说明前两笔业务,如表3-12和表3-13所示。

表3-12 记 账 凭 证

2008年1月2日   字第1号

摘 要	总账科目	明细科目	√	借方金额 千百十万千百十元角分	√	贷方金额 千百十万千百十元角分	
接受投资	银行存款			3 0 0 0 0 0 0 0			附单据1张
	实收资本	国家				3 0 0 0 0 0 0 0	
合 计				¥ 3 0 0 0 0 0 0 0		¥ 3 0 0 0 0 0 0 0	

会计主管:张斌　　记账:王娟　　稽核:李钢　　出纳:陈芳　　制证:赵武

表3-13 记 账 凭 证

2008年1月3日   字第2号

摘 要	总账科目	明细科目	√	借方金额 千百十万千百十元角分	√	贷方金额 千百十万千百十元角分	
偿还货款	应付账款	新华厂		6 0 0 0 0 0			附单据1张
	银行存款					6 0 0 0 0 0	
合 计				¥ 6 0 0 0 0 0		¥ 6 0 0 0 0 0	

会计主管:张斌　　记账:王娟　　稽核:李钢　　出纳:陈芳　　制证:赵武

2. 专用记账凭证的填制方法

专用记账凭证是指某一类经济业务单独采用特定的记账凭证来反映。它包括收款凭证、付款凭证和转账凭证。适用于规模较大,收付款业务较多的单位。

(1) 收款凭证的填制

收款凭证是专门用来登记现金、银行存款收款业务的记账凭证。它根据加盖"收讫"戳记的收款原始凭证编制,作为登记现金、银行存款日记账以及有关账簿的依据。收款凭证的左上方为借方科目,应填列"库存现金"或"银行存款"科目。凭证的贷方科目,填列与"库存现金"或"银行存款"相对应的科目。金额栏填列经济业务实际发生的数额,在凭证的右侧填写所附原始凭证的张数,并在出纳及制单处签名或盖章。"记账符号"栏供记账员在根据收款凭证登记有关账簿以后做记号用,表示该项金额已经记入有关账户,避免重记或漏记(下同)。案例资料的第一笔、第八笔业务,均应填制收款凭证,分别如表 3-14 和表 3-15 所示。

表 3-14　　收　款　凭　证

借方科目:银行存款　　　　　　2008 年 1 月 2 日　　　　　　银收字第 1 号

摘　要	贷方科目		金　额									√
	总账科目	明细科目	千	百	十	万	千	百	十	元	角	分
接受国家投资	实收资本	国家		3	0	0	0	0	0	0	0	0
合　计				¥	3	0	0	0	0	0	0	0

会计主管:张斌　　　记账:王娟　　　稽核:李钢　　　出纳:刘颖　　　制证:赵武　　　附件 1 张

表 3-15　　收　款　凭　证

借方科目:银行存款　　　　　　2008 年 1 月 15 日　　　　　　银收字第 2 号

摘　要	贷方科目		金　额									√
	总账科目	明细科目	千	百	十	万	千	百	十	元	角	分
收回货款	应收账款	新丽公司				9	3	6	0	0	0	0
合　计					¥	9	3	6	0	0	0	0

会计主管:张斌　　　记账:王娟　　　稽核:李钢　　　出纳:刘颖　　　制证:赵武　　　附件 1 张

(2) 付款凭证的填制

付款凭证是用于登记现金、银行存款付款业务的记账凭证。它根据加盖"付讫"戳记的付款原始凭证编制,作为登记现金、银行存款日记账和其他有关账簿的依据。付款凭证的左上方为贷方科目,应填列"库存现金"或"银行存款"科目。凭证的借方科目,应填列与"库存现金"或"银行存款"相对应的科目。金额栏填列经济业务实际发生的数额,在凭证的右侧填写所附原始凭证的张数,并在出纳及制单处签名或盖章。案例的第二笔、第三

笔、第五笔、第七笔、第十笔业务均应填制"付款凭证"。其中第三笔和第七笔的填制如表 3-16 和表 3-17 所示。

表 3-16　付　款　凭　证

贷方科目：银行存款　　　　　　　　　2008 年 1 月 5 日　　　　　　　　　银付字第 1 号

摘　要	借方科目		金　额									√
	总账科目	明细科目	千	百	十	万	千	百	十	元	角	分
支付材料款	在途物资	甲材料				2	0	0	0	0	0	0
	应交税费	应交增值税					3	4	0	0	0	0
合　计						¥	2	3	4	0	0	0

附件 2 张

会计主管：张斌　　　　记账：王娟　　　　稽核：李钢　　　　出纳：刘颖　　　　制证：赵武

表 3-17　付　款　凭　证

贷方科目：银行存款　　　　　　　　　2008 年 1 月 12 日　　　　　　　　　银付字第 3 号

摘　要	借方科目		金　额									√
	总账科目	明细科目	千	百	十	万	千	百	十	元	角	分
支付广告费	销售费用	广告费				2	0	0	0	0	0	0
合　计						¥	2	0	0	0	0	0

附件 2 张

会计主管：张斌　　　　记账：王娟　　　　稽核：李钢　　　　出纳：刘颖　　　　制证：赵武

温馨提示

对于发生在现金和银行存款之间的收付业务，如从银行提取现金，或将现金存入银行，一般只填制付款凭证，不再填制收款凭证，以避免重复编制。

（3）转账凭证的填制

转账凭证是用于登记不涉及现金和银行存款收付的其他经济业务的记账凭证。它与收付款凭证的区别是：不设主体科目栏，填制凭证时，将经济业务所涉及的会计科目全部填列在凭证内，借方科目在先，贷方科目在后，将各会计科目应借应贷的金额填列在"借方金额"或"贷方金额"栏内。借方、贷方金额合计数应该相等。制单人应在填制凭证后签名盖章，并在凭证的右侧填写所附原始凭证的张数。案例第四笔、第六笔、第九笔业务均应填制"转账凭证"。其中第四笔和第六笔业务的填制结果如表 3-18 和表 3-19 所示。

表 3-18　转 账 凭 证

2008 年 1 月 5 日　　　　　　　　　　　　　　　　　　转字第 1 号

摘　要	总账科目	明细科目	√	借方金额 千百十万千百十元角分	√	贷方金额 千百十万千百十元角分	
材料入库	原材料	甲材料		2 0 0 0 0 0 0			附单据1张
	在途物资	甲材料				2 0 0 0 0 0 0	
合　计				¥ 2 0 0 0 0 0 0		¥ 2 0 0 0 0 0 0	

会计主管:张斌　　　　记账:王娟　　　　稽核:李钢　　　　制证:赵武

表 3-19　转 账 凭 证

2008 年 1 月 10 日　　　　　　　　　　　　　　　　　转字第 2 号

摘　要	总账科目	明细科目	√	借方金额 千百十万千百十元角分	√	贷方金额 千百十万千百十元角分	
销售产品	应收账款	新丽公司		9 3 6 0 0 0 0			附单据2张
	主营业务收入					8 0 0 0 0 0 0	
	应交税费	应交增值税				1 3 6 0 0 0 0	
合　计				¥ 9 3 6 0 0 0 0		¥ 9 3 6 0 0 0 0	

会计主管:张斌　　　　记账:王娟　　　　稽核:李钢　　　　制证:赵武

小思考

通过上述记账凭证的填制,你能说出记账凭证应具备哪些要素吗?

知识链接3-3 | 记账凭证的填制要求

(1)填制记账凭证的依据,必须是经审核无误的原始凭证或汇总原始凭证。

(2)摘要应与原始凭证内容一致,能正确反映经济业务和主要内容,表达简短精练。

(3)记账凭证的日期一般为编制记账凭证当天的日期,但不同的会计事项,其编制日期也有区别,收付款业务的日期应填写货币资金收付的实际日期,它与原始凭证所记的日期不一定一致;转账凭证的填制日期为收到原始凭证的日期,但在"摘要"栏要注明经济业务发生的实际日期。

(4)记账凭证的编号,采取按月份编顺序号的方法。采用通用记账凭证的,一个月

编制一个顺序号,即"顺序编号法"。采用专用记账凭证的,可采用"字号编号法",它可以按现金收付、银行存款收付、转账业务三类分别编制顺序号。具体地编为"收字第××号","付字第××号","转字第××号"。也可以按现金收入、现金支出、银行存款收入、银行存款支出和转账五类进行编号。如果一笔经济业务需要填制两张或两张以上记账凭证时,记账凭证的编号可采用"分数编号法"。例如,收字第50号凭证需要填制3张记账凭证,就可以编成收字$50\frac{1}{3}$、$50\frac{2}{3}$、$50\frac{3}{3}$。

(5) 记账凭证必须附有原始凭证,并注明所附原始凭证的张数,以便核查。所附原始凭证张数的计算,一般以原始凭证的自然张数为准。如果记账凭证中附有原始凭证汇总表,则应该把所附原始凭证和原始凭证汇总表的张数一起计入附件的张数之内。但报销差旅费的零散票券,可以粘贴在一张纸上,作为一张原始凭证。

如果一张原始凭证涉及几张记账凭证的,可将该原始凭证附在一张主要的记账凭证后面,在其他记账凭证上注明附在××字×号记账凭证上。如果原始凭证需要另行保管时,则应在记账凭证上注明"附件另订"和原始凭证名称、编号,要相互关联。

更正错账和结账的记账凭证,可以不附原始凭证。

(6) 记账凭证要严格按照规定的格式和内容填写。会计科目要填写全称,不得简化或以代号代替。凡有二、三级科目者,必须填齐。会计分录的对应关系必须清楚,可以一借一贷、一借多贷或一贷多借,一般情况下不得多借多贷。

(7) 在采用"收款凭证"、"付款凭证"和"转账凭证"等复式凭证的情况下,如果涉及现金和银行存款之间相互划转的业务,只填付款凭证,不填收款凭证,以免重复记账。如现金存入银行只填制一张"现金"付款凭证。

在同一项经济业务中,如果既有现金或银行存款的收付业务,又有转账业务时,应相应地填制收、付款凭证和转账凭证。如李强出差回来,报销差旅费500元,走前已预借700元,剩余款项交回现金。对于这项经济业务应根据收款收据的记账联填制现金收款凭证,同时根据差旅费报销凭单填制转账凭证。

(8) 记账凭证填写完毕,应进行复核与检查,并按所使用的记账方法进行试算平衡。如果发生错误,应重新填制。已经入账的记账凭证发现错误,应按正确的方法更正。经审核无误的记账凭证,有关人员均要签章。

(9) 记账凭证书写业务后余下的空行,应画斜线注销。

(10) 记账凭证不论一笔业务或多笔业务,均应在"合计"行填写合计数,并在合计数前书写人民币符号"￥",以起"封票"作用。

3. 科目汇总表的填制

科目汇总表也称记账凭证汇总表,它是将一定时期的全部记账凭证按会计科目(或账户)进行汇总编制的汇总记账凭证。它集中反映了一定时期经济业务的发生情况,便于进行分析,便于集中登记总账。规模较大、经济业务较多的单位多采用汇总记账凭证方式,其格式如表3-20所示。

表 3-20　　科目汇总表

年　月　日　　　　　　　　　　　　　　　　　汇字第　号

会计科目	总账页次	本期发生额		凭证起讫号数
		借　方	贷　方	
合　计				

会计主管：　　　　　记账：　　　　　稽核：　　　　　制证：

　　编制科目汇总表，首先应根据记账凭证编制"T"字型账户，将本期各个会计科目的发生额一一计入有关"T"字型账户；然后计算各个账户的本期借方发生额与贷方发生额合计数；最后将此发生额合计数填入科目汇总表中与有关科目相对应的"本期发生额"栏内，并将所有会计科目本期借方发生额与贷方发生额进行合计，借贷相等后，经审核无误，可用于登记总账。

3.2.3　记账凭证的审核

　　为了正确登记账簿和监督经济业务，除了编制记账凭证的人员应当加强自审以外，同时还应建立专人审核制度。记账凭证的审核内容包括以下三个方面。

　　(1) 记账凭证是否附有原始凭证，所附原始凭证的内容和张数是否与记账凭证相符。所附原始凭证的经济内容应与记账凭证核对一致，其金额合计也应与记账凭证的金额核对一致。

　　(2) 记账凭证所确定的会计分录是否正确。包括应借、应贷科目是否符合会计准则和会计制度的规定，账户对应关系是否清晰，所记金额是否准确，借方金额与贷方金额是否相符，一级账户金额与所属明细账户金额是否相符。

　　(3) 记账凭证中的有关项目是否填列齐全，有无错误，有关人员是否签名或盖章。

　　记账凭证经过审核，如果发现差错，应查明原因，按规定办法及时处理和更正，并在更正处由更正人员盖章以示负责。只有经过审核无误的记账凭证，才能据以登记账簿。

任务 3.3 整理与装订会计凭证

企业、单位的一项经济业务往往涉及若干部门和经办人员,会计凭证作为记录经济业务的载体,也要在不同部门和人员之间传递,以反映经济业务的完成情况,履行有关部门的责任和手续。

3.3.1 案例资料

鑫达有限公司 2009 年 1 月份发生下列经济业务。
(1) 1 日,购买一台设备,价款 30 000 元,以银行存款支付。
(2) 5 日,从银行提取现金 1 500 元备用。
(3) 7 日,公司王经理出差,预借差旅费 2 000 元,以现金支付。
(4) 10 日,向银行借入三年期借款 200 000 元存入银行结算户。
(5) 11 日,销售产品一批,货款 200 000 元,增值税 34 000 元,全部收到并存入银行。
(6) 15 日,王经理出差回来,报销差旅费 2 180 元。
(7) 17 日,收回以前销货款 100 000 元,存入银行。
(8) 20 日,购买办公用品 500 元,以转账支票付讫。
(9) 22 日,开出转账支票一张,偿还前欠新华工厂货款 160 000 元。
(10) 23 日,接到银行收款通知,收到大明厂支付的货款 225 000 元。
(11) 25 日,提取现金 52 000 元,备发工资。
(12) 25 日,以现金发放工资 52 000 元。
(13) 28 日,购买材料一批,货款 100 000 元,增值税 17 000 元,开出转账支票支付。
(14) 29 日,通过银行预付购买甲材料款 80 000 元。
(15) 30 日,销售 A 产品 5 辆,每辆售价 15 000 元,货款 75 000 元,增值税额 12 750 元,款项收到并存入银行。

请根据上述经济业务编制收款凭证、付款凭证、转账凭证,并根据会计档案管理办法做好会计凭证的整理、装订和归档工作。

3.3.2 会计凭证的传递

会计凭证传递是指会计凭证从编制、办理业务手续、审核、整理、记账,到装订保管的全过程。会计凭证的传递程序是会计制度的一个组成部分,应在制度里明确规定。由于各种会计凭证记载的经济业务不同,所涉及的部门和人员不同,所要据以办理的业务手续也不尽相同,所以应当为每种会计凭证规定合理的传递程序,即会计凭证填制以后,应交到哪个部门,哪个工作岗位上,由谁接办业务手续,直到最后归档保管为止。

正确组织会计凭证的传递,对及时处理和登记经济业务,加强会计监督具有重要作用。为此,在确定会计凭证的传递程序和传递时间时应考虑以下几点。

(1) 应根据经济业务的特点,企业内部机构的设置和人员分工情况以及经营管理上的需要,具体规定各种配置的联数和传递程序,注意流程的合理性,避免不必要的环节,以免影响传递的速度。

(2) 应根据有关部门和人员办理必要业务手续的需要,确定凭证在各个环节的停留时间。时间过紧或过松都会带来不利的影响。

(3) 应通过调查研究,协商确定会计凭证的传递程序和传递时间。会计部门要在调查研究的基础上会同有关部门和人员共同协商确定其传递程序和时间。会计凭证的传递程序和传递时间确定后,可分别为若干主要业务绘成流程图或流程表,供有关人员遵照执行。在执行中遇到不协调和不合理之处,可随时根据实际情况加以修改。

3.3.3 会计凭证的整理与装订

1. 会计凭证的整理

会计凭证登记完毕后,应将记账凭证连同所附的原始凭证或者原始凭证汇总表,按照编号顺序折叠整齐,准备装订。会计凭证在装订之前,必须进行适当的整理,以便于装订。

会计凭证的整理,主要是对记账凭证所附的原始凭证进行整理。会计实务中收到的原始凭证纸张往往大小不一,因此,需要按照记账凭证的大小进行折叠或粘贴。通常,对面积大于记账凭证的原始凭证采用折叠的方法,按照记账凭证的面积尺寸,将原始凭证先自右向左,再自下向上两次折叠。折叠时应注意将凭证的左上角或左侧面空出,以便于装订后的展开查阅。对于纸张面积过小的原始凭证,则采用粘贴的方法,即按一定次序和类别将原始凭证粘贴在一张与记账凭证大小相同的白纸上。粘贴时要注意,应尽量将同类同金额的单据粘在一起;如果是板状票证,可以将票面票底轻轻撕开,厚纸板弃之不用;粘贴完成后,应在白纸一旁注明原始凭证的张数和合计金额。对于纸张面积略小于记账凭证的原始凭证,则可以用回形针或大头针别在记账凭证后面,待装订凭证时,抽去回形针或大头针。

对于数量过多的原始凭证,如工资结算表、领料单等,可以单独装订保管,但应在封面上注明原始凭证的张数、金额,所属记账凭证的日期、编号、种类。封面应一式两份,一份作为原始凭证装订成册的封面,封面上注明"附件"字样;另一份附在记账凭证的后面,同时在记账凭证上注明"附件另订",以备查考。

此外,各种经济合同、存出保证金收据以及涉外文件等重要原始凭证,应当另编目录,单独登记保管,并在有关的记账凭证和原始凭证上相互注明日期和编号。

2. 会计凭证的装订

会计凭证的装订是指将整理完毕的会计凭证加上封面和封底,装订成册,并在装订线上加贴封签的一系列工作。科目汇总表的工作底稿也可以装订在内,作为科目汇总表的附件。使用计算机的企业,还应将转账凭证清单等装订在内。

会计凭证不得跨月装订。记账凭证少的单位,可以一个月装订一本;记账凭证较多的单位,一个月内可装订成若干册。采用科目汇总表会计核算形式的企业,原则上以一张科目汇总表及所附的记账凭证、原始凭证装订成一册。但凭证较少的单位,也可将若干张科目汇总表及相关记账凭证、原始凭证合并装订成一册。序号每月一编。装订好的会计凭证厚度通常为 2.0~3.0cm。

装订成册的会计凭证必须加盖封面,封面上应注明单位名称、年度、月份和起讫日期、凭证种类、起讫号码,由装订人在装订线封签外签名或者盖章。会计凭证封面如表 3-21 所示。

表 3-21　记 账 凭 证 封 面

年　　　月份　　　　　　　　　　　　　　　编号:

单位名称	
册　　数	第　　　册共　　　册
起讫编号	自第　　　号至第　　　号共计　　　张
起讫日期	自　　年　　月　　日至　　年　　月　　日

会计主管:　　　　　　　　　　　　　　　　　　　　　　　　装订人:

会计凭证的装订程序如下:

(1) 整理记账凭证,摘掉凭证上的大头针等,并将记账凭证按编号顺序码放。

(2) 将记账凭证汇总表、银行存款余额调节表放在最前面,并放上封面、封底。

(3) 在码放整齐的记账凭证左上角放一张 8cm×8cm 大小的包角纸。包角纸要厚一点,其左边和上边与记账凭证取齐。

(4) 过包角纸上沿距左边 5cm 处和左沿距上边 4cm 处包角纸上画一条直线,并用两点将此直线等分,再分别在等分直线的两点处将包角纸和记账凭证打上两个装订孔。

(5) 用绳沿虚线方向穿绕扎紧(结扎在背面),如图 3-1 所示。

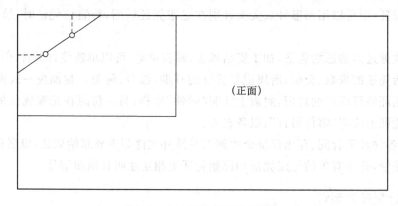

图 3-1　会计凭证的装订(正面)

(6) 从正面折叠包角纸粘贴成图 3-2 所示的形状,并将画斜线的部分剪掉。

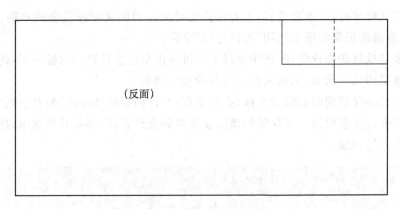

图 3-2　从正面折叠包角纸粘贴的形状

(7) 将包角纸向后折叠粘贴成如图 3-3 所示的形状。

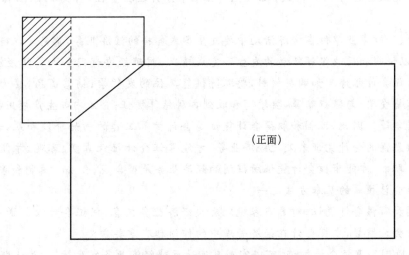

图 3-3　将包角纸向后折叠粘贴的形状

(8) 将装订线印章盖于骑缝处,并注明年、月、日和册数的编号。

将上述案例资料编制的会计凭证进行整理后装订成册,并填写好凭证封面。

3.3.4　会计凭证的保管

会计凭证是一个单位的重要经济档案,必须妥善保管,防止丢失或毁损,以备日后随时查阅。会计部门根据会计凭证登记账簿后,应将各种记账凭证按照编号顺序连同所附原始凭证定期装订成册,以防散失。

查阅会计凭证应办理查阅手续,经本单位有关领导批准。调阅时,应填写"会计档案调阅表",详细填写调阅会计凭证的名称、调阅日期、调阅人姓名、调阅理由、调阅批准人。原始凭证不得外借,其他单位如因特殊原因需要使用原始凭证时,经本单位会计机构负责人、会计主管人员批准,可以复制,避免抽出原始凭证。向外单位提供的原始凭证复制件,应当专设登记簿登记,说明所复制的会计凭证名称、张数,并由提供人员和收取人员共同签名或者盖章。

原始凭证较多时,可单独装订,但要在凭证封面注明所属记账凭证的日期、编号和种类,此时在所属的记账凭证上注明"附件另订"字样。

每年装订成册的会计凭证,在年度终了时可暂由单位会计机构保管一年,期满后应移交单位档案机构统一保管;出纳人员不得兼管会计档案。

会计凭证的保管期限和销毁手续,必须根据《会计档案管理办法》的有关规定执行,任何人都无权自行随意销毁。对保管期满需要销毁的会计凭证,必须开列清单,按规定手续报经批准后才能销毁。

阅读材料 | 会计凭证的意义和种类

1. 会计凭证的意义

会计凭证是具有一定格式,记录经济业务,明确经济责任,作为记账依据的书面证明。

企业、行政事业单位在经济活动中要发生各式各样的经济业务,都需要取得凭证进行记录,以证明和反映经济活动的发生和完成情况,明确经办部门和人员的经济责任,并据以登记会计账簿。如购买材料,要取得供货单位的发货票;销售商品,要为购货单位填制销货发票;与银行结算,要填写和收到各种结算凭证;企业内部生产领用材料,要填写领料单等。因此,填制和取得会计凭证是会计核算工作的初始阶段和基础。只有根据审核无误的会计凭证来处理经济业务,才能保证会计记录真实、客观,才能行使会计的监督职能,才能审核会计凭证所证明的经济业务是否合规、合法。填制和审核会计凭证成为会计核算的基本方法之一。

填制和审核会计凭证,对真实客观地反映经济业务内容,保证会计核算资料质量,有效进行会计监督,发挥会计在经济管理中的作用具有重要意义。

(1) 填制和审核会计凭证,可以客观真实地反映经济业务发生情况,为记账提供依据。每一项经济业务的发生,都能取得不同环节上的会计凭证,通过凭证的填制和审核,会计人员能清楚地明了业务的经办单位、人员,经济业务内容,发生的时间、地点等。如购买材料取得供货单位的发货票凭证,详细记录供货单位,经办人员,材料的名称、数量、单价、金额,购买时间,经手人签章,凭证号数,以及供货单位公章、材料验收部门签章等,对记录经济业务的详细情况进行客观真实的反映。

(2) 通过填制和审核会计凭证,可以监督经济业务是否合理合法。对发生的经济业务,会计人员应对有关凭证所反映的内容进行审核、监督,检查经济业务是否真实、正确、合理、合法,是否符合国家有关的政策、法规、制度的要求,是否符合企业、单位预算、计划等的规定,防止不合法、不合理的经济业务发生,加强会计管理。通过会计凭证审查发现的问题,应及时采取措施,不断改进完善会计核算工作。

(3) 通过填制和审核会计凭证,可以明确经济责任。每一项发生的经济业务,都能填制或取得有关凭证,通过对凭证内容的填制和审核,如部门、个人的签章,可以明确经办部门和人员的责任,促使有关部门和人员增强责任感,严格落实岗位责任制。对一旦出现的问题,也便于查对和分清责任,能对有关方面及人员正确地进行裁决和处罚。

2. 会计凭证的种类

由于经济业务起点不同,会计凭证在会计核算中的环节和作用不同,会计凭证分为不同的种类,正确对会计凭证进行分类,可以熟悉会计凭证在会计核算中的作用,充分认识和运用凭证。

会计凭证按照填制程序和用途不同,可以分为原始凭证和记账凭证。

(1) 原始凭证是在经济业务发生时取得和填制的,反映经济业务的发生、完成情况,具有法律效力的书面证明。如发货票、各种专用票据、借款单、工资单、入库单、各种报销车票等,是办理经济业务手续的证明,真实、正确、合理、合法的原始凭证,是编制记账凭证的依据。

(2) 记账凭证是会计人员根据审核后的原始凭证编制的,据以登记账簿的凭证。由于经济业务涉及的环节多种多样,取得的原始凭证数量繁多,大小不一,格式不同,不能直接登记账簿,需要对原始凭证进行审核、整理、归类,根据记账方法填制记账凭证,确定会计分录,作为直接登记账簿的依据。

本项目小结

会计凭证是记录经济业务事项发生或完成的书面证明,也是登记账簿的依据。会计凭证按照编制的程序和用途不同分为原始凭证和记账凭证。

原始凭证又称单据,是在经济业务发生或完成时取得或填制的,用以记录或证明经济业务的发生或完成情况的文字凭证。

原始凭证的主要内容包括凭证名称、填制凭证时间、接受单位的名称、经济业务的内容、经办单位和人员的签名盖章、原始凭证补充项目等六个基本要素。掌握支票、增值税专用发票、收据等常用原始凭证的填制方法。

记账凭证又称记账凭单,是会计人员根据审核无误的原始凭证按照经济业务事项的内容加以归类,并据以确定会计分录后所填制的会计凭证,它是登记账簿的直接依据。

记账凭证按照使用单位选择和适用的经济业务不同,分为通用记账凭证和专用记账凭证。熟悉记账凭证的基本内容,掌握两种记账凭证的编制方法。

会计凭证传递是指会计凭证从编制、办理业务手续、审核、整理、记账,到装订、归档保管的全过程。要熟悉其基本要求,掌握会计凭证的审核、整理、装订的基本技能。

课后练习

一、判断题

1. 原始凭证金额出现错误,应由开出单位出具证明更正,并加盖单位印章。（   ）
2. 记账凭证填制日期应当与原始凭证填制日期相同。（   ）

3. 企业将现金存入银行或从银行提取现金,可以只编制付款凭证,不用编制收款凭证。
（　　）
4. 一张限额领料单只限于领用一种材料。（　　）
5. 企业每项经济业务的发生都必须从外部取得原始凭证。（　　）
6. 原始凭证对于发生和完成的经济业务具有证明效力。（　　）
7. 会计凭证传递是指从原始凭证取得、填制开始到归档保管为止,在有关部门和人员之间传递的路线、顺序和手续。（　　）
8. 原始凭证是登记明细分类账的依据,记账凭证是登记总分类账的依据。（　　）
9. 在证明经济业务发生,据以编制记账凭证的作用方面,自制原始凭证与外来原始凭证具有同等效力。（　　）
10. 对不真实、不合法的原始凭证,会计人员有权不予接受；对记载不准确、不完整的原始凭证,会计人员有权要求其重填。（　　）
11. 一张原始凭证所列支出需要几个单位共同负担的,应当将其他单位负担的部分用复印件提供给其他单位。（　　）
12. 会计凭证的传递是指会计凭证从取得或填制时起至归档保管过程中,在单位内部会计部门和人员之间的传递程序。（　　）
13. 一式几联的原始凭证,应当注明各联的用途,只能以一联作为报销凭证。（　　）
14. 保管期满的原始凭证,单位可以自行销毁。（　　）
15. 从外单位取得的原始凭证如有遗失,必须由开具单位重新开具。（　　）
16. 单式记账凭证便于分工记账,而复式记账凭证不便于分工记账。（　　）
17. 所有记账凭证都必须附有原始凭证并如实填写所附原始凭证的张数。（　　）
18. 与货币收付无关的业务一律编制转账凭证。（　　）
19. 在填制记账凭证时,可以只填会计科目的编号,不填会计科目名称,以简化记账凭证的编制。（　　）
20. 原始凭证不得外借,其他单位如因特殊需要使用原始凭证时,会计人员可以为其复制。（　　）

二、单项选择题

1. 会计凭证按其（　　）不同,可以分为原始凭证和记账凭证。
   A. 填制的方式　　　　　　　　B. 取得的来源
   C. 填制的程序和用途　　　　　D. 反映经济业务的次数

2. 结转完工入库产品生产成本应编制（　　）。
   A. 收款凭证　　B. 付款凭证　　C. 转账凭证　　D. 累计凭证

3. 下列会计凭证中属于自制原始凭证的是（　　）。
   A. 收款凭证　　B. 付款凭证　　C. 收料单　　D. 银行结算凭证

4. 下列记账凭证中可以不附原始凭证的是（　　）。
   A. 所有收款凭证　　　　　　　B. 所有付款凭证
   C. 所有转账凭证　　　　　　　D. 用于转账的记账凭证

5. 下列各项中属于原始凭证主要作用的是( )。
   A. 作为登记账簿的依据
   B. 作为编制报表的依据
   C. 作为原始凭证审核的证据
   D. 记录或证明经济业务发生或完成的证据
6. 原始凭证按( )分类,分为一次凭证、累计凭证等。
   A. 用途和填制程序   B. 形成来源
   C. 填制方式   D. 填制程序及内容
7. 下列原始凭证中属于外来原始凭证的有( )。
   A. 提货单   B. 发出材料汇总表
   C. 购货发票   D. 领料单
8. 根据连续反映某一时期内不断重复发生而分次进行的特定业务编制的原始凭证有( )。
   A. 一次凭证   B. 累计凭证
   C. 记账编制凭证   D. 汇总原始凭证
9. 记账凭证的填制是由( )进行的。
   A. 出纳人员   B. 会计人员   C. 经办人员   D. 主管人员
10. 下列各项中不属于记账凭证审核内容的是( )。
    A. 凭证是否符合有关的计划和预算
    B. 会计科目使用是否正确
    C. 凭证的金额与所附原始凭证的金额是否一致
    D. 凭证的内容与所附原始凭证的内容是否一致
11. 出纳人员付出货币资金的依据是( )。
    A. 收款凭证   B. 付款凭证   C. 转账凭证   D. 原始凭证
12. 在审核原始凭证时,对于内容不完整、填制有错误或手续不完备的原始凭证,应该( )。
    A. 拒绝办理,并向本单位负责人报告
    B. 予以抵制,对经办人员进行批评
    C. 由会计人员重新填制或予以更正
    D. 予以退回,要求更正、补充,以致重新填制
13. 下列凭证中不能作为编制记账凭证依据的是( )。
    A. 收货单   B. 发票   C. 发货单   D. 购销合同
14. 不涉及"库存现金"和"银行存款"收付业务应编制的记账凭证是( )。
    A. 收款凭证   B. 付款凭证   C. 转账凭证   D. 原始凭证
15. 用转账支票支付前欠货款,应填制( )。
    A. 转账凭证   B. 收款凭证   C. 付款凭证   D. 原始凭证

三、多项选择题

1. 属于一次原始凭证的有( )。

A. 收料单　　　　B. 报销凭单　　　　C. 领料单　　　　D. 限额领料单

2. 涉及现金与银行存款之间收付款业务时,可以编制的记账凭证有(　　)。
   A. 现金收款凭证　　　　　　　　B. 现金付款凭证
   C. 银行存款收款凭证　　　　　　D. 银行存款付款凭证

3. 原始凭证的内容有(　　)。
   A. 凭证的名称、日期、编号　　　B. 接受单位或个人名称
   C. 会计分录　　　　　　　　　　D. 业务内容
   E. 经办人签章

4. 企业购买材料一批验收入库,该项业务可能取得的原始凭证有(　　)。
   A. 支票存根　　　B. 发票　　　C. 收料单
   D. 运输单据　　　E. 经济合同

5. 某一张记账凭证的编制依据可以是(　　)。
   A. 某一张原始凭证　　　　　　　B. 反映一类经济业务的多张原始凭证
   C. 汇总原始凭证　　　　　　　　D. 有关账簿记录

6. 记账凭证的作用在于(　　)。
   A. 对经济业务进行归类　　　　　B. 确定会计分录
   C. 据以记账　　　　　　　　　　D. 反映经济业务执行情况
   E. 分清有关人员责任

7. 下列各项中属于记账凭证审核内容的有(　　)。
   A. 金额是否正确　　　　　　　　B. 项目是否齐全
   C. 科目是否正确　　　　　　　　D. 书写是否正确

8. 下列凭证中属于自制原始凭证的有(　　)。
   A. 购进发货票　　　　　　　　　B. 销售发货票
   C. 限额领料单　　　　　　　　　D. 发出材料汇总表

9. 记账凭证按与货币收付业务是否有关,分为(　　)。
   A. 汇总记账凭证　B. 收款凭证　C. 付款凭证　D. 转账凭证

10. 对外来原始凭证进行审核的内容包括(　　)。
    A. 真实性审查　B. 合法性审查　C. 完整性审查　D. 合理性审查

11. 记账凭证按照填制方式的不同,可分为(　　)。
    A. 通用记账凭证　　　　　　　　B. 专用记账凭证
    C. 复式记账凭证　　　　　　　　D. 单式记账凭证

12. 下列项目中属于记账凭证的有(　　)。
    A. 收款凭证　B. 科目汇总表　C. 汇总收款凭证　D. 转账凭证

13. 会计凭证可以用来(　　)。
    A. 记录经济业务　　　　　　　　B. 明确经济责任
    C. 登记账簿　　　　　　　　　　D. 编制报表
    E. 财产清查

14. 原始凭证的基本要素包括(　　)。

A. 凭证名称　　　　　　　　B. 经济业务内容
C. 填制凭证日期　　　　　　D. 数量、单价和金额
E. 经办人员的签名和盖章

15. 在已经装订好的记账凭证的封面上,应加盖印章的人员有(　　)。
A. 记账凭证填制人　　　　　B. 记账凭证装订人
C. 会计主管　　　　　　　　D. 出纳

四、实训题

(一)目的:练习会计凭证的编制与装订。

(二)资料:项目二的"实训题"练习六:三利公司2008年12月份发生的经济业务。

(三)要求:根据三利公司2008年12月份发生的经济业务编制通用记账凭证。

设置与登记会计账簿

技能目标

1. 能正确设置各种账簿，即会建账，并会熟练地启用账簿。
2. 能正确登记现金和银行存款日记账。
3. 能正确登记总账和各种明细账。
4. 能发现账簿中的错误记录，并能正确地进行更正。
5. 能进行对账、结账和更换新账；会对通过对账发现的问题熟练地进行账务处理。
6. 能编制银行存款余额调节表。

知识目标

1. 明确会计账簿的作用和种类。
2. 掌握账簿的设置、格式和登记规则。
3. 掌握对账的内容和要求。
4. 掌握结账的要求和方法。
5. 掌握错账更正的方法及适用范围。
6. 了解财产清查的范围。
7. 掌握不同财产清查的方法及清查结果的账务处理。

案例导入

鑫达公司是一家小型加工企业，自创办以来一直请会计师事务所代理记账。2008年1月公司决定聘请从某高职学院会计专业毕业的学生李刚到单位做会计工作。公司老板将企业的情况向李刚进行了介绍。

1. 企业为一般纳税人，注册资本为100万元，2008年准备追加投资50万元。公司管理人员5人，合同制生产人员30人。开户银行为工商银行，账号为02345678，库存现金限额为5 000元。

2. 企业生产A、B两种产品,要求单独计算A、B产品成本。
3. 企业的购销活动,经常有往来账项。
4. 原材料、库存商品分品种按照实际成本核算。
5. 其他情况可以自己去查看2007年的凭证、账簿等资料。

假如你是李刚,你觉得应设置哪些账簿?各种账簿将怎样登记?

任务 4.1 设置会计账簿

会计账簿(简称账簿)是指由具有一定格式、互有联系的若干账页所组成,以会计凭证为依据,用以全面、系统、序时、分类、连续地记录各项经济业务的簿记。为了全面、系统、连续地核算和监督单位的经济活动及其财务收支情况,应设置会计账簿。

4.1.1 案例资料

鑫达公司是一家加工企业,为一般纳税人,注册资本为100万元,开户银行为工商银行,账号为02345678,库存现金限额为5 000元。2008年1月1日有关总账和明细账账户的期初余额如表4-1~表4-3所示。

表4-1 总账和明细账期初余额表   金额单位:元

总账账户	明细账户	借方余额	贷方余额
库存现金		5 000	
银行存款		763 400	
应收账款		68 600	
	——红星工厂	12 600	
	——华胜商厦	56 000	
其他应收款		2 000	
	——张明	2 000	
原材料		40 000	
	——甲材料	30 000	
	——乙材料	10 000	
库存商品		54 000	
	——A产品	12 800	
	——B产品	42 000	
固定资产		220 000	
	——生产用固定资产	200 000	
	——非生产用固定资产	20 000	
累计折旧			30 000
	——累计折旧		30 000

续表

总账账户	明细账户	借方余额	贷方余额
短期借款			100 000
	——建行		100 000
应付账款			23 000
	——兴华公司		23 000
实收资本			1 000 000
	——源发公司		600 000
	——宏达公司		400 000
合　　计		1 153 000	1 153 000

表 4-2　原材料明细账账户期初余额表

名　　称	数量/千克	单位成本/元	金额/元
甲材料	1 500	20	30 000
乙材料	2 000	5	10 000
合　　计			40 000

表 4-3　库存商品明细账账户期初余额表

名　　称	数量/件	单位成本/元	金额/元
A产品	100	128	12 800
B产品	400	105	42 000
合　　计			54 800

请根据上述资料为这家企业建立总分类账、明细分类账、现金和银行存款日记账。

4.1.2　账簿的设置方法

为了给经济管理提供系统的会计核算资料，各单位必须依法设置会计账簿，并保证其真实、完整。会计账簿包括总分类账、明细分类账、日记账和其他辅助性账簿。

1. 总账的设置

总账的设置方法一般是按照总账会计科目的编码顺序分别开设账户，由于总账一般都采用订本式账簿，因此，应事先为每一个账户预留若干账页。

总账常用的格式为三栏式，在账页中设有借方、贷方和余额三个金额栏。案例中各总账账户均采用此种格式。现以应收账款为例说明总账账户的开设方法，如表 4-4 所示。

表 4-4 总 分 类 账

会计科目：应收账款　　　　　　　　　　　　　　　　　　　　　　　　　　　　　第 3 页

2008年		凭证号数	摘　要	借方									贷方									核对号	借或贷	余　额								
月	日			十万	万	千	百	十	元	角	分		十万	万	千	百	十	元	角	分				十万	万	千	百	十	元	角	分
1	1		上年结转																				借		6	8	6	0	0	0	0

知识链接 4-1　多栏式总账

　　总账的格式因采用会计核算组织形式的不同而各异，常用的有三栏式和多栏式两种。多栏式总分类账，是在一张账页上，把一个会计主体所涉及的会计科目都设置成专栏，并在各专栏内再分借方和贷方栏次；同时根据"有借必有贷，借贷必相等"的原则，在各专栏前，设置"发生额"栏，起合计作用。这种格式是把序时账簿和总分类账簿结合在一起，变成了一种联合账簿，通常称为日记总账。这种总账具有序时账簿和总分类账簿的双重作用，可以不再设置现金和银行存款日记账，减少了记账的工作量，提高了会计工作的效率，并能较全面地反映经济业务的来龙去脉。

　　2. 明细账的设置

　　明细账应根据各单位的实际需要，按照总分类科目的二级科目或三级科目分类设置。

　　明细账一般采用活页式账簿，个别的采用卡片式账簿，其账页的格式应根据各单位经济管理的需要和各明细分类账记录内容的不同，其账页的格式可采用三栏式、数量金额式、多栏式和横线登记式（或称平行式）等。

　　（1）三栏式明细账

　　三栏式明细账的金额栏主要由借方、贷方和余额三栏组成。主要用来反映某项资金增加、减少和结余情况及结果。这种账簿适用范围较广，适用于只需要进行金额核算的经济业务。为区别总分类账中的三栏式，在实际工作中，将明细账中的三栏式，称为"甲式账"。

案例中的应收账款、其他应收款、短期借款、应付账款和实收资本等总账科目下应采用三栏式账页建立明细账户。现以应收账款为例说明其明细账户的开设方法,如表 4-5 所示。其他账户可参照开设。

表 4-5　应收账款明细账

明细科目:红星工厂

2008年		凭证		摘要	对方科目	借方							贷方							借或贷	余额						
月	日	字	号			万	千	百	十	元	角	分	万	千	百	十	元	角	分		万	千	百	十	元	角	分
1	1			上年结转																借	1	2	6	0	0	0	0

(2) 数量金额式明细账

数量金额式明细账的主体结构是由"收入"、"发出"和"结存"三栏组成,并在每个栏目下再分设数量、单价和金额三个小栏。这种账簿一般适用于既要进行金额核算又要进行数量核算的财产物资账户,如"原材料明细账"、"库存商品明细账"等账户。在实际工作中将数量金额式明细账称为"乙式账"。现以"原材料"为例说明其明细账户的开设方法,如表 4-6 所示。其他账户可参照开设。

表 4-6　原材料明细账

材料类别:主要材料　　　　　存放地点:
名称和规格:甲材料　　　　　计量单位:千克　　　　　　　　　　第　页

年		凭证		摘要	收入									发出									结存								
							金额									金额									金额							
月	日	字	号		数量	单价	万	千	百	十	元	角	分	数量	单价	万	千	百	十	元	角	分	数量	单价	万	千	百	十	元	角	分
1	1			期初结存																			1 500	20		3	0	0	0	0	0

(3) 多栏式明细账

多栏式明细账是为了提供多项管理信息,而根据各类经济业务的内容和管理需要来设置多个栏目进行反映。这类账簿首先将账户分为"借方"、"贷方"和"余额"三栏,再在借(或贷)方分别按明细科目设置多个栏目,用于提供管理所需要的信息。这种账簿主要用于应记借方(或贷方)的经济业务较多,而另一方反映的经济业务较少或基本不发生的账户。如"管理费用明细账"、"生产成本明细账"、"制造费用明细账"、"本年利润明细账"和"增值税明细账"等。

案例中应设置"管理费用明细账",具体格式如表4-7所示。

表4-7　管理费用明细账

第　页

年		凭证		摘要	借　方						合　计
月	日	字	号		修理费	折旧费	办公费	水电费	差旅费	…	

（4）横线登记式明细账

横线登记式明细账的基本结构是账户从借方到贷方的同一行内,记录某一经济业务从发生到结束的所有事项,这一行登记完成,这一业务也就结束了。这种账页一般适用于需要逐笔进行结算的经济业务,这样便于监督此项经济业务的完成情况,对应关系清楚明了。如"材料采购明细账"、"其他应收款明细账"等可以采用该种格式。案例中"其他应收款明细账"的开设如表4-8所示。

表4-8　其他应收款——备用金明细账

2008年		凭证号	摘　要	借　方			年		凭证号	摘　要	贷　方			余　额
月	日			原借	补付	合计	月	日			报销	退还	合计	
12	5	6	张明	2 000										

3. 日记账的设置

按国家会计制度的规定,企业必须设置现金日记账和银行存款日记账,有外币业务的单位还需要按币种不同分别设置外币现金日记账和银行存款日记账。

（1）现金日记账的设置

现金日记账一般采用订本账,账页的格式有三栏式和多栏式两种,但在实际工作中大多采用三栏式,即在同一张账页上设"收入"、"支出"和"结余"三个基本的金额栏目,并在金额栏与摘要栏之间插入"对方科目",以便记账时标明现金收入的来源科目和现金支出的用途科目。案例中现金日记账的开设方法如表4-9所示。

表 4-9　现金日记账

第 60 页

2008 年		凭证字号		摘要	对方科目	收入	支出	结余
月	日							
1	1			上年结转				5 000

(2) 银行存款日记账的设置

银行存款日记账应按企业在银行开立的账户和币种分别设置，每个银行账户设置一本日记账。银行存款日记账的格式与现金日记账基本相同，案例中银行存款日记账的开设如表 4-10 所示。

表 4-10　银行存款日记账

种类：结算户存款　　　　　开户行：××工商银行　　　　　账号：02345678

2008 年		凭证号	摘　要	结算凭证		对方科目	收入	支出	余　额
月	日			种类	号数				
1	1		上年结转						763 400

阅读材料　账簿的作用和分类

1. 账簿的作用

设置和登记账簿，是编制会计报表的基础，是连接会计凭证和会计报表的中间环节。通过会计账簿的设置和登记，可以记载、储存会计信息；可以分类、汇总会计信息；可以检查和校正会计信息；可以编报、输出会计信息。

2. 会计账簿的分类

会计账簿可以按其用途、外表形式和账页格式等不同标准进行分类。

(1) 按照账簿用途不同分类

账簿按照用途的不同可以分为序时账簿、分类账簿和备查账簿。

① 序时账簿又称日记账,是按照经济业务的发生或完成时间的先后顺序,逐日逐笔登记的账簿。通常大多数企业只对现金和银行存款的收付业务使用日记账。日记账按所核算和监督经济业务的范围,可分为特种日记账和普通日记账。

② 分类账簿是通过对全部经济业务按照会计要素的具体类别而设置的分类账户进行登记的账簿。分类账按记账内容详细程度不同,又分为总分类账和明细分类账。

- 总分类账简称总账,是根据总分类科目开设账户,用来登记全部经济业务,进行总分类核算,提供总括核算资料的分类账簿。
- 明细分类账简称明细账,是根据明细分类科目开设账户,用来登记某一类经济业务,进行明细分类核算,提供明细核算资料的分类账簿。

③ 备查账簿又称辅助登记簿,是指对某些在序时账和分类账等主要账簿中都不予登记或登记不够详细的经济业务进行补充登记时使用的账簿。如设置租入固定资产登记簿、代销商品登记簿等。这种账簿不是企业必须设置的,而是企业根据实际需要自行决定是否设置。

(2) 按照账簿外表形式不同分类

账簿按外表形式的不同可以分为订本式账簿、活页式账簿和卡片式账簿。

① 订本式账簿是启用之前就已将账页装订在一起,并对账页进行连续编号的账簿。其优点是能够避免账页散失和防止抽换账页;其缺点是不能准确地为各账户预留账页。这种账簿一般适用于总分类账、现金日记账和银行存款日记账。

② 活页式账簿是在账簿登记完毕之前并不固定装订在一起,而是装在活页账夹中。当账簿登记完毕后(通常是一个会计年度)才将账页予以装订,加具封面,并给各账页连续编号。这类账簿的优点是记账时可以根据实际需要,随时将空白账页装入账簿,或抽出不需要的账页,也便于分工记账;其缺点是如果管理不善,可能会造成账页散失或故意抽换账页。这种账簿主要用于一般的明细分类账。

③ 卡片式账簿是一种将账户所需格式印刷在硬卡片上的账簿。严格说,卡片账也是一种活页账,只不过它不是装在活页账夹中,而是装在卡片箱内。在我国,企业一般只对固定资产明细账核算采用卡片账形式。少数企业在材料核算中也使用材料卡片账。

(3) 按账页格式不同分类

账簿按账页格式的不同可以分为三栏式账簿、多栏式账簿、横线登记式账簿和数量金额式账簿。

① 三栏式账簿是设有借方、贷方和余额三个基本栏目的账簿。总分类账、日记账以及资本、债权、债务明细账一般采用三栏式。

② 多栏式账簿是在账簿的两个基本栏目借方和贷方按需要分设若干专栏的账簿。如多栏式日记账、多栏式明细账。收入、费用明细账一般采用这种账簿格式。

③ 横线登记式账簿又称平行式明细账,实际上也是一种多栏式明细账,其账页结构特点是,将前后密切相关的经济业务在同一横行内进行详细登记,以检查每笔业务的完

成及变动情况。这种明细账一般用于"材料采购"、"应收票据"和一次性备用金业务。

④ 数量金额式账簿是在账簿的借方、贷方和余额三个栏目内,都分设数量、单价、金额三小栏,借以反映财产物资的实物数量和价值量。如原材料、库存商品等明细账一般都采用数量金额式账簿。

任务 4.2 启用与登记会计账簿

4.2.1 案例资料

鑫达有限公司 2008 年 1 月份发生下列经济业务。

(1) 1 月 2 日,从海天公司赊购甲材料 1 000 千克,单价 20 元,计 20 000 元(增值税略),对方代垫运杂费 200 元。材料已验收入库。

(2) 1 月 3 日,开出支票支付兴华公司货款 23 000 元。

(3) 1 月 5 日,车间为制造 A 产品领用甲材料 500 千克,单价 20 元,计 10 000 元。

(4) 1 月 6 日,向工商银行借入半年期借款 50 000 元,存入银行存款户。

(5) 1 月 7 日,现销 A 产品 20 件,每件售价 220 元,销售额 4 400 元(增值税略,下同),已存入银行存款户。

(6) 1 月 9 日,从银行存款户中支付本月 2 日的购料款及代垫运杂费。

(7) 1 月 12 日,赊销给汇丰公司 B 产品 100 件,每件售价 150 元,销售额 15 000 元,垫付运杂费 1 000 元。

(8) 1 月 13 日,车间制造 A 产品领用乙材料 500 千克,单价 5 元,计 2 500 元。

(9) 1 月 13 日,张明报销差旅费 1 800 元,交回现金 200 元,结清欠款。

(10) 1 月 15 日,从兴华公司赊购乙材料 500 千克,单价 5 元,计 2 500 元,材料已验收入库。

(11) 1 月 17 日,职工报销市内交通费 270 元,以现金支付。

(12) 1 月 19 日,以现金购买办公用品 320 元,直接交付管理部门使用。

(13) 1 月 20 日,开出现金支票向银行提取现金 1 800 元,备用。

(14) 1 月 22 日,开出支票支付本月电话费 2 560 元。

(15) 1 月 23 日,通过银行收回汇丰公司所欠货款及代垫运输费 16 000 元。

(16) 1 月 25 日,开出转账支票支付水费 1 200 元,其中生产车间 1 000 元,厂部管理部门 200 元。

(17) 1 月 27 日,领用甲材料 600 千克,单价 20 元,计 12 000 元。其中:产品耗用 400 千克,管理部门耗用 200 千克。

(18) 1 月 29 日,开出转账支票支付生产车间设备维修费 1 760 元。

(19) 1月30日,计提固定资产折旧费5 000元,其中生产车间3 500元,行政管理部门1 500元。

(20) 1月30日,收回华胜商厦所欠货款50 000元,存入银行。

(21) 1月30日,采购员江海去济南预借差旅费2 000元,以现金支付。

请根据上述资料编制记账凭证,并根据记账凭证登记总账、有关明细账和日记账。

4.2.2 账簿的启用和登记方法

1. 账簿的启用

(1) 会计账簿的基本内容

在实际工作中,账簿的格式是多种多样的,不同格式的账簿所包括的具体内容也不尽相同,但各种账簿应具有以下基本要素。

① 封面。主要表明账簿的名称。如总分类账、各种明细分类账、现金日记账、银行存款日记账等。

② 扉页。主要列明科目索引、账簿启用和经管人员一览表。其格式如表4-11所示。

表4-11 账簿启用和经管人员一览表

账簿名称:						单位名称:				
账簿编号:						账簿册数:				
账簿页数:						启用日期:				
会计主管:						记账人员:				

移交日期			移 交 人		接管日期			接 管 人		会计主管	
年	月	日	姓名	签章	年	月	日	姓名	签章	姓名	签章

③ 账页。是账簿用来记录经济业务的载体,其格式因记录经济业务的内容不同而有所不同,但基本内容包括:账户的名称、登记账户的日期栏、凭证种类和号数栏、摘要栏、金额栏、总页次和分户页次等。

(2) 会计账簿的启用

为了保证账簿记录的合法性和账簿资料的完整性,明确记账责任,会计人员启用新账簿时,应在账簿封面上写明账簿名称。在账簿的扉页上填写账簿启用日期和经管人员一览表。会计人员如有变动,应办理交接手续,注明接管日期和移交人、接管人姓名,并由双方签名盖章。

启用订本式账簿应当从第一页到最后一页顺序编定页数,不得跳页、缺号。使用活页式账簿应当按账户的顺序编号,并须定期装订成册,装订后再按实际使用的账页顺序编定页码,另加目录,记明每个账户的名称和页次。

2. 账簿的登记方法

(1) 总账的登记

总分类账的记账依据和登记方法取决于企业采用的账务处理程序。既可以根据记账凭证逐笔登记，也可以根据经过汇总的科目汇总表或汇总记账凭证等登记。

总账账页中各基本栏目的登记方法如下。

① 日期栏：填写登记总账所依据的记账凭证上的日期。

② 凭证字、号栏：填写登记总账所依据的记账凭证的字（如收、付、转、科汇、汇收、汇付等）和编号。

③ 摘要栏：填写所依据的凭证的简要内容。依据记账凭证登账的，应填写与记账凭证中的摘要内容一致的内容；依据科目汇总表登账的，可填写"×日至×日发生额×元"字样；依据汇总记账凭证登账的，可填写"第×号至第×号记账凭证"字样。

④ 借或贷栏：表示余额的方向，填写"借"字或"贷"字。

⑤ 借、贷方金额栏：填写所依据凭证上记载的各账户的借、贷方发生额。

案例中经济业务可以根据记账凭证予以登记。

(2) 明细账的登记

不同类型的经济业务的明细账，可以根据管理的需要，依据记账凭证、原始凭证或汇总原始凭证逐日逐笔或定期汇总登记。现金、银行存款账户由于已设置了日记账，不必再设明细账，其日记账实质上也是一种明细账。

① 三栏式明细账。三栏式明细账根据记账凭证，按经济业务发生的顺序逐日逐笔进行登记。其他各栏目的登记方法与三栏式总账相同。案例中应收账款、应付账款、短期借款、主营业务收入应根据记账凭证逐笔登记。

② 多栏式明细分类账。多栏式明细账依据记账凭证顺序逐笔逐日登记。案例中管理费用应根据记账凭证逐笔登记。

对于借方多栏式明细账，各明细项目的贷方发生额因其未设置贷方专栏，如果出现贷方发生额，则用"红字"登记在借方栏及明细项目专栏内，以表示对该项目金额的冲销或转出。

③ 数量金额式明细账。数量金额式明细账一般是由会计人员和业务人员（如仓库保管员），根据原始凭证按照经济业务发生的时间先后顺序逐日逐笔进行登记。

数量金额式明细账的具体登记方法如下。

Ⅰ. 凭证字、号栏：填写按所依据的原始凭证的字和号进行。如收料单的"收"字、领料单的"领"字、产成品入库单的"入"字和出库单的"出"字。

Ⅱ. 三个数量栏：填写实际入、出库和结存的财产物资的数量。

Ⅲ. 入库单价栏和金额栏按照所入库材料的单位成本和金额登记。

Ⅳ. 出库栏和结存栏中的单价栏和金额栏，登记时间及登记金额取决于企业所采用的期末存货计价方法。在采用月末一次加权平均法下，出库和结存的单价栏和金额栏一个月只在月末登记一次。

案例中原材料明细账和库存商品明细账采用先进先出法进行登记。

④ 横线登记式明细账。这种明细账实际上也是一种多栏式明细账,其登记方法是采用横线登记,即将每一相关的业务登记在一行,从而可以依据每一行各个栏目的登记是否齐全来判断该项业务的进展情况。

案例中的其他应收款——备用金采用横线登记法。

(3) 日记账的登记

① 现金日记账。它是由出纳人员根据审核后的现金收款凭证和现金付款凭证,按经济业务发生的时间先后顺序逐日逐笔进行登记。具体登记方法如下:

Ⅰ."日期栏"填写与现金实际收、付日期一致的记账凭证的日期。

Ⅱ."凭证栏"填写所入账的收、付款凭证的"字"和"号"。

Ⅲ."摘要栏"填写经济业务的简要内容。

Ⅳ."对方科目栏"填写与"库存现金"账户发生对应关系的账户的名称。

Ⅴ."收入栏"、"支出栏"填写每笔业务的现金实际收、付的金额。

Ⅵ.现金日记账应进行"日清"。

每日应在本日所记最后一笔经济业务行的下一行(本日合计行)进行本日合计,并在本日合计行内的"摘要栏"填写"本日合计"字样,分别合计本日的收入和支出并计算出余额,填写在该行内的"收入栏"、"支出栏"和"余额栏"内。

如果一个单位的现金收付业务不多,可不填写本日合计行,但需结出每日的余额并填写在每日所记最后一笔经济业务行的"余额栏"内;每日应将现金日记账的"余额"与库存现金核对,以检查每日现金收付是否有误。

② 银行存款日记账。它应由出纳员根据与银行收付业务有关的记账凭证,按时间先后顺序逐日逐笔进行登记。现以三栏式日记账为例说明其登记方法。

Ⅰ."日期栏"填写与银行存款实际收、付日期一致的记账凭证的日期。

Ⅱ."凭证栏"填写所入账的收、付款凭证的"字"和"号"。

Ⅲ."摘要栏"填写经济业务的简要内容。

Ⅳ."结算凭证种类、编号栏"填写银行存款收支的凭据名称和编号。

Ⅴ."对方科目栏"填写与"银行存款"账户发生对应关系的账户的名称。

Ⅵ."收入栏"、"支出栏"填写银行存款实际收、付的金额。

Ⅶ.银行存款日记账应定期与"对账单"进行核对。

每日应在本日所记最后一笔经济业务行的下一行(本日合计行)进行本日合计,并在本日合计行内的"摘要栏"填写"本日合计"字样,分别合计本日的收入和支出并计算出余额,填写在该行内的"收入栏"、"支出栏"和"余额栏"内。

如果一个单位的银行存款收付业务不多,可不填写本日合计行,但需结出每日的余额并填写在每日所记最后一笔经济业务行的"余额栏"内;定期应将银行存款日记账的"余额"与银行送达的"对账单"核对。

知识链接4-2 账簿的登记规则

记账规则是指登记账簿时应遵守的规定和要求。为保证账簿记录的正确性，必须根据审核无误的会计凭证及时登记账簿，并符合下列要求。

1. 准确完整

登记会计账簿时，应将会计凭证日期、编号、业务内容摘要、金额和其他有关资料逐项记入账内，做到数字准确、摘要清楚、登记及时、字迹工整。账簿登记完毕，应在记账凭证上签名或盖章，并在记账凭证的"过账"栏内注明账簿页数，或画"√"符号，表明记账完毕，避免重记、漏记。登记完毕后，记账人员要在记账凭证上签名或者盖章，以明确责任。

2. 书写规范

摘要文字紧靠左线；数字要写在金额栏内，不得越格错位、参差不齐；文字、数字字体大小适中，紧靠下线书写，上面要留有适当的空距，不要写满格，一般应占格距的二分之一，以备按照规定方法改错。记录金额时，如为没有角分的整数，应分别在角分栏内写上"0"，不得省略不写。阿拉伯数字一般可自左向右适当倾斜，以使账簿记录整齐、清晰。

3. 用笔规范

为了保证账簿记录的永久性、防止涂改，记账时必须使用碳素墨水或蓝黑墨水书写（银行的复写账簿除外），不得使用铅笔、圆珠笔书写登账。下列情况可以使用红墨水记账：①按照红字冲账的记账凭证，冲销错误记录；②在不设借贷的多栏式账页中，登记减少数；③在三栏式账户的余额栏前，如未印明余额方向的，在余额栏内登记负数余额；④根据国家统一的会计制度规定可以用红字登记的其他会计记录。

4. 连续登记

记账时，必须按账户的页次逐页逐行登记，不得隔页、跳行。如发生隔页、跳行现象，应在空页、空行处用红色墨水画对角线注销，或者注明"此页空白"或"此行空白"字样，并由登记人员和会计机构负责人（会计主管人员）签章。

5. 结计余额

凡需要结出余额的账户，结出余额后，应当在"借或贷"栏目内注明"借"或"贷"字样，以示余额的方向；对于没有余额的账户，应在"借或贷"栏内写"平"字，并在余额栏内用"0"表示，应当放在"元"位。

6. 过次承前

每一账页登记完毕时，应当结出本页发生额合计及余额，在该账页最末一行"摘要"栏注明"转次页"或"过次页"，并将这一金额记入下一页第一行有关金额栏内，在该行"摘要"栏注明"承前页"，以保持账簿记录的连续性，便于对账和结账。

7. 正确更正

会计人员在登记账簿过程中发生错误时，必须按规定的方法予以更正，严禁刮、擦、挖、补或使用化学药物清除字迹。一旦发现差错，必须根据差错的具体情况采用画线更正、红字更正和补充登记等方法进行更正。

任务4.3 对账

4.3.1 案例资料

1. 根据任务4.2鑫达有限公司2008年1月份各种凭证和账簿资料。请进行对账工作,并编制一张试算平衡表。

2. 2008年6月30日鑫达有限公司银行存款日记账的账面余额为31 000元,银行对账单的余额为36 000元,经逐笔核对,发现有下列未达账项。

(1) 6月29日,企业销售产品收到转账支票一张,计2 000元,将支票存入银行,银行尚未办理入账手续。

(2) 6月29日,企业采购原材料开出转账支票一张,计1 250元,企业已作银行存款付出,银行尚未收到支票而未入账。

(3) 6月30日,银行代企业收回货款8 000元,收款通知尚未到达企业,企业尚未入账。

(4) 6月30日,银行代付电费2 250元,付款通知尚未到达企业,企业尚未入账。

请根据以上资料编制银行存款余额调节表。

3. 鑫达有限公司2008年6月30日在账实核对中,盘盈甲材料6吨,价值18 000元。盘亏乙材料200千克,成本1 000元,该批材料的进项税额为170元。

4.3.2 对账的方法

对账就是核对账簿记录,即在经济业务入账以后,于平时或月末、季末、年末结账之前,对各种账簿记录所进行的核对。通过对账,可以及时发现和纠正记账及计算的差错,保证各种账簿记录的完整和正确,以便如实反映经济活动情况,并为会计报表的编制提供真实可靠的资料。然而,账簿记录的真实可靠并不完全取决于账簿本身,还要涉及账簿与会计凭证的关系,以及账簿记录与实际情况是否一致等问题。因此,记完账后,还应定期做好对账工作,做到账证相符、账账相符、账实相符。会计对账工作的主要内容如下。

1. 账证核对

账簿是根据审核后的会计凭证登记的,但在实际工作中仍然可能发生账证不符的情况。因此,记完账后,要将账簿记录与有关会计凭证进行核对。其核对的主要内容如下:

(1) 核对账簿记录与原始凭证、记账凭证的时间、凭证字号、内容、金额等是否一致。

(2) 借贷方向是否一致。

> **小提示**
>
> 账证相符是保证账账相符、账实相符的基础。

2. 账账核对

各个会计账簿是一个有机整体,既有分工,又有衔接,总的目的就是为了全面、系统、综合地反映企事业单位的经济活动与财务收支情况。各种账簿之间的这种衔接依存关系就是常说的钩稽关系。利用这种关系,可以通过账簿的相互核对发现记账工作是否有误。一旦发现错误,就应立即更正,做到账账相符。

账簿之间的核对包括以下内容。

(1) 核对总分类账簿记录

按照"资产＝负债＋所有者权益"这一会计等式和"有借必有贷,借贷必相等"的记账规律,总分类账户的期初余额、本期发生额和期末余额之间存在对应的平衡关系,各账户的期末借方余额合计和贷方余额合计也存在平衡关系。通过这种等式和平衡关系,可以检查总账记录是否正确、完整。这项核对工作通常采用编制"总分类账户本期发生额和余额对照表"(简称"试算平衡表")来完成。案例中"试算平衡表"的格式如表 4-12 所示。

表 4-12 总分类账户本期发生额和余额对照表

(试算平衡表)

年 月 日

账户名称	期初余额		本期发生额		期末余额	
	借方	贷方	借方	贷方	借方	贷方
库存现金						
银行存款						
应收账款						
库存商品						
……						
合 计						

(2) 总分类账簿与所属明细分类账簿核对

总分类账各账户的期末余额应与所属各部门明细分类账的期末余额之和核对相符。

(3) 总分类账簿与序时账簿核对

如前所述,我国企业、事业等单位必须设置现金日记账和银行存款日记账。现金日记账必须每天与库存现金核对相符,银行存款日记账也必须定期与银行对账。在此基础上,还应检查现金总账期末余额与现金日记账期末余额是否相符;银行存款总账期末余额与银行存款日记账期末余额是否相符。

(4) 明细分类账之间的核对

会计部门有关实物资产的明细账与财产物资保管部门或使用部门的明细账定期核对,以检查其余额是否相符。核对的方法一般由财产物资保管部门或使用部门定期编制收发结存汇总表报会计部门核对。案例中可略去此项工作。

3. 账实核对

账实核对是指将账簿记录与各项财产物资、货币性资产实存数核对。一般在年终财产清查时进行核对,平时也可以通过盘点进行核对。

(1) 账实核对的内容

① 库存现金日记账的余额应与实际库存现金核对相符。

② 银行存款日记账的收、付记录及余额应与银行的对账单记录及余额核对。

③ 各种应收、应付款账户的余额,应与有关债权、债务人核对。

④ 各种税金、应交款账户的余额,应与监交机关核对相符。

⑤ 财产物资明细账的结存数,应与清查盘点的实存数核对相符。

(2) 财产清查的方法

① 库存现金的清查

库存现金的清查是采用实地盘点即通过点票数来确定现金的实存数,然后以实存数与现金日记账的账面余额进行核对,以查明账实是否相符及盈亏情况。

由于现金的收支业务十分频繁,容易出现差错,需要出纳人员每日进行账实核对和定期及不定期的专门账实核对。每日业务终了,出纳人员都应将现金日记账的账面余额与现金的实存数进行核对,做到账款相符。清查盘点时,出纳人员必须在场,现钞应逐张查点,还应注意有无违反现金管理制度的现象,编制现金盘点报告表,并由盘点人员和出纳人员签章,如表 4-13 所示。现金盘点报告表兼有盘存单和实存账存对比表的作用,是反映现金实有数和调整账簿记录的重要原始凭证。

表 4-13　现金盘点报告表

单位名称:鑫达有限公司　　　　2008 年 12 月 30 日　　　　金额单位:元

实存金额	账存金额	对比结果		备 注
		盘 盈	盘 亏	
1 600	1 700		100	出纳人员责任

盘点人:　　　　　　　　　　　　　　　　出纳员:

国库券、其他金融债券、公司债券、股票等有价证券的清查方法和现金相同。

② 银行存款的清查

银行存款的清查是采用与银行核对账目的方法来进行的。即将企业单位的银行存款日记账与从银行取得的对账单逐比核对,以查明银行存款的收入、付出和结余的记录是否正确。

在实际工作中,企业银行存款日记账余额与银行对账单余额往往不一致,其主要原因有两方面:一是双方账目发生错账、漏账。所以在与银行核对账目之前,应先仔细检查企业单位银行存款日记账的正确性和完整性,然后再将其与银行送来的对账单逐笔进行核对。二是正常的"未达账项"。所谓"未达账项",是指由于双方记账时间不一致而发生的一方已经入账,而另一方尚未入账的款项。企业单位与银行之间的未达账项,有以下两大类共四种情况。

第一,企业已入账,但银行尚未入账。
- 企业送存银行的款项,企业已做存款增加入账,但银行尚未入账。
- 企业开出支票或其他付款凭证,企业已作为存款减少入账,但银行尚未付款、未记账。

第二,银行已入账,但企业尚未入账。
- 银行代企业收进的款项,银行已作为企业存款的增加入账,但企业尚未收到通知,因而未入账。
- 银行代企业支付的款项,银行已作为企业存款的减少入账,但企业尚未收到通知,因而未入账。

上述任何一种情况的发生,都会使双方的账面存款余额不一致。因此,为了查明企业单位和银行双方账目的记录有无差错,同时也为了发现未达账项,在进行银行存款清查时,必须将企业单位的银行存款日记账与银行对账单逐笔核对。核对的内容包括收付金额、结算凭证的种类和号数、收入来源、支出的用途、发生的时间,以及存款余额等。通过核对,如果发现企业单位有错账或漏账,应立即更正;如果发现银行有错账或漏账,应及时通知银行查明更正;如果发现有未达账项,则应据以编制银行存款余额调节表进行调节,并验证调节后余额是否相等。

根据4.3.1小节的案例资料,出纳人员应编制银行存款余额调节表,如表4-14所示。

表 4-14　　银行存款余额调节表

2008 年 6 月 30 日　　　　　　　　　　　　　　　　金额单位:元

项　　目	金　额	项　　目	金　额
企业银行存款账面余额	31 000	银行对账单账面余额	36 000
加:银行已记增加企业未记增加的款项 1. 银行代收货款 2.	8 000	加:企业已记增加银行未记增加的款项 1. 企业存入的支票 2.	2 000
减:银行已记减少企业未记减少的款项 1. 银行代付电费 2.	2 250	减:企业已记减少银行未记减少的款项 1. 开出转账支票 2.	1 250
调节后存款余额	36 750	调节后存款余额	36 750

如果调节后双方余额相等,则一般说明双方记账没有差错;若不相等,则表明企业方或银行方或双方记账有差错,应进一步核对,查明原因予以更正。

需要注意的是,对于银行已经入账而企业尚未入账的未达账项,不能根据银行存款余额调节表来编制会计分录,作为记账依据,必须在收到银行的有关凭证后方可入账。另外,对于长期悬置的未达账项,应及时查明原因,予以解决。

上述银行存款的清查方法,也适用于各种银行借款的清查。但在清查银行借款时,还应检查借款是否按规定的用途使用,是否按期归还。

③ 往来款项的清查

一般采用发函询证的方法进行核对。在检查本单位结算往来款项账目正确性和完整性的基础上,根据有关明细分类账的记录,按用户编制对账单,送交对方单位进行核对。对账单一般一式两联,其中一联作为回单。如果对方单位核对相符,应在回单上盖章后退回；如果数字不符，则应将不符的情况在回单上注明，或另抄对账单退回，以便进一步清查。在核对过程中尤其应注意查明有无双方发生争议的款项、没有希望收回的款项以及无法支付的款项，应及时采取措施进行处理，避免或减少坏账损失。

④ 财产物资的清查

对于各种实物如材料、半成品、在产品、产成品、低值易耗品、包装物、固定资产等，都要从数量和质量上进行清查核对。由于实物的形态、体积、重量、堆放方式等不尽相同，因而所采用的清查方法也不尽相同。实物数量的清查方法，比较常用的有以下两种。

第一，实物盘点。即通过逐一清点或用计量器具来确定实物的实存数量。其适用的范围较广，在多数财产物资清查中都可以采用这种方法。

第二，技术推算。采用这种方法，对于财产物资不是逐一清点计数，而是通过量方、计尺等技术推算财产物资的结存数量。这种方法只适用于成堆量大而价值又不高的，难以逐一清点的财产物资的清查。例如，露天堆放的煤炭等。

对于实物的质量，应根据不同的实物采用不同的检查方法，例如，有的采用物理方法，有的采用化学方法来检查实物的质量。

实物清查过程中，实物保管人员和盘点人员必须同时在场。对于盘点结果，应如实登记盘存单，并由盘点人和实物保管人签字或盖章，以明确经济责任，盘存单的格式如表4-15所示。盘存单既是记录盘点结果的书面证明，也是反映财产物资实存数的原始凭证。

表4-15　盘　存　单

单位名称：鑫达有限公司　　　　盘点时间：2008年6月30日　　　　编　号：6
财产类别：原材料　　　　　　　存放地点：材料库　　　　　　　　金额单位：元

编　号	名　称	计量单位	数　量	单　价	金　额	备　注
12089	甲材料	千克	2 000	15	30 000	

盘点人签章：王利　　　　　　　　　　　　　　　　　　保管人：张函

为了查明实存数与账存数是否一致，确定盘盈或盘亏情况，应根据盘存单和有关账簿的记录，编制实存账存对比表，如表4-16所示。实存账存对比表是用以调整账簿记录的重要原始凭证，也是分析产生差异的原因，明确经济责任的依据。

表4-16　实存账存对比表

年　月　日

编号	类别及名称	计量单位	单价	对比结果								备注
				实　存		账　存		盘　盈		盘　亏		
				数量	金额	数量	金额	数量	金额	数量	金额	

主管人员：　　　　　　　　　　　会计：　　　　　　　　　　制表：

对于委托外单位加工、保管的材料、商品、物资以及在途的材料、商品、物资等，可以用询证的方法与有关单位进行核对，以查明账实是否相符。

(3) 账实核对结果的会计处理

账实核对的主要任务之一就是为了保证账实相符，财会部门对于财产清查中所发现的差异必须及时地进行账簿记录的调整。由于财产清查结果的处理要报请有关领导和部门审批，所以，在账务处理上通常分两步进行。第一步，将财产清查中发现的盘盈、盘亏或毁损数，通过"待处理财产损溢"账户，登记有关账簿，以调整有关账面记录，使账存数和实存数相一致；第二步，在审批后，应根据批准的处理意见，再从"待处理财产损溢"账户转入有关账户。

"待处理财产损溢"账户一个暂记账户，它是专门用来核算企业在财产清查过程中查明的各种财产物资的盘盈、盘亏和毁损的账户。该账户的借方登记各种财产物资的盘亏、毁损数及按照规定程序批准的盘盈转销数，贷方登记各种财产物资的盘盈数及按照规定程序批准的盘亏、毁损转销数。借方余额表示尚未处理的各种物资的净损失数，贷方余额表示尚未处理的各种财产物资的净溢余数。在每期期末，应将未处理完毕的"待处理财产损溢"按最有可能的结果进行结转处理，待下月月初再转回。等正式的处理结果出来后重新进行会计处理。因此，该科目期末无余额。另外，为满足明细核算要求，应在该科目下设"待处理流动资产损溢"和"待处理固定资产损溢"两个明细账户。

对于账实核对中各种材料、在产品和产成品的盘盈和盘亏，属于以下正常原因的，一般增加或冲减费用：在收发物资中，由于计量、检验不准确；财产物资在运输、保管、收发过程中，在数量上发生自然增减变化；由于手续不齐或计算、登记上发生错误。

属于管理不善或工作人员失职，造成财产损失、变质或短缺的，应由过失人负责赔偿的，应增加其他应收款。

属于贪污盗窃、营私舞弊造成的损失或自然灾害造成的非常损失，应增加营业外支出。另外，对于财产清查中固定资产盘亏，在按规定报请审批后，其盘亏净值增加营业外支出。

4.3.1 小节的案例资料中企业在账实核对中，盘盈甲材料 6 吨，价值 18 000 元。

报经批准前，根据实存账存对比表的记录，编制会计分录如下：

借：原材料　　　　　　　　　　　　　　　　　　　　　　　　　　　18 000
　　贷：待处理财产损溢　　　　　　　　　　　　　　　　　　　　　　　　18 000

经查明，这项盘盈材料因计量仪器不准造成生产领用少发多计，经批准冲减本月管理费用，编制会计分录如下：

借：待处理财产损溢　　　　　　　　　　　　　　　　　　　　　　　　18 000
　　贷：管理费用　　　　　　　　　　　　　　　　　　　　　　　　　　18 000

4.3.1 小节的案例资料中，乙材料盘亏 1 000 元，该批材料的进项税额为 170 元。

报经批准前，先调整账面余额，编制会计分录如下：

借：待处理财产损溢　　　　　　　　　　　　　　　　　　　　　　　　1 170
　　贷：原材料——甲材料　　　　　　　　　　　　　　　　　　　　　　1 000
　　　　应交税费——应交增值税（进项税额转出）　　　　　　　　　　　　170

报经批准，如属于定额内的自然损耗，则应作为管理费用，计入本期损益，编制会计分录如下：

借:管理费用　　　　　　　　　　　　　　　　　　　　　　　　1 170
　　　　贷:待处理财产损溢　　　　　　　　　　　　　　　　　　　　　　1 170
　　如果经查实,上述盘亏材料属于管理人员过失造成,应由过失人赔偿,编制会计分录如下:
　　借:其他应收款——责任人　　　　　　　　　　　　　　　　　　1 170
　　　　贷:待处理财产损溢　　　　　　　　　　　　　　　　　　　　　　1 170
　　如果属于非常事故造成的损失,经批准列作营业外支出,编制会计分录如下:
　　借:营业外支出　　　　　　　　　　　　　　　　　　　　　　　1 170
　　　　贷:待处理财产损溢　　　　　　　　　　　　　　　　　　　　　　1 170

知识链接4-3　财产物资的两种盘存制度

　　1. 永续盘存制

　　为了加强财产管理,及时了解和掌握各项财产的增减变动和结存情况,在一般情况下,应采用永续盘存制。采用这种方法,平时对各项物资的增加数和减少数,都要根据凭证连续记入有关账簿,并随时结算出账面结存数额。所以,这种方法也称作"账面盘存制"。采用"永续盘存制",尽管能在账簿中及时反映各项财产、物资的结存数额,但是,也可能发生账实不符的情况,因此,采用"永续盘存制"的企业,也需要对各项财产、物资进行清查盘点,以查明账实是否相符以及查明账实不符的原因。

　　2. 实地盘存制

　　实地盘存制是指平时只在账簿中登记财产、物资的增加数,不登记财产、物资的减少数,到月末,根据实际盘点的实存数,来轧计本月财产、物资的减少数,即以期初结存数加上本期增加数减去期末实存数,倒挤出本月减少数,再据以登记有关账簿。可见,采用"实地盘存制",对各项财产、物资实地盘点的结果,只是作为登记财产、物资账减少数的依据。实行"实地盘存制",工作比较简单,但手续不严密,而且平时在账面上不反映各项财产、物资的减少数额和结存数额,这就难以通过会计记录来加强财产的管理。

知识链接4-4　财产清查的种类

　　财产清查可按下列不同的标准进行分类。

　　1. 按清查范围不同分类

　　财产清查按其清查范围的不同,分为全面清查和局部清查。

　　(1) 全面清查

　　全面清查是对本单位所有的财产物资进行全面的盘点与核对。全面清查范围大、内容多、时间长、参与人员多,需要进行全面清查的情况通常主要有:年终决算之前;单位撤销、合并或改变隶属关系前;中外合资、国内合资前;企业股份制改制前;开展全面的资产评估、清产核资前;单位主要领导调离工作前。

(2) 局部清查

局部清查是根据需要对部分财产物资进行盘点与核对。主要是对货币资金、存货等流动性较大的财产的清查。局部清查范围小、内容少、时间短、参与人员少，但专业性较强。局部清查一般包括下列清查内容：现金应每日清点一次，银行存款每月至少同银行核对一次，债权债务每年至少核对一两次，各项存货应有计划、有重点地抽查，贵重物品每月清查一次等。通过局部清查，可以做到对重要物资、货币资金进行重点管理，对流动性大的物资进行经常管理，以确保企业财产的安全完整。

2. 按清查的时间不同分类

财产清查按其清查的时间的不同，分为定期清查和不定期清查。

(1) 定期清查

定期清查是根据管理制度的规定或预先计划安排的时间对财产物资进行的清查。这种清查的对象不定，可以是全面清查，也可以是局部清查。其清查的目的在于保证会计核算资料的真实正确，定期清查一般是在年末、季末或月末结账时进行。

(2) 不定期清查

不定期清查是根据实际需要对财产物资所进行的临时性清查。不定期清查多数情况下是局部清查，如改换财产物资保管人员进行的有关财产物资的清查、发生意外灾害等非常损失进行的损失情况的清查、有关部门进行的临时性检查等，也可以是全面清查，如单位撤销、合并或改变隶属关系而进行的资产、债权债务的清查。

企业在编制年度财务会计报告前，应当全面清查财产，核实债务。各单位应当定期将会计账簿记录与实物、款项及有关资料互相核对，保证会计账簿记录与实物及款项的实有数额相符。

任务 4.4 更正错账

4.4.1 案例资料

通达公司审计员王江对该企业的账簿与记账凭证审核时，发现下列经济业务内容的账簿记录有误。

(1) 开出现金支票 600 元，支付企业管理部门日常零星开支。原编记账凭证的会计分录如下：

借：管理费用　　　　　　　　　　　　　　　　　　　　　　600
　　贷：库存现金　　　　　　　　　　　　　　　　　　　　　　　600

(2) 结转本月实际完工甲产品成本 49 000 元。原编记账凭证的会计分录如下：

借：库存商品　　　　　　　　　　　　　　　　　　　　　94 000

贷：生产成本　　　　　　　　　　　　　　　　　　　　　　　　94 000

(3) 收到购货单位偿还上月所欠货款 7 600 元。原编记账凭证的会计分录如下：

　　借：银行存款　　　　　　　　　　　　　　　　　　　　　　　　6 700
　　　贷：应收账款　　　　　　　　　　　　　　　　　　　　　　　　6 700

(4) 结转本期主营业务收入 480 000 元。原编记账凭证的会计分录如下：

　　借：本年利润　　　　　　　　　　　　　　　　　　　　　　　450 000
　　　贷：主营业务收入　　　　　　　　　　　　　　　　　　　　　450 000

(5) 用银行存款支付所欠供货单位货款 17 600 元。原编记账凭证的会计分录如下：

　　借：应付账款　　　　　　　　　　　　　　　　　　　　　　　17 600
　　　贷：银行存款　　　　　　　　　　　　　　　　　　　　　　　17 600

会计人员在登记应付账款账户时，将 17 600 元误记为 16 700 元。

请将上列各项经济业务的错误记录，分别以适当的更正错账方法予以更正。

4.4.2 错账更正的方法

在账簿的登记过程中，由于各种原因，难免发生记账错误，一般称之为错账。对于账簿记录中所发生的错误，应采用正确的方法予以更正。其更正的具体方法主要有画线更正法、红字更正法和补充登记法。

1. 画线更正法

画线更正法是用红笔画线注销原有记录，以更正错误的一种方法。这种方法适用于每月记账时或结账前(包括结账时)，发现账面记录中文字或数字有误，而记账凭证没有错误的情况。更正时，在错误的文字或数字上画一道红线注销，但原来的文字或数字应清晰可见，然后在其上端用蓝字写上正确的文字或数字，并由记账及相关人员在更正处盖章，以明确责任。

如 4.4.1 小节案例资料 5 中会计人员在登记应付账款账户时，将 17 600.00 元误记为 16 700.00 元，科目、方向无误，其更正如表 4-17 所示。

表 4-17　总分类账

账户名称：应付账款

2008年		凭证		摘要	借方								贷方								借或贷	余额							
月	日	字	号		十万	万	千	百	十	元	角	分	十万	万	千	百	十	元	角	分		十万	万	千	百	十	元	角	分
1	1			承前页																	贷		5	0	0	0	0	0	0
1	3	银付	5	偿还货款		1	7	6	0	0	0	0																	
						1	6	7	0	0	0	0																	

> **小提示**
>
> 这里需要注意的是:数字错误需要将整个数字全部划掉,不能只划掉整个数字中错误的部分;而文字错误只需要划掉写错的文字即可。

2. 红字更正法

红字更正法又称红字冲销法,主要用于更正以下两种错误:①由于记账凭证中会计科目写错或应借应贷方向记错,导致会计账簿记录错误;②由于原记账凭证中记载的金额大于经济业务实际金额,从而导致会计账簿记录错误。具体更正方法如下。

(1) 由于记账凭证中会计科目写错或应借应贷方向记错,导致会计账簿记录发生错误时,首先用红字填写一张与原记账凭证完全相同的记账凭证,并在凭证的"摘要"栏内注明"注销×月×日第×号凭证"字样,并根据这张红字凭证用红笔登记入账。然后用蓝字重新填制一张内容正确的记账凭证,并根据此蓝字凭证用蓝笔登记入账。

4.4.1 小节案例资料 1 中的错账是会计人员在编制记账凭证时,错用了会计科目,将银行存款误用为库存现金。因此,应采用红字更正法进行更正。更正错账的记账凭证如表 4-18 和表 4-19 所示,并以此登记入账。

表 4-18　付 款 凭 证

贷方科目:库存现金　　　　　　　2008 年×月×日　　　　　　　现付字第×号

摘　　要	借 方 科 目		金　额（红字金额）	记账
	总账科目	明细科目		
注销×月×日第×号凭证	管理费用	办公费	600.00	√
合　计			600.00	

会计主管:××　　记账:××　　复核:××　　出纳:××　　制证:张××　　附件　张

表 4-19　付 款 凭 证

贷方科目:银行存款　　　　　　　2008 年×月×日　　　　　　　银付字第×号

摘　　要	借 方 科 目		金　额	记账
	总账科目	明细科目		
补记×月×日账	管理费用	办公费	600.00	√
合　计			600.00	

会计主管:××　　记账:××　　复核:××　　出纳:××　　制证:张××　　附件　张

(2) 当原记账凭证中记载的金额大于经济业务实际金额导致会计账簿记录错误时,首先用红字填制一张和原来错误记账凭证内容一致的记账凭证,但金额为多记金额,将原账簿记录中多记金额冲销。

4.4.1 小节案例资料 2 中的错账属于会计科目无误,只是将 49 000 元误记为 94 000 元,多计 45 000 元。更正凭证如表 4-20 所示。

表 4-20　转 账 凭 证

2008 年×月×日　　　　　红字金额　　　　　转字第×号

摘　要	一级科目	二级或明细科目	借方金额	贷方金额	记账
冲销×月×日×号凭证 多记金额	库存商品 生产成本	甲产品 甲产品	45 000	45 000	附件　张
合　计			45 000	45 000	

会计主管：××　　　　记账：××　　　　复核：××　　　　制证：张××

3. 补充登记法

补充登记法又称补充更正法。若记账时发现记账凭证和账簿记录中应借、应贷会计科目无误，只是所记金额小于应记金额，则采用补充更正法进行更正。更正的方法是：按少记的金额用蓝字编制一张与原记账凭证应借、应贷科目完全相同的记账凭证，以补充少记的金额，并据以记账。

4.4.1 小节案例资料 3 中的错账属于科目无误，只是将 7 600 元误记为 6 700 元，少计 900 元。应做如下更正。

借：银行存款　　　　　　　　　　　　　　　　　　　　　　　　　　900

贷：应收账款　　　　　　　　　　　　　　　　　　　　　　　　　　900

小思考

4.4.1 小节案例资料 4 应如何更正？

知识链接 4-5 ｜ 错账的查找方法

查找错账的方法有很多，现将常用的几种方法介绍如下。

1. 顺查法（亦称正查法）

顺查法是按照账务处理的顺序，从原始凭证、账簿、编制会计报表全部过程进行查找的一种方法。即首先检查记账凭证是否正确，然后将记账凭证、原始凭证同有关账簿记录一笔一笔地进行核对，最后检查有关账户的发生额和余额。这种检查方法，可以发现重记、漏记、错记科目、错记金额等。这种方法的优点是查找范围大，不易遗漏；缺点是工作量大，需要的时间比较长。所以在实际工作中，一般是在采用其他方法查找不到错误的情况下采用这种方法。

2. 逆查法（亦称反查法）

逆查法与顺查法相反，是按照账务处理的顺序，从会计报表、账簿、原始凭证的过程进行查找的一种方法。即先检查各有关账户的余额是否正确，然后将有关账簿按照记录的顺序由后向前同有关记账凭证或原始凭证进行逐笔核对，最后检查有关记账凭证的填制是否正确。这种方法的优缺点与顺查法相同。

3. 抽查法

抽查法是对整个账簿记账记录抽取其中某部分进行局部检查的一种方法。当出现差错时，可根据具体情况分段、重点查找。将某一部分账簿记录同有关的记账凭证或原始凭证进行核对。还可以根据差错发生的位数有针对性地查找。如果差错是角、分，只要查找元以下尾数即可；如果差错是整数的千位、万位，只需查找千位、万位数即可，其他的位数就不用逐项或逐笔地查找了。这种方法的优点是范围小，可以节省时间，减少工作量。

4. 偶合法

偶合法是根据账簿记录差错中经常遇见的规律，推测与差错有关的记录而进行查找的一种方法。这种方法主要适用于漏记、重记、记反账的查找、错记的查找。

(1) 漏记的查找

① 总账一方漏记。在试算平衡时，借贷双方发生额不平衡，出现差错，在总账与明细账核对时，会发现某一总账所属明细账的借（或贷）方发生额合计数大于总账的借（或贷）方发生额，也出现一个差额，这两个差额正好相等。而且在总账与明细账中有与这个差额相等的发生额，这说明总账一方的借（或贷）方漏记，借（或贷）方哪一方的数额小，漏记就在哪一方。

② 明细账一方漏记。如果明细账一方漏记，则在总账与明细账核对时可以发现。总账已经试算平衡，但在进行总账与明细账核对时，发现某一总账借（或贷）方发生额大于其所属各明细账借（或贷）方发生额之和，说明明细账一方可能漏记，可对该明细账的有关凭证进行查对。

③ 凭证漏记。如果整张的记账凭证漏记，则没有明显的错误特征，只有通过顺查法或逆查法逐笔查找。

(2) 重记的查找

① 总账一方重记。在试算平衡时，借贷双方发生额不平衡，出现差错；在总账与明细账核对时，会发现某一总账所属明细账的借（或贷）方发生额合计数小于该总账的借（或贷）方发生额，也出现一个差额，这两个差额正好相等，而且在总账与明细账中有与这个差额相等的发生额记录，说明总账借（或贷）方重记，借（或贷）方哪一方的数额大，重记就在哪一方。

② 明细账一方重记。如果明细账一方重记，在总账与明细账核对时可以发现。总账已经试算平衡，与明细账核对时，某一总账借（或贷）方发生额小于其所属明细账借（或贷）方发生额之和，则可能是明细账一方重记，可对与该明细账有关的记账凭证查对。

③ 如果整张的记账凭证重记账，则没有明显的错误特征，只能用顺查法或逆查法逐笔查找。

(3) 记反账的查找

记反账是指在记账时把发生额的方向弄错，将借方发生额记入贷方，或者将贷方发生额记入借方。总账一方记反账，则在试算平衡时发现借贷双方发生不平衡，出现差额。这个差额是偶数，能被2整除，所得的商数则在账簿上有记录，如果借方大于贷方，则说明将贷方错记为借方;反之,则说明将借方错记为贷方。如果明细账记反了,而总账记录正确,则总账发生额试算是正确的,可用总账与明细账核对的方法查找。

(4) 错记账的查找

在实际工作中,错记账是指把数字写错,常见的有两种。

第一种,数字错位。即应记的位数不是前移就是后移,即小记大或大记小。例如,把千位数变成了百位数(大变小),把1 600记成160(大变小);或把百位数变成千位数(小变大),把2.43记成243(小变大)。如果是大变小,在试算平衡或者总账与明细账核对时,正确数字与错误数字的差额是一个正数,这个差额除以9后所得的商与账上错误的数额正好相等。查账时如果差额能够除以9,所得商恰是账上的数,可能记错了位。如果是小变大,在试算平衡或者总账与明细账核对时,正确数与错误数的差额是一个负数,这个差额除以9后所得商数再乘以10,得到的绝对数与账上错误恰好相等。查账时应遵循:差额负数除以9,商数乘以10的数账上有,可能记错了位。

第二种,错记。错记是在登记账簿过程中的数字误写。对于错记的查找,可根据由于错记而形成的差数,分别确定查找方法,查找时不仅要查找发生额,同时也要查找余额。一般情况下,同时错记而形成的差数有以下几种情况。

① 邻数颠倒。邻数颠倒是指在登记账簿时把相邻的两个数字互换了位置。如43错记成34,或把34错记成43。如果前大后小颠倒为后大前小,在试算平衡时,正确数与错误数的差额是一个正数,这个差额除以9后所得商数中的有效数字正好与相邻颠倒两数的差额相等,并且不大于9。可以根据这个特征在差值相同的两个邻数范围内查找。如果前小后大颠倒为前大后小,在试算平衡或者总账与明细账核算时,正确数与错误数的差额是一负数,其他特征同上。在上述情况下,查账时,差额能除以9,有效数字不过9,可能记账数颠倒,根据差值确定查找。

查找步骤如下:

第一,求正误差值:881.34－944.34＝－63(万元)。

第二,判断差值可否用9整除,差值63,正好可以为9整除(63/9＝7万元)。

第三,求差值系数:－63/9＝－7。

第四,在错误表中查找有无相邻两数相差为7的数字。差值系数为负值时,查前大后小;反之,查前小后大。经查,该表中第4行"81.18"中的"8"－"1"＝7,前大后小。可以判断为属于数字倒置的错误,即可能是18.18而误写为81.18。

第五,将第4行按18.18更正,重新加总,其合计数则为881.34,与总账一致。

② 隔位数字倒置。如425记成524,701记成107等,这种倒置所产生的差数的有效数字是三位以上,而且中间数字必然是9,差数以9除之所得的商数必须是两位相同的数,如22,33,34…。商数中的1个数又正好是两个隔位倒置数字之差。如802错记成208,差数是594,以9除之则商数为66,两个倒置数8与2的差也是6。于是可采用就近邻位数字倒置差错的查找方法去查找账簿记录中百位和个位两数之差为6的数字,即600与006、701与107、802与208、903与309四组数,便可查到隔位数字倒置差错。

采用上述方法时,要注意:一是正确选择作为对比标准的基数;二是保证对比指标口径的可比性;三是同时分析相对数和绝对数的变化,并计算其对总量的影响。

出纳人员在日常填制会计凭证和登记账簿过程中，可能出现一些差错，切忌生搬硬套，要从具体的实际工作出发，灵活运用查找的方法，有时还要几种方法结合起来并用，通过反复核实，一定会得出正确的结果。

任务4.5 结账与更换新账

4.5.1 案例资料

欣欣公司有关账簿资料如表4-21～表4-24所示。

表4-21　总分类账

会计科目：应付账款

2008年		凭证		摘要	借方								贷方								借或贷	余额							
月	日	字	号		十万	万	千	百	十	元	角	分	十万	万	千	百	十	元	角	分		十万	万	千	百	十	元	角	分
12	1			承前页		2	6	8	0	0	0	0		2	1	8	0	0	0	0	贷			5	0	0	0	0	0
12	10	科汇	1	1～10日			8	0	0	0	0	0			1	0	0	0	0	0									
12	20	科汇	2	11～20日			5	5	0	0	0	0			8	9	0	0	0	0									
12	31	科汇	3	21～31日			8	0	0	0	0	0			6	2	0	0	0	0	贷		1	5	8	0	0	0	0

表4-22　银行存款日记账

种类：结算类　　　　　　开户行：　　　　　　账号：　　　　　　第　页

2008年		凭证		摘要	借方								贷方								借或贷	余额							
月	日	字	号		十万	万	千	百	十	元	角	分	十万	万	千	百	十	元	角	分		十万	万	千	百	十	元	角	分
12	10			承前页		1	8	5	2	3	1	0	0		5	7	9	2	5	0	0	借		1	2	7	3	0	6	0	0
12	11	银付	略	购办公用品												8	9	0	0	0	借		1	2	6	4	1	6	0	0
12	12	银收	略	支付水费												6	2	0	0	0	借		1	2	0	2	1	6	0	0
12	16	银收	略	收货款			1	7	0	0	0	0									借		1	3	7	2	1	6	0	0
12	20	银付	略	支付货款											2	5	6	0	0	0	借		1	1	1	6	1	6	0	0
12	23	银付	略	支付电话费												5	8	5	0	0	借		1	0	5	7	6	6	0	0
12	28	银收	略	收回货款			7	6	5	0	0	0									借		1	1	3	4	1	9	0	0
12	30	银付	略	预付货款											8	0	0	0	0	0	借			3	3	4	1	9	0	0

148

表 4-23　管理费用明细账

2008年		凭证		摘　要	办公费	水电费	医药费	其 他	合　计
月	日	字	号						
12	1	银付	18	购办公用品	890				890
12	6	现付	12	支付医药费			2 100		2 100
12	12	银付	16	支付电话费				820	820
12	22	银付	21	支付水费		2 600			2 600
12	30	现付	15	支付困难补助				1 800	1 800

表 4-24　预付账款明细分类账

账户名称：光明公司

2008年		凭证		摘　要	借　方								贷　方								借或贷	余　额							
月	日	字	号		十	万	千	百	十	元	角	分	十	万	千	百	十	元	角	分		十	万	千	百	十	元	角	分
12	31	银付	80	预付货款		8	0	0	0	0	0	0									借		8	0	0	0	0	0	0

请在教师指导下对上述账户进行月结。其中总账和银行存款日记账还应完成年结和结转下年工作。

4.5.2　结账的程序与方法

所谓结账，就是在把一定时期内所发生的经济业务全部登记入账的基础上，结计出所有账户的本期发生额和期末余额，并作出结账标记，表示本期账簿登记已经结束的一项会计工作。结账的内容通常包括两个方面：一是结清各种损益类账户，并据以计算确定本期利润；二是结清各资产、负债和所有者权益账户，分别结出本期发生额合计和余额。

1. 结账的程序

第一步，检查账簿记录的完整性和正确性。结账前应检查本期内发生的所有经济业务是否均已填制或取得了会计凭证，并据以登记入账。有无错记和漏记，若发现登记工作有错误，要及时按照规定的方法进行更正。

第二步，检查本期应当计入的收入和应调整的费用是否进行登记和调整。按照会计

准则要求,本期实现的收入应当记入本期,本期应负担的费用也应记入本期,以便正确计算本期收入、成本费用,真实反映企业财务成果。

第三步,结清各种损益类账户,编制结账分录。

(1)期末将损益收入(损益支出)类账户的贷方(或借方)发生额反方向结转到"本年利润"账户的贷方(或借方),以结平损益类账户。

(2)年末将"本年利润"账户的贷方(或借方)差额反方向转入"利润分配——未分配利润"账户的贷方(或借方),以结平"本年利润"账户。

(3)年末将"利润分配"账户的借方发生额反方向转入"未分配利润"账户的借方,以结平"利润分配"账户。

(4)年末通过"利润分配——未分配利润"账户来确定是本年度的未分配利润(贷方余额),还是留待以后年度利润弥补的亏损(借方余额)。

第四步,结算出资产、负债和所有者权益科目的本期发生额和余额,并结转下期。

2. 结账的种类和方法

结账按其结算时期不同,主要有月结、季结和年结三种。

(1)月结

按月计算登记各种账簿的本期发生额和期末余额,称为月结。办理月结时,应考虑各账户的特点分别采用不同的方法,具体如下。

① 日记账

现金、银行存款日记账和需要按月结计发生额的收入、费用等明细账,每月结账时,要在最后一笔经济业务记录下面通栏画单红线,结出本月发生额和余额,在摘要栏内注明"本月合计"字样,在下面通栏画单红线。

② 明细账

Ⅰ. 本月没有发生额的账户,不必进行月结,不画结账红线。

Ⅱ. 对不需要按月结计本期发生额而只求余额的明细账每次记账以后,都要随时结出余额。如结算类、资本类、财产物资类明细账,月末结账时,只需在最后一笔经济业务记录行的下一行并紧靠上线通栏画单红线(称为"结账线"),不需要再结计一次余额。画线的目的,是为了突出有关数字,表示本期的会计记录已经截止或者结束,并将本期与下期的记录明显分开。

Ⅲ. 对需要按月结计发生额和期末余额的账户,月末结账时,要加计本月的发生额并计算出余额。如应交税费、生产成本、制造费用和各种损益类等明细账,月末结账时,要在最后一笔经济业务记录行的下一行(月结行)并紧靠上线画通栏单红线,并在其行内结出本月发生额和余额,在摘要栏内注明"本月合计"字样,再在"月结行"的下一行并紧靠上线通栏画单红线。

Ⅳ. 对需要结计本年累计发生额的账户,既要进行本月发生额的月结,又要进行年度累计发生额的月结。如"本年利润"、"利润分配"总账及所属明细账、采用"表结法"下的损益类账户。

每月结账时,先在该月最后一笔经济业务记录的下一行(月结行)并紧靠上线通栏画单红线,进行月结;然后再在"月结行"行的下一行(本年累计行)结出自年初始至本月末止的累计发生额和月末余额,在摘要栏内注明"本年累计"字样,并在本年累计行的下一行紧靠上线通栏画单红线。

③ 总账

采用"记账凭证账务处理程序"所登记的总账,需要按月结计发生额和期末余额,要在最后一笔经济业务记录行的下一行(月结行)并紧靠上线画通栏单红线,并在其行内结出本月发生额和余额,在摘要栏内注明"本月合计"字样,再在"月结行"的下一行并紧靠上线画通栏单红线。

采用科目汇总表账务处理程序所登记的总账(除"本年利润"、"利润分配"账户),平时只需结出月末余额,即只需要在最后一笔经济业务记录之下通栏画红单线。

(2) 季结

季度结账一般是总账才需要,由于总账在年终结账时要将所有总账结出全年发生额和年末余额,以便于总括反映本年全年各项资金运动情况的全貌并核对账目,而总账在各月只结余额而不结发生额,为减少年终结账的工作量而把工作做在平时,对于总账就要进行季结。即在每季度结束时,应在季末月份月结后,分别结算出本季度借方、贷方本期发生额合计数和期末余额,在"摘要"栏内注明"本季度累计"字样,并在该行下面再通栏画单红线。

(3) 年结

① 如果年末没有余额:如果总账年末没有余额,将总账在第四季度季结"本季度累计"行下一行的"摘要"栏内注明"本年合计"字样,加计 1~4 季度的"本季度累计",填在该行的"借方"、"贷方"栏内,并在"借或贷"栏写"平"字和"余额栏"画"－Ｏ－"符号,然后在"本年合计"行下通栏画双红线(称为"封账线",下同),封账即可。

如果明细账年末没有余额,对只需结计余额的,只需在 12 月最后一笔经济业务记录之下通栏画双红线,封账即可;对于需要按月结计发生额和结计本年累计发生额的某些明细账,则需在 12 月末的"本月合计"或"本年累计"行下通栏画双红线,封账即可。

② 如果年末有余额:对于总账,应分借、贷方加计 1~4 季度的"本季度累计",并将其发生额和年末余额(12 月月末的余额)填在第四季度季结"本季度累计"行下一行的相关栏内,同时在该行的"摘要"栏内注明"本年合计"字样。

对于明细账,如果是只需结计期末余额和结计本年累计发生额的,12 月份的月结就是年结。而需要按月结计发生额的,还需要在 12 月月结的基础上分借、贷方加计全年的发生额,并将其发生额和年末余额(12 月月末的余额)填在 12 月月结行的下一行相关栏内,同时在该行的摘要栏内注明"本年合计"字样。

③ 结转下年。年度终了结账时,有余额的账户,要将余额结转下年,并在摘要栏内注明"结转下年"字样;在下一个会计年度新建有关账户的第一行余额栏内填写上年结转的余额,并在摘要栏内注明"上年结转"字样。即将有余额的账户的余额直接记入新账余额栏内,不需要编制记账凭证,也不必将余额再记入本年账户的借方或贷方,使本年有余额的账户的余额变为零。因为既然年末是有余额的账户,其余额应当如实地在账户中加以反映,否则容易混淆有余额的账户和没有余额的账户之间的区别。

4.5.3 更换新账的方法

在新年度开始时,按照《企业会计制度》规定,要更换原有账簿,使用新账簿。其方法如下:

(1)总账、日记账和大部分的明细账,要每年更换一次。年初,将旧账簿中的各账户的余额直接记入新账簿中有关账户新账页的第一行"余额"栏内;同时,在"摘要"栏内注明"上年结转"字样,在旧账页最后一行"摘要"栏内注明"结转下年"字样,并将旧账页最后一行数字下的空格画一条斜红线注销。

(2)部分明细账,如固定资产明细账,因年度内变动不多,年初可不必更换账簿;又如材料明细账和债权债务明细账,由于材料品种、规格和往来单位较多,更换新账重抄一遍工作量较大,因此,可以跨年度使用,不必每年更换新账。备查账簿可以连续使用。

知识链接4-6 | 账簿保管知识

账簿是企业中很重要的历史资料,它在清理贪污盗窃、保护社会主义财产安全完整和加强经济管理中有着极为重要的作用。因此,企业要加强对账簿的保管。

在平时,账簿的保管同会计凭证一样,由会计人员负责保管。由于活页账和卡片账容易散失,因此,每天下班时,应加锁保存,保证它们的安全完整。

年终装订成册的账簿,应造册归档保管,并由专人负责。造册归档时,要在各种账簿封面上注明单位名称、账簿名称、会计年度、账簿册数、第几册、页数和会计主管、经办人员签章,并编制"会计账簿归档登记表"。

"会计账簿归档登记表"一式两联,一联由管理人员据以接收入库,并签章后交会计人员(填表人)自存备查;二联由档案管理人员留存保管。

本项目小结

本项目主要阐述会计账簿的设置和登记方法,对账与结账,错账的更正方法,账簿的更换等。

会计账簿,简称账簿,是由具有一定格式、互有联系的若干账页所组成,以会计凭证为依据,用以全面、系统、序时、分类连续地记录各项经济业务的簿记。从外表形式上看,账簿是由若干预先印制成专门格式的账页所组成的。为了把分散在会计凭证中的大量核算资料加以集中归类反映,为经营管理提供系统、完整的核算资料,并为编报会计报表提供依据,就必须设置和登记账簿。设置和登记账簿是会计核算的专门方法之一。

账簿可以按不同的标准进行分类,分类的方法主要有以下三种:按用途不同分类,可以分为序时账簿、分类账簿和备查账簿;按外表形式不同分类,可以分为订本式账簿、活页式账簿和卡片式账簿;按账页格式不同分类,可分为三栏式账簿、多栏式账簿、横线登记式账簿和数量金额式账簿。

总分类账是按照总分类账户分类登记全部经济业务的账簿。在总分类账中,应按照会计科目的编码顺序分设账户,并为每个账户预留若干账页。由于总分类账能够全面地、总括地反映经济活动情况,并为编制会计报表提供资料,因而任何单位都要设置总分类账。总分类账一般采用借方、贷方、余额三栏式的订本账。

明细分类账是按照明细分类账户详细记录某一经济业务的账簿。根据实际需要,各种明细分类账分别按照二级科目或明细科目开设账户,并为每一个账户预留若干账页,用来分类、连续地记录有关资产、负债、所有者权益、收入、费用、利润等详细资料。明细分类账所提供的有关经济活动的详细资料,也是编制会计报表的依据之一。各个单位在设置总分类账的基础上,还应根据管理的需要,按照总账科目设置若干必要的明细分类账,作为总分类账的必要补充。根据管理的要求和各种明细分类账记录的经济内容,明细分类账主要有三栏式明细账、多栏式明细账和数量金额式明细账三种格式。

在账簿设置的基础上,会计人员应依据审核无误的会计凭证,按照账簿登记规则登记各种账簿。为保证账簿记录的真实可靠,还要进行对账,期末办理结账。发生错账应区分不同情况采用相应的方法进行更正。

每年都应更换账簿,但有些特殊的、次要的账簿也可以不更换,如固定资产的明细账。

课后练习

一、判断题

1. 会计账簿的记录是编制会计报表的前提和依据,也是检查、分析和控制单位经济活动的重要依据。（　　）

2. 各单位不得违反会计法和国家统一的会计制度的规定私设会计账簿。（　　）

3. 活页式账簿便于账页的重新排列和记账人员的分工,但账页容易散失和被随意抽换。（　　）

4. 多栏式账簿主要适用于既需要记录金额,又需要记录实物数量的财产物资明细账户。（　　）

5. 日记账应逐日逐笔顺序登记,总账可以逐笔登记,也可以汇总登记。（　　）

6. 登记现金日记账的依据是现金收付款凭证和银行收付款凭证。（　　）

7. 在企业撤销或合并时,要对企业的部分财产进行重点清查。（　　）

8. 企业的现金盘盈应记入"营业外收入"账户。（　　）

9. 总账不论采用何种形式,都必须采用订本式账簿,以保证总账记录的安全和完整。（　　）

10. 会计账簿登记中,如果不慎发生隔页,应立即将空页撕掉,并更改页码。（　　）

11. 原材料明细账的每一账页登记完毕结转下页时,可以只将每页末的余额结转次页,不必将本页的发生额结转次页。（　　）

12. 记账时,如果整张的记账凭证漏记或重记,就不能采用偶合法查找,只能采用顺查法或逆查法逐笔查找。( )

13. 如果发现以前年度记账凭证中会计科目和金额有错误并已导致账簿记录出现差错,也可以采用红字更正法予以更正。( )

14. 记账凭证正确,因登记时的笔误而引起的账簿记录错误,可以采用画线更正法予以更正。( )

15. 根据具体情况,会计人员可以使用铅笔、圆珠笔、钢笔、蓝黑墨水或红色墨水填制会计凭证,登记账簿。( )

16. 在期末结账前发现账簿记录中文字出现错误,可以用红字更正法更正。( )

17. 对账,就是核对账目,即对各种会计账簿之间相对应记录进行核对。( )

18. 总账账户平时只需结计月末余额,不需结计本月发生额。( )

19. 年终结账时有余额的账户,其余额结转下年的方法是:将余额直接记入下一会计年度新建会计账簿同一账户的第一行余额栏内,并在摘要栏注明"上年结转"字样。( )

20. 企业年度结账后,更换下来的账簿,可暂由本单位财务会计部门保管一年,期满后原则上应由财会部门移交本单位档案部门保管。( )

21. 已归档的会计账簿原则上不得借出,有特殊需要的经批准后可以提供复印件。( )

22. 为了明确划分各会计年度的界限,年度终了,各种会计账簿都应更换新账。( )

23. 任何单位,对账工作每年应至少进行一次。( )

24. 在每个会计期间可多次登记账簿,但结账一般只能进行一次。( )

25. 若发现记账凭证上应记科目和金额错误,并已登记入账,则可将填错的记账凭证销毁,并另填一张正确的记账凭证,据以入账。( )

26. 局部清查也称重点清查,只对现金、银行存借款、往来账项进行清查。( )

27. 永续盘存制是根据期末财产清查盘点资料,确定各种财产的实有数额,然后倒算出本期减少数额。( )

28. "库存现金盘点报告表"由清查小组的盘点员签章后即可生效。( )

29. 银行存款日记账余额与银行对账单余额不相等,肯定都是由未达账项造成的。( )

30. 实地盘存制下不需要对财产物资进行财产清查。( )

二、单项选择题

1. 按照经济业务发生或完成时间的先后顺序逐日逐笔连续登记的账簿是( )。
   A. 明细分类账   B. 总分类账   C. 日记账   D. 备查账

2. 用于分类记录单位的全部交易或事项,提供总括核算资料的账簿是( )。
   A. 总分类账   B. 明细分类账   C. 日记账   D. 备查账

3. 债权债务明细分类账一般采用( )。
   A. 多栏式账簿   B. 数量金额式账簿

C. 横线登记式账簿 D. 三栏式账簿

4. 收入、费用明细分类账一般采用(   )。
   A. 两栏式账簿　　B. 多栏式账簿　　C. 三栏式账簿　　D. 数量金额式账簿

5. 下列各项中,应设置备查账簿进行登记的是(   )。
   A. 经营性租出的固定资产　　　　B. 经营性租入固定资产
   C. 无形资产　　　　　　　　　　D. 资本公积

6. 下列明细分类账中,应采用数量金额式账簿的是(   )。
   A. 应收账款明细账　　　　　　　B. 管理费用明细账
   C. 应付账款明细账　　　　　　　D. 库存商品明细账

7. 下列账簿中,必须采用订本式账簿的是(   )。
   A. 现金和银行存款日记账　　　　B. 总账
   C. 明细分类账　　　　　　　　　D. 备查账

8. 下列账簿中,可以采用卡片式账簿的是(   )。
   A. 固定资产总账　　　　　　　　B. 固定资产明细账
   C. 日记总账　　　　　　　　　　D. 日记账

9. 下列明细分类账中,可以采用三栏式账页格式的是(   )。
   A. 管理费用明细账　　　　　　　B. 原材料明细账
   C. 材料采购明细账　　　　　　　D. 应交税费明细账

10. 下列明细分类账中,应采用横线登记式账页格式的是(   )。
    A. 生产成本明细账　　　　　　　B. 营业外支出明细账
    C. 其他应收款——备用金明细账　D. 租入固定资产登记簿

11. 下列账簿中,一般情况下不需根据记账凭证登记的账簿是(   )。
    A. 日记账　　　B. 总分类账　　　C. 明细分类账　　D. 备查账

12. 银行存款清查的方法是(   )。
    A. 定期盘存法　　　　　　　　　B. 和往来单位核对账目的方法
    C. 实地盘存法　　　　　　　　　D. 与银行核对账目的方法

13. 下列明细账中,不宜采用三栏式账页格式的是(   )。
    A. 应收账款明细账　　　　　　　B. 应付账款明细账
    C. 生产成本明细账　　　　　　　D. 短期借款明细账

14. 现金日记账和银行存款日记账应当(   )。
    A. 定期登记　　B. 序时登记　　　C. 汇总登记　　　D. 合并登记

15. 记账人员根据记账凭证登记完毕账簿后,要在记账凭证上注明已记账的符号,主要是为了(   )。
    A. 便于明确记账责任　　　　　　B. 避免错行或隔页
    C. 避免重记或漏记　　　　　　　D. 防止凭证丢失

16. 下列账簿中,要求必须逐日结出余额的是(   )。
    A. 现金日记账和银行存款日记账　B. 债权债务明细账
    C. 财产物资明细账　　　　　　　D. 总账

17. 现金日记账和银行存款日记账,每一账页登记完毕结转下页时,结计"过次页"的本页合计数应当为( )的发生额合计数。
    A. 本页
    B. 自本月初起至本页末止
    C. 本月
    D. 自本年初起至本页末止

18. 对库存现金的清查采用的方法是( )。
    A. 实地盘点法
    B. 检查现金日记账
    C. 倒挤法
    D. 抽查现金

19. 某企业用现金支付职工报销医药费168元,会计人员编制的付款凭证为借记应付福利费186元,贷记现金186元,并已登记入账。当年发现记账错误,更正时应采用的更正方法是( )。
    A. 画线更正法
    B. 红字更正法
    C. 补充登记法
    D. 重编正确的付款凭证

20. 记账凭证填制正确,记账时文字或数字发生笔误引起的错账,应采用( )进行更正。
    A. 画线更正法
    B. 重新登记法
    C. 红字更正法
    D. 补充登记法

21. 某企业通过银行收回应收账款8 000元,在填制记账凭证时,误将金额记为6 000元,并已登记入账。当年发现记账错误,更正时应采用的更正方法是( )。
    A. 重编正确的收款凭证
    B. 画线更正法
    C. 红字更正法
    D. 补充登记法

22. 企业应收账款的账面余额定期与有关债务单位或个人进行的核对,属于( )。
    A. 账证核对   B. 账账核对   C. 账实核对   D. 账表核对

23. 使用红字更正法更正错账的主要优点是( )。
    A. 清楚明了
    B. 避免账户借方和贷方的发生额虚增
    C. 减少更正错账的手续
    D. 节省更正错账的时间

24. 企业在遭受自然灾害后,对其受损的财产物资进行的清查,属于( )。
    A. 局部清查和定期清查
    B. 全面清查和定期清查
    C. 局部清查和不定期清查
    D. 全面清查和不定期清查

25. 记账人员在登记账簿后,发现所依据的记账凭证中使用的会计科目有误,则更正时应采用的更正方法是( )。
    A. 涂改更正法   B. 画线更正法   C. 红字更正法   D. 补充登记法

26. 企业结账的时间应为( )。
    A. 每项交易或事项办理完毕时
    B. 每一个工作日终了时
    C. 一定时期终了时
    D. 会计报表编制完成时

27. 在实地盘存制下,平时在账簿中对财产物资( )。
    A. 只记发出数,不记收入数
    B. 只记收入数,不记发出数
    C. 不记收入数,也不记发出数
    D. 既记收入数,又记发出数

28. 应由责任人赔偿的存货毁损经批准应借记( )。

A. 其他应收款 B. 管理费用
C. 待处理财产损溢 D. 营业外收入

29. 月末编制银行存款余额调节表时,对企业收到的转账支票5 000元,但尚未向银行兑现的业务,企业应( )。
A. 借记银行存款5 000元 B. 贷记银行存款5 000元
C. 贷记应付账款5 000元 D. 不做会计分录

30. 对债权债务的清查应采用的方法是( )。
A. 询证核对法 B. 实地盘点法
C. 技术推算盘点法 D. 抽样盘存法

三、多项选择题

1. 会计账簿按用途分为( )。
A. 日记账 B. 分类账 C. 备查账 D. 总账

2. 会计账簿按外形特征分类,可分为( )。
A. 多栏式账簿 B. 订本式账簿 C. 活页式账簿 D. 卡片式账簿

3. 关于会计账簿的意义,下列说法正确的有( )。
A. 通过账簿的设置和登记,记载、储存会计信息
B. 通过账簿的设置和登记,分类、汇总会计信息
C. 通过账簿的设置和登记,检查、校正会计信息
D. 通过账簿的设置和登记,编报、输出会计信息

4. 下列账簿的账页,可采用三栏式的有( )。
A. 应收账款明细账 B. 预提费用明细账
C. 管理费用明细账 D. 应付账款明细账

5. 下列账簿中,应采用横线登记式账簿的有( )。
A. 物资采购明细账 B. 生产成本明细账
C. 应收账款明细账 D. 其他应收款——备用金明细账

6. 下列账簿中,应采用数量金额式账簿的有( )。
A. 材料采购明细账 B. 原材料明细账
C. 库存商品明细账 D. 固定资产明细账

7. 记账错误主要表现为漏记、重记和错记三种。错记又表现为( )等。
A. 会计科目错记 B. 记账方向错记 C. 金额错记 D. 记账墨水错用

8. 常用的错账查找方法有( )。
A. 顺查法 B. 抽查法 C. 逆查法 D. 偶合法

9. 下列错账,适用于"除9法"查找的有( )。
A. 发生角、分的差错 B. 将50 000元写成5 000元
C. 将700元写成7 000元 D. 将86 000元写成68 000元

10. 下列错账更正方法中,可用于更正因记账凭证错误而导致账簿记录错误的方法有( )。

A. 画线更正法　　B. 差数核对法　　C. 红字更正法　　D. 补充登记法

11. 下列对账工作中,属于账账核对的有(　　)。
    A. 银行存款日记账与银行对账单的核对
    B. 总账账户与所属明细账户的核对
    C. 应收款项明细账与债务人账项的核对
    D. 会计部门的财产物资明细账与财产物资保管、使用部门明细账的核对

12. 账实核对的主要内容包括(　　)。
    A. 现金日记账账面余额与现金实际库存数核对
    B. 银行存款日记账账面余额与银行对账单余额核对
    C. 财产物资明细账账面结存数与财产物资实存数核对
    D. 各种应收款项明细账账面余额与有关债务单位或个人核对

13. 关于结账,以下说法中正确的有(　　)。
    A. 总账账户应按月结出本月发生额和月末余额
    B. 现金日记账应按月结出本月发生额和月末余额
    C. 应收账款明细账应在每次记账后随时结出余额
    D. 年终应将所有总账账户结计全年发生额和年末余额

14. 下列账簿中,可以跨年度连续使用的有(　　)。
    A. 银行存款日记账　　　　　　　　B. 应付账款明细账
    C. 固定资产卡片账　　　　　　　　D. 租入固定资产登记簿

15. 活页账的主要优点有(　　)。
    A. 可以根据实际需要随时插入空白账页
    B. 可以防止账页散失
    C. 可以防止记账错误
    D. 便于分工记账

16. 财产清查结果的处理步骤是(　　)。
    A. 核准数字,查明原因　　　　　　B. 调整凭证,做到账实相符
    C. 调整账簿,做到账实相符　　　　D. 进行批准后的账务处理

17. 下列可用作原始凭证调整账簿记录的有(　　)。
    A. 实存账存对比表　　　　　　　　B. 结算款项核对登记表
    C. 现金盘点报告表　　　　　　　　D. 银行存款余额调节表

18. 采用实地盘点法进行清查的项目有(　　)。
    A. 固定资产　　　　　　　　　　　B. 库存商品
    C. 银行存款和现金　　　　　　　　D. 往来款项

19. 定期清查的时间一般是(　　)。
    A. 年末　　　　B. 单位合并　　　　C. 月末　　　　D. 季末

20. "实存账存对比表"是(　　)。
    A. 分析盈亏原因,明确经济责任的重要依据
    B. 会计账簿的重要组成部分

C. 调整账簿的原始凭证

D. 资产负债表的附表之一

四、实训题

鑫达公司在财产清查中发生下列问题。

1. 某日在现金清查中,发现现金长款 80 元,经查,其中 75 元是在与甲单位结算零星销货款时,在发票以外多收的现金,另外 5 元原因不明。

2. 另日在现金盘点中,发现现金短款 100 元,出纳人员无法说明原因,经领导研究决定由出纳员赔偿。

3. 该公司在财产清查中,发现盘盈甲材料 2 500 元,经查明是由于收发计量上的错误所致。

4. 该公司在财产清查中,发现盘亏乙材料 1 000 元,经查属于定额内的正常损耗。

5. 鑫达公司经财产清查,又发现丙材料发生非正常损失 20 000 元,其购货发票标明的增值税进项税额为 3 400 元,经检查确定是非正常损失,批准列为营业外支出。

6. 鑫达公司在财产清查中,查明应付某单位的货款 600 元,确定已无法支付,批准转作营业外收入。

7. 该公司在财产清查中,查明应收某单位的货款 3 000 元,过期已久,经再三催要只收回 2 500 元,转存开户银行,其余 500 元作为坏账损失。

8. 该公司在财产清查中,盘亏设备一台,原价 50 000 元,已提折旧 18 000 元,经查,盘亏设备系因自然灾害造成毁损,做非常损失处理。

9. 该公司在财产清查中还发现账外机器一台,估计重置价 8 000 元,现值 5 000 元。经认定,账外机器尚可使用,交车间投入生产,做增加营业外收入处理。

请对以上问题分别做出处理前、后两部分的账务处理。

项目五 编制基本会计报表

技能目标

1. 能正确编制资产负债表。
2. 能正确编制利润表。

知识目标

1. 了解编制会计报表前的准备工作内容。
2. 了解会计报表的意义、种类。
3. 理解会计报表的编制要求。
4. 了解资产负债表、利润表的概念、作用。
5. 熟悉资产负债表、利润表的结构和内容。
6. 掌握资产负债表、利润表的编制方法。
7. 了解现金流量表的概念、作用、结构、编制原理。
8. 了解会计报表报送的有关规定。

案例导入

鑫达公司是一家小型工业企业(一般纳税人),小张是该公司的一名会计人员,他在该公司工作近一年,现到了2008年年末,会计主管分配小张一项新任务——编制资产负债表和利润表。请问:如果你是该公司会计小张,在编制会计报表前应做好哪些准备工作?资产负债表和利润表如何编制?

任务5.1 编制资产负债表

资产负债表是指反映企业在某一特定日期(月末、季末、年末)财务状况的报表。它是根据"资产=负债+所有者权益"的基本会计等式编制的静态报表。通过编制资产负债表,可以反映企业在特定时点拥有的资产总额及其分布状况;表明企业在特定时点承担的债务总额、偿还时间和偿还对象;提供企业所有者在特定时点所拥有的权益及其形成的原因,据以判断资本保值、增值情况以及对负债的保障程度,并据以进行财务分析,为信息使用者决策提供依据。

5.1.1 案例资料

鑫达公司2008年年末的总分类账户期初、期末余额如表5-1所示。

表5-1 总分类账户期初、期末余额表

2008年12月31日　　　　　　　　　　　　　　　金额单位:元

会计科目	借方余额		贷方余额	
	年初数	年末数	年初数	年末数
库存现金	900	1 500		
银行存款	5 000 000	7 500 000		
应收账款	300 000	500 000		
坏账准备			900	1 500
原材料	1 400 000	1 000 000		
库存商品	1 900 000	1 000 000		
生产成本	500 000	600 000		
周转材料	600 000	800 000		
存货跌价准备				35 000
固定资产	40 000 000	40 500 000		
累计折旧			20 000 000	22 400 000
应付账款			500 000	1 000 000
短期借款			1 100 000	4 000 000
应付职工薪酬			100 000	100 000
应交税费			900 000	845 000
应付股利			1 000 000	2 000 000
应付利息			100 000	120 000
长期借款			5 000 000	0
实收资本			20 000 000	20 000 000
资本公积			800 000	800 000
盈余公积			200 000	600 000
合　计	49 700 900	51 901 500	49 700 900	51 901 500

要求:编制鑫达公司2008年12月31日的资产负债表。

5.1.2 资产负债表的结构

资产负债表一般由表首(表头)、正表两部分组成。表首(表头)主要包括报表名称、编制单位名称、编制日期、报表编号、货币名称和计量单位等内容。正表则列出企业的资产、负债和所有者权益各项目的期初数和期末数,是资产负债表的主要部分。

资产负债表的格式分为账户式和报告式两种,我国的资产负债表采用账户式。

账户式资产负债表将资产负债表分为左方和右方,左方列出资产各项目,右方列出负债和所有者权益各项目。不管哪一种结构,资产负债表的资产总计总是等于负债和所有者权益的总计。在资产负债表中,资产按照其流动性大小分类分项列示,流动性大的排在前面,流动性小的排在后面,它包括流动资产和非流动资产。负债按照其偿还期限分类分项列示,包括流动负债和非流动负债等;所有者权益按照实收资本(或股本)、资本公积、盈余公积和未分配利润等项目分项列示。我国账户式资产负债表的格式如表5-2所示。

表5-2 资产负债表

编制单位:　　　　　　　　　　　　　　年　月　日　　　　　　　　　　金额单位:元

资　　产	期末余额	期初余额	负债和所有者权益	期末余额	期初余额
流动资产:			流动负债:		
货币资金			短期借款		
交易性金融资产			交易性金融负债		
应收票据			应付票据		
应收账款			应付账款		
预付款项			预收款项		
应收利息			应付职工薪酬		
应收股利			应交税费		
其他应收款			应付利息		
存货			应付股利		
一年内到期的非流动资产			其他应付款		
其他流动资产			一年内到期的非流动负债		
流动资产合计			其他流动负债		
非流动资产:			流动负债合计		
可供出售金融资产			非流动负债:		
持有至到期投资			长期借款		
长期应收款			应付债券		
长期股权投资			长期应付款		
投资性房地产			专项应付款		
固定资产			预计负债		
工程物资			递延所得税负债		
在建工程			其他非流动负债		
固定资产清理			非流动负债合计		
生产性生物资产			负债合计		
油气资产			所有者权益(股东权益):		
无形资产			实收资本(或股本)		
开发支出			资本公积		
商誉			减:库存股		
长期待摊费用			盈余公积		
递延所得税资产			未分配利润		
其他非流动资产			所有者(股东)权益合计		
非流动资产合计					
资产总计			负债和所有者权益总计		

5.1.3 资产负债表的编制方法

资产负债表主体部分的各项都列有"期初数"和"期末数"两个栏目,是一种比较资产负债表。其中"期初数"栏内各项数字,应根据上年年末资产负债表的"期末数"栏内所列数字填列。"期末数"栏内各项数应根据总分类账户和明细分类账户的期末余额填列。具体填列方法归纳为以下几种。

1. 根据总账账户的期末余额直接填列

报表指标名称与总账账户的名称相同时,可根据总账余额直接填列。例如,"交易性金融资产"、"固定资产清理"、"长期待摊费用"、"递延所得税资产"、"短期借款"、"应付票据"、"应付职工薪酬"、"应交税费"、"应付股利"、"应付利息"、"递延所得税负债"、"其他应付款"、"长期借款"、"实收资本"、"资本公积"、"盈余公积"等项目。

2. 根据若干个总账账户的期末余额分析计算后填列

资产负债表某一些项目需要根据若干个总账账户的期末余额计算填列,例如:
(1)"货币资金"项目="库存现金"+"银行存款"+"其他货币资金"
(2)"存货"项目="材料采购(在途物资)"+"原材料"+"库存商品"+"周转材料"
　　　　　　　+"委托加工物资"+"生产成本"+"商品进销差价"+"委托代销商品"
　　　　　　　-"存货跌价准备"等

3. 根据有关明细账账户的期末余额分析填列

"应收账款"、"预收账款"、"应付账款"、"预付账款"等项目应根据明细账余额资料按以下方法计算填列。
(1)"应收账款"项目="应收账款"明细账(借余)+"预收账款"明细账(借余)
　　　　　　　-"坏账准备"科目中有关应收账款计提的坏账准备余额
(2)"预收账款"项目="应收账款"明细账(贷余)+"预收账款"明细账(贷余)
(3)"应付账款"项目="应付账款"明细账(贷余)+"预付账款"明细账(贷余)
(4)"预付账款"项目="应付账款"明细账(借余)+"预付账款"明细账(借余)
　　　　　　　-"坏账准备"科目中有关预付款项计提的坏账准备余额

例如,某企业20×8年12月31日结账后有关账户余额如表5-3所示(单位为万元)。

"应收账款"项目金额=1 000+2 000-100=2 900(万元)
"预收账款"项目金额=200+7 000=7 200(万元)

例如,某企业20×8年12月31日结账后有关科目余额如表5-4所示(单位为万元)。

表 5-3 某企业 20×8 年 12 月 31 日结账后有关科目余额 金额单位：万元

总账科目	明细科目	借方余额		贷方余额	
		总账余额	明细科目余额	总账余额	明细科目余额
应收账款		800			
	——A 公司		1 000		
	——B 公司				200
预收账款				5 000	
	——C 公司				7 000
	——D 公司		2 000		
坏账准备				100	

表 5-4 某企业 20×8 年 12 月 31 日结账后有关科目余额 金额单位：万元

总账科目	明细科目	借方余额		贷方余额	
		总账余额	明细科目余额	总账余额	明细科目余额
应付账款				6 000	
	——A 公司				8 000
	——B 公司		2 000		
预付账款		3 000			
	——C 公司		4 000		
	——D 公司				1 000
坏账准备				1 000	

"预付账款"项目金额＝2 000＋4 000－1 000＝5 000（万元）

"应付账款"项目金额＝8 000＋1 000＝9 000（万元）

4. 根据总账科目和明细账科目余额分析计算填列

如"长期借款"项目，需要根据"长期借款"总账科目余额扣除"长期借款"科目所属的明细科目中将在一年内到期的长期借款后的金额计算填列。

5. 根据有关科目余额减去其备抵科目余额后的净额填列

如资产负债表中的"应收票据"、"应收账款"、"长期股权投资"、"在建工程"等项目，应当根据"应收票据"、"应收账款"、"长期股权投资"、"在建工程"等科目的期末余额减去"坏账准备"、"长期股权投资减值准备"、"在建工程减值准备"等科目余额后的净额填列。

"固定资产"项目，应当根据"固定资产"科目的期末余额减去"累计折旧"、"固定资产减值准备"备抵科目余额后的净额填列；"无形资产"项目，应当根据"无形资产"科目的期末余额，减去"累计摊销"、"无形资产减值准备"备抵科目余额后的净额填列。

6. 报表中合计与总计的填列

报表中的合计与总计应根据报表项目之间的关系计算填列，例如：

（1）"流动资产合计"＋"非流动资产合计"＝"资产总计"

(2)"流动负债合计"+"非流动负债合计"="负债合计"
(3)"所有者权益合计"+"负债合计"="负债和所有者权益总计"

根据案例资料可编制鑫达公司2008年12月31日的资产负债表,如表5-5所示。

表5-5 资产负债表

编制单位:鑫达有限责任公司　　　　2008年12月31日　　　　金额单位:元

资产	期末余额	期初余额	负债和所有者权益（或股东权益）	期末余额	期初余额
流动资产:			流动负债:		
货币资金	7 501 500	5 000 900	短期借款	4 000 000	1 100 000
交易性金融资产			交易性金融负债		
应收票据			应付票据		
应收账款	498 500	299 100	应付账款	1 000 000	500 000
存货	3 365 000	4 400 000	预收款项		
应收利息			应付职工薪酬	100 000	100 000
应收股利			应交税费	845 000	900 000
其他应收款			应付利息	120 000	100 000
预付款项			应付股利	2 000 000	1 000 000
一年内到期的非流动资产			其他应付款		
其他流动资产			一年内到期的非流动负债		
流动资产合计	11 365 000	9 700 000	其他流动负债		
非流动资产:			流动负债合计	8 065 000	3 700 000
可供出售金融资产			非流动负债:		
持有至到期投资			长期借款		5 000 000
长期应收款			应付债券		
长期股权投资			长期应付款		
投资性房地产			专项应付款		
固定资产	18 100 000	20 000 000	预计负债		
工程物资			递延所得税负债		
在建工程			其他非流动负债		
固定资产清理			非流动负债合计		5 000 000
生产性生物资产			负债合计	8 065 000	8 700 000
油气资产			所有者权益(股东权益):		
无形资产			实收资本(或股本)	20 000 000	20 000 000
开发支出			资本公积	800 000	800 000
商誉			减:库存股		
长期待摊费用			盈余公积	600 000	200 000
递延所得税资产			未分配利润		
其他非流动资产			所有者(股东)权益合计	21 400 000	21 000 000
非流动资产合计	18 100 000	20 000 000			
资产总计	29 465 000	29 700 000	负债和所有者权益总计	29 465 000	29 700 000

知识链接5-1 财务会计报告的含义、种类及编制要求

1. 财务会计报告的含义

财务会计报告是指企业对外提供的反映企业某一特定日期财务状况和某一会计期间的经营成果、现金流量等会计信息的文件。

财务会计报告是企业根据日常会计核算资料归集、加工和汇总后形成的。编制财务会计报告是会计核算的又一种专门方法,也是会计工作的一项重要内容。财务会计报告的主要作用是向财务报告使用者提供与企业财务状况、经营成果和现金流量等有关的会计信息,考核和评价企业的经营管理水平与经营业绩,并为信息使用者的预测和决策提供信息服务。

2. 财务会计报告的构成

财务会计报告包括会计报表、会计报表附注、财务情况说明书。

(1) 会计报表是财务会计报告的主体部分。会计报表至少包括资产负债表、利润表、现金流量表、所有者权益变动表。

(2) 会计报表附注是对资产负债表、利润表、现金流量表、所有者权益变动表等报表中列示项目的文字描述或明细资料,以及未能在这些报表中列示项目的补充说明。

(3) 财务情况说明书是对企业一定会计期间生产经营以及财务、成本进行分析说明的书面文字报告。

3. 财务会计报表的分类

(1) 按财务会计报表所反映的经济内容不同,可分为静态会计报表和动态会计报表。

① 静态会计报表是指反映企业某一特定日期资产、负债和所有者权益状况的会计报表,如资产负债表。

② 动态会计报表是指反映企业在一定时期的经营成果或现金流量情况的会计报表,如利润表或现金流量表。

(2) 按编报会计主体不同,会计报表可分为个别会计报表和合并会计报表。

① 个别会计报表是指只反映企业本身的财务状况、经营成果和现金流量的会计报表。

② 合并会计报表是以母公司和子公司组成的企业集团为会计主体,根据母公司和子公司编制的个别会计报表为基础,由母公司编制的反映整个企业集团财务状况、经营成果和现金流量的会计报表。

(3) 按会计报表编报期间的不同,可分为中期会计报表和年度会计报表。

① 中期会计报表是指以短于一个完整的会计年度的报告期间为基础编制的会计报表,包括月报、季报和半年报。中期会计报表至少应包括资产负债表、利润表、现金流量表和附注。其中中期资产负债表、利润表和现金流量表应当是完整的报表,中期会计报表的附注相对于年度会计报表来说可以适当简化。

② 年度会计报表简称年报,是以一个完整的会计年度为报告期总括反映企业年终财务状况和经营成果的报表。年报应当是完整的财务报表,包括资产负债表、利润表、

现金流表、所有者权益变动表和附注。

4. 财务会计报告的编制要求

为了使财务会计报告能够最大限度地满足各个方面的需要,实现财务会计报告的基本目的,充分发挥会计报表的作用,在编制会计报表时,必须严格遵循以下几条基本原则。

(1) 真实可靠

企业财务会计报告各项的数据必须建立在真实可靠的基础之上,使企业财务会计报告能够如实地反映企业的财务状况、经营成果和现金流量等情况。因此,财务会计报告必须根据核实无误的账簿及相关资料编制,不得以任何方式弄虚作假。如果财务会计报告所提供的资料不真实或可靠性很差,则不仅不能发挥财务会计报告的应有作用,而且还会由于错误的信息,导致财务会计报告使用者对单位的财务状况、经营成果和现金流量情况做出错误的评价与判断,致使报告使用者做出错误的决策。

(2) 相互可比

企业财务会计报告所提供的会计信息必须满足报表使用者决策的需要,会计报表各项目的数据应当口径一致、相互可比,以便于报表使用者在不同企业之间及同一企业的前后各期之间进行比较。

(3) 全面完整

企业财务会计报告应当全面地披露企业的财务状况、经营成果和现金流量情况,完整地反映企业财务活动的过程和结果,以满足各有关方面对财务会计信息资料的需要。因此,在编制财务会计报告时,必须按规定编写,会计报表中项目不得漏填或少填,应报的会计报表不得缺报,对会计报表项目需要说明的事项要有附注,以及报送会计报表时附送财务情况说明书等。

(4) 便于理解

企业对外提供的财务会计报告是会计信息使用者进行正确决策的重要依据。因此,财务会计报告的可理解性是信息使用者做出准确判断,以及发挥会计服务于经济建设这一重要作用的根本保证。因此,编制的财务会计报告应当清晰明了,便于理解和使用。如果提供的财务会计报告晦涩难懂,不可理解,使用者就不能做出准确的判断,所提供的财务会计报告的作用也会大大减少。当然,财务会计报告的可理解性是建立在信息使用者具有一定的会计基础知识和财务报表阅读能力的基础上。

(5) 编报及时

企业财务会计报告披露的信息具有很强的时效性,因此,对于需要报送的会计报表应按照规定的期限及时编报,及时报送。这就要求企业应做好日常会计核算工作,做好编报前的各项准备事项。否则即使最真实、最可靠的会计报告也会因编报不及时,而失去其应有的价值。

小知识

月度财务会计报告应当于月份终了后6天内对外报出;季度财务会计报告应当于季度终了后15天内对外报出;半年度财务会计报告应当于半年度终了后60天内对外报出;

年度财务报告应当于年度终了后4个月内对外报出。

任务 5.2 编制利润表

5.2.1 案例资料

鑫达有限责任公司(以下简称鑫达公司)为增值税一般纳税人,适用的增值税税率为17%,所得税税率为25%。2008年12月31日,各损益类账户本年累计发生额如表5-6所示。

表5-6 损益类账户本年累计发生额表　　　　　　金额单位:元

科目名称	借方发生额	贷方发生额
主营业务收入		700 000
主营业务成本	360 000	
其他业务收入		20 000
其他业务成本	18 000	
营业税金及附加	13 000	
销售费用	20 000	
管理费用	90 000	
财务费用	4 000	
投资收益		30 000
营业外支出	5 000	
所得税费用	53 000	

5.2.2 利润表的结构

利润表是反映企业在一定会计期间经营成果的会计报表。它是以"利润＝收入－费用"会计等式为依据,反映企业一定会计期间经营成果构成的会计报表。

通过利润表可以反映企业一定会计期间的收入实现情况、成本费用的发生情况以及净利润的实现情况。据以判断资本保值、增值情况,分析企业未来的获利能力及发展趋势。作为一种动态会计报表,利润表是考核和评价企业经营管理人员经营业绩和经营管理水平的一个重要依据,也可为会计信息使用者全面了解企业的经营业绩,进行相关经济决策提供依据。

利润表的格式有单步式和多步式两种。

1. 单步式利润表

单步式利润表的基本特点是:集中列示收入要素项目、费用要素项目,根据收入总额与费用总额直接计算列示利润总额。这种格式比较简单,便于编制,但是缺少利润构成情况的详细资料,不利于企业不同时期利润表与行业之间利润表的纵向和横向的比较、分析。

2. 多步式利润表

多步式利润表的基本特点是:将收入项目与费用项目按不同性质归类后,分步计算主营业务利润、营业利润、利润总额和税后净利润。这种格式注重收入与成本费用配比的层次性,从而得出一些中间性的利润信息,与单步式利润表相比,能够提供更加丰富的信息。采用多步式利润表的格式,有利于报表使用者的纵向和横向的比较。基于这些优点,我国会计准则明确规定利润表应采用多步式结构。

多步式利润表,按照利润形成中的利润指标,即营业利润、利润总额和净利润分步计算列示。其计算步骤如下:

营业利润＝营业收入－营业成本－营业税金及附加－销售费用－管理费用
　　　　－财务费用－资产减值损失＋公允价值变动收益＋投资收益
利润总额＝营业利润＋营业外收入－营业外支出
净利润＝利润总额－所得税费用

其格式如表 5-7 所示。

表 5-7 利润表

编制单位:鑫达公司　　　　2008 年 12 月　　　　　　　　金额单位:万元

项目	本期金额	上期金额
一、营业收入	720 000	
减:营业成本	378 000	
营业税金及附加	13 000	
销售费用	20 000	
管理费用	90 000	
财务费用	4 000	
资产减值损失		
加:公允价值变动收益(损失以"－"号填列)		
投资收益(损失以"－"号填列)	30 000	
其中:对联营企业和合营企业的投资收益		
二、营业利润(亏损以"－"号填列)	245 000	
加:营业外收入		
减:营业外支出	5 000	
其中:非流动资产处置损失		
三、利润总额(亏损总额以"－"号填列)	240 000	
减:所得税费用	53 000	
四、净利润(净亏损以"－"号填列)	187 000	
五、每股收益		
(一)基本每股收益		
(二)稀释每股收益		

5.2.3 利润表的编制方法

利润表各项目均需填列"本期金额"和"上期金额"两栏。其中"上期金额"栏内各项数字,应根据上年该期利润表的"本期金额"栏内所列数字填列。

"本期金额"栏内各期数字,除"基本每股收益"和"稀释每股收益"项目外,应当按照相关损益类科目的发生额分析填列。具体填列方法归纳为以下几种。

1. 根据有关账户发生额直接填列

表中的营业税金及附加、销售费用、管理费用、财务费用、投资收益、资产减值损失、营业外收入、营业外支出等项目应根据各账户本期发生额填列。

2. 根据有关账户发生额计算填列

表中"营业收入"项目,应根据"主营业务收入"、"其他业务收入"科目的发生额分析计算填列;"营业成本"项目,根据"主营业务成本"、"其他业务成本"科目的发生额分析计算填列。

3. 根据表内各项目之间的关系计算填列

表中营业利润、利润总额和净利润等项目应按照下列步骤计算填列:

营业利润＝营业收入－营业成本－营业税金及附加－销售费用－管理费用
　　　　－财务费用－资产减值损失＋投资收益
利润总额＝营业利润＋营业外收入－营业外支出
净利润＝利润总额－所得税费用

根据案例资料应编制的利润表如表5-7所示。

任务5.3　编制现金流量表

5.3.1　现金流量表的结构

现金流量表是反映企业一定时期内现金的流入和流出情况的财务报表,实际上是以现金为基础编制的财务状况变动表。企业对外提供的财务报表除了资产负债表、利润表外,还应包括现金流量表,这三张表分别从不同的角度反映企业的财务状况、经营成果和现金流量。

现金流量表从现金的流入和流出反映企业在一定时期内的经营活动、投资活动和筹资活动的动态情况,反映企业现金流入和流出的全貌。现金流量表的数字为时期数,因此,现金流量表是动态报表。

现金流量表的主要作用是能够说明企业一定会计期间内现金流入和流出的多少及原因;能够说明企业的偿债能力和支付股利的能力;能够分析企业未来获取现金的能力;能够分析企业投资和理财活动对经营成果和财务状况的影响。

现金流量表中的现金主要包括库存现金,可以随时用于支付的各种存款,其他货币资金和现金等价物。

我国企业现金流量表采用报告式结构,分类反映经营活动产生的现金流量、投资活动产生的现金流量和筹资活动产生的现金流量,最后汇总反映企业某一期间现金及现金等价物的净增加额。

我国企业现金流量表包括主表和补充资料两部分,其格式如表 5-8 所示。

表 5-8 现金流量表

编制单位: ____年____月 金额单位:元

项 目	本期金额	上期金额
一、经营活动产生的现金流量		
销售商品、提供劳务收到的现金		
收到的税费返还		
收到其他与经营活动有关的现金		
经营活动现金流入小计		
购买商品、接受劳务支付的现金		
支付给职工以及为职工支付的现金		
支付的各项税费		
支付其他与经营活动有关的现金		
经营活动现金流出小计		
经营活动产生的现金流量净额		
二、投资活动产生的现金流量		
收回投资收到的现金		
取得投资收益收到的现金		
处置固定资产、无形资产和其他长期资产收回的现金净额		
处置子公司及其他营业单位收到的现金净额		
收到其他与投资活动有关的现金		
投资活动现金流入小计		
购建固定资产、无形资产和其他长期资产支付的现金		
投资支付的现金		
取得子公司及其他营业单位支付的现金净额		
支付其他与投资活动有关的现金		
投资活动现金流出小计		
投资活动产生的现金流量净额		

续表

项目	本期金额	上期金额
三、筹资活动产生的现金流量		
吸收投资收到的现金		
取得借款收到的现金		
收到其他与筹资活动有关的现金		
筹资活动现金流入小计		
偿还债务支付的现金		
分配股利、利润或偿付利息支付的现金		
支付其他与筹资活动有关的现金		
筹资活动现金流出小计		
筹资活动产生的现金流量净额		
四、汇率变动对现金及现金等价物的影响		
五、现金及现金等价物净增加额		
加：期初现金及现金等价物余额		
六、期末现金及现金等价物余额		
补充资料：	……	……
……		

5.3.2 现金流量表的编制方法

现金流量表的编制基础是收付实现制。

现金流量表的编制方法有两种：一种称为直接法；另一种称为间接法。这两种方法对投资活动的现金流量和筹资活动的现金流量的编制方法是一样的，仅仅是经营活动的现金流量的编制方法不同。

经营活动产生的现金流量要求按现金制反映企业经营业务所引起的现金流入和流出。因此，在计算经营活动现金流量时，应将按权责发生制所确认的净利润（或亏损）转换成现金制基础下的净利润。其计算方法有以下两种。

1. 直接法

直接法是通过现金流入和流出的主要类别直接反映企业经营活动产生的现金流量。一般是以利润表中各收支项目，按现金制的要求，直接分项调整为实际的现金收入和现金支出，计算出经营活动产生的现金流量。直接法计算公式如下：

经营活动现金净流量＝营业收入收现－营业成本付现＋其他收入收现－销售费用付现
　　　　　　　　　　－销售税金付现－管理费用付现－所得税付现

2. 间接法

间接法是以利润表中的本期净利润（或亏损）为起算点，调整不影响现金的收入、费用、营业外收支，以及与经营活动有关的流动资产和流动负债的增减变动来计算经营活动的现金流量。实际上就是将按权责发生制确定的净利润调整为现金净收入，并除去投资活动和筹资活动对现金流量的影响。

小提示

在我国，现金流量表的正表中经营活动产生的现金流量采用直接法填列。补充资料采用间接法反映经营活动产生的现金流量情况，以对直接法反映的经营活动现金流量进行核对和补充说明。

阅读资料

会计报表附注

1. 会计报表附注的作用

会计报表中所规定的内容具有一定的固定性和稳定性，只能提供定量的财务信息，其所能反映的财务信息受到一定限制。会计报表附注是会计报表的补充，主要是对会计报表不能包括的内容或者披露不详尽的内容作进一步的解释说明。

企业编制会计报表附注，可以提高会计信息的可比性，增进会计信息的可理解性，促使会计信息充分披露，从而提高会计信息的质量，使报表使用者对企业的财务状况、经营成果和现金流动情况获得更充分的了解，并有利于报表使用者作出正确的决策。

2. 会计报表附注的内容

按照我国《企业会计制度》的规定，在财务报表附注中至少应披露以下13项内容。

（1）不符合会计核算前提的说明。

（2）重要会计政策和会计估计的说明。

重要的会计政策具体包括：①合并原则；②外币折算方法；③收入确认的原则；④所得税的处理方法；⑤存货的计价方法；⑥长期投资的核算方法；⑦坏账损失的核算；⑧借款费用的处理；⑨其他会计政策。

需要进行会计估计的事项主要有：①坏账是否会发生以及坏账的数额；②存货的毁损和过时损失；③固定资产的使用年限和净残值大小；④无形资产的受益期；⑤长期待摊费用的摊销期；⑥收入能否实现以及实现的金额；⑦或有损失和或有收益的发生以及发生的数额。

（3）重要会计政策和会计估计变更的说明，以及重大会计差错更正的说明。

有关会计变更和差错更正需要披露的重要事项主要是：①会计政策变更的内容和

理由;②会计政策变更的影响数;③会计政策变更的累积影响数不能合理确定的理由;④会计估计变更的内容和理由;⑤会计估计变更的影响数;⑥会计估计变更的影响数不能合理确定的理由;⑦重大会计差错的内容;⑧重大会计差错的更正金额。

(4) 或有事项的说明。

或有事项是指过去交易或事项形成的一种状况,其结果须通过未来不确定事项的发生或不发生予以证实。或有事项分为或有负债和或有资产两类。

企业在报表附注中应对以下或有负债进行披露:①已贴现商业承兑汇票形成的或有负债;②未决诉讼、仲裁形成的或有负债;③为其他单位提供债务担保形成的或有负债;④其他或有负债(不包括极小可能导致经济利益流出企业的或有负债)。

披露的内容包括:①或有负债的形成原因;②预计产生的财务影响(如无法预计,应说明理由);③获得补偿的可能性。

或有资产,是指有可能导致经济流入的或有事项。出于谨慎原则的考虑,一般不需要披露或有资产。但是,如果或有资产"很可能"给企业带来经济利益时,则应说明其形成的原因,如果能预计其产生的财务影响,也应作相应披露。

(5) 资产负债表日后事项的说明。

资产负债表日后事项,是指资产负债表日至报表报出日之间发生或存在的事项。有两种事项要作特殊处理:调整事项和非调整事项。典型的调整事项有:已经证实资产发生减损、销售退回和已确定获得或支付的赔偿等。典型的非调整事项有:资产负债表日后发生的股票和债券的发行、对一个企业的巨额投资、自然灾害导致的资产损失以及外汇汇率发生较大变动等。

(6) 关联方关系及其交易的说明。

关联方关系,是指一方有能力直接或间接控制、共同控制另一方的财务和经营决策,或者对另一方的财务和经营决策能施加重大影响;这种企业或个人称为报告企业的"关联方"。

按照我国现行会计制度规定,在存在控制关系的情况下,关联方为企业时,不论它们之间有无交易,都应说明如下事项:①企业经济性质或类型、名称、法定代表人、注册地、注册资本及其变化;②企业的主营业务;③所持股份或权益及其变化。

在企业与关联方发生交易的情况下,企业应说明关联方关系的性质、交易类型及其交易要素。这些要素一般包括:①交易的金额或相应比例;②未结算项目的金额或相应比例;③定价政策(包括没有金额或只有象征性金额的交易)。

(7) 重要资产转让及其出售的说明。

(8) 企业合并、分立的说明。

(9) 会计报表重要项目的说明。

会计报表重要项目的说明通常包括:①应收款项(不包括应收票据,下同)及计提坏账准备的方法;②存货的核算方法;③投资的核算方法;④固定资产的计价和折旧方法;⑤无形资产的计价和摊销方法;⑥长期待摊费用的摊销方法。

(10) 收入。
(11) 所得税的会计处理方法。
(12) 合并会计报表的说明。
(13) 有助于理解和分析会计报表需要说明的其他事项。

任务5.4 报送会计报表

企业单位编制的财务会计报告,应按《企业会计准则》的要求经单位财务主管人员审核无误后,及时向有关部门呈报。

为了确保财务会计报告的公正与真实,企业应该建立财务会计报告的签证制度。由于财务会计报告的编制者与使用者之间客观上存在着利害冲突,如企业在向银行申请贷款时,有可能向银行填写过分夸大其偿债能力的虚假财务会计报告,以便能够从银行获得贷款。再如,企业有可能为了减少税负,达到偷漏税的目的,而向税务机关提供隐瞒收入与所得的虚假财务会计报告。所以,为了使企业的财务会计报告能够确切地反映真实的财务状况和经营成果,得到财务报表使用者的充分信任,并能够利用这些会计信息作出正确的决策,要求企业的财务会计报告必须真实与可靠;否则,由于财务会计报告的不真实,或者由于财务会计报告中存在着隐瞒和欺骗的行为,对财务会计报告的使用者就会产生不利影响。为了防止这些弊端的发生,世界各国都在有关法规中规定了注册会计师的财务会计报告签证制度,而且在法规中一般都规定了对外公布的财务会计报告必须经注册会计师审核与签证,经签证后的财务会计报告才能对外公布。我国的《企业会计准则》也规定注册会计师签证制度,中国注册会计师在接受公司委托之后,进行查核签证,经查核之后,应提出受托企业的查账报告书,在查账报告书中就其查核后的财务会计报告提出是否可以信赖的查核意见,然后再对企业的财务会计报告予以签证。

企业应定期向当地财税机关、开户银行和企业的主管部门提供财务会计报告。国有企业的年度财务会计报告应同时报送同级国有资产管理部门。公开发行股票的股份有限公司还应当向债券交易机构和证券监督管理会等部门提供财务会计报告。

为使企业出具的财务会计报告具有严肃性,企业向外部各有关部门提供的财务会计报告依次编定页数,加具封面,装订成册,加盖公章。在财务会计报告的封面上应注明:企业名称、地址、开业年份、报表所属年度、月份以及报送日期等,并由企业领导、总会计师(或代行总会计师职权的人员)和会计主管人员签名或盖章。

企业对外投资占被投资企业资本半数以上,或者实质上拥有被投资企业控制权的,应当编制合并会计报表。确属特殊行业的企业不宜合并的,可不予合并,但应当将其财务会计报告一并报送。

阅读资料

有关财务报告的相关条例

《企业财务会计报告条例》是国务院于 2000 年 6 月 21 日发布的,自 2001 年 1 月 1 日起施行。它共分为 6 章 46 条,主要对企业财务会计报告的构成、编制、对外提供和法律责任等做出了规定。

第一章　总　则

第一条　为了规范企业会计报告,保证财务会计报告的真实、完整,根据《中华人民共和国会计法》,制定本条例。

第二条　企业(包括公司,下同)编制和对外提供财务会计报告,应当遵守本条例。

本条例所称财务会计报告,是指企业对外提供的反映企业某一特定日期财务状况和某一会计期间经营成果、现金流量的文件。

第三条　企业不得编制和对外提供虚假的或者隐瞒重要事实的财务会计报告。企业负责人对本企业财务会计报告的真实性、完整性负责。

第四条　任何组织或者个人不得授意、指使、强令企业编制和对外提供虚假的或者隐瞒重要事实的财务会计报告。

第五条　注册会计师、会计师事务所审计企业财务会计报告,应当依照有关法律、行政法规以及注册会计师执业规则的规定进行,并对所出具的审计报告负责。

第二章　财务会计报告的构成

第六条　财务会计报告分为年度、半年度、季度和月度财务报告。

第七条　年度、半年度财务会计报告应当包括:

(一) 会计报表;

(二) 会计报表附注;

(三) 财务情况说明书。

会计报表应当包括资产负债表、利润表、现金流量表及相关附表。

第八条　季度、月度财务会计报告通常仅指会计报表,会计报表至少应当包括资产负债表和利润表。国家统一的会计制度规定季度、月度财务会计报告需要编制会计报表附注的,从其规定。

第九条　资产负债表是反映企业在某一特定日期财务状况的报表。资产负债表应当按照资产、负债和所有者权益(或者股东权益,下同)分类分项列示。其中,资产、负债和所有者权益的定义及列示应当遵循下列规定:

(一) 资产,是指过去的交易、事项形成并由企业拥有或者控制的资源,该资源预期会给企业带来经济利益。在资产负债表上,资产应当按照其流动性分类分项列示,包括流动资产、长期投资、固定资产、无形资产及其他资产。银行、保险公司和非银行金融机构的各项资产有特殊性的,按照其性质分类分项列示。

(二) 负债,是指过去的交易、事项形成的现时义务,履行该义务预期会导致经济利益流出企业。在资产负债表上，负债应当按照其流动性分类分项列示，包括流动负债、长期负债等。银行、保险公司和非银行金融机构的各项负债有特殊性的，按照其性质分类分项列示。

（三）所有者权益，是指所有者在企业资产中享有的经济利益，其金额为资产减去负债后的余额。在资产负债表上，所有者权益应当按照实收资本（或者股本）、资本公积、盈余公积、未分配利润等项目分项列示。

第十条　利润表是反映企业在一定会计期间经营成果的报表。利润表应当按照各项收入、费用以及构成利润的各个项目分类分项列示。其中，收入、费用和利润的定义及列示应当遵循下列规定：

（一）收入，是指企业在销售商品、提供劳务及让渡资产使用权等日常活动中所形成的经济利益的总流入。收入不包括为第三方或者客户代收的款项。在利润表上，收入应当按照其性质分项列示。

（二）费用，是指企业为销售商品、提供劳务等日常活动所发生的经济利益的流出。在利润表上，费用应当按照其性质分项列示。

（三）利润，是指企业在一定会计期间的经营成果。在利润表上，利润应当按照营业利润和净利润等利润的构成分类分项列示。

第十一条　现金流量表是反映企业一定会计期间现金和现金等价物（以下简称现金）流入和流出的报表。现金流量表按照经营活动、投资活动和筹资活动的定义以及列示应当遵循下列规定：

（一）经营活动，是指企业投资活动和筹资活动以外的所有交易和事项。在现金流量表上，经营活动的现金流量应当按照其经营活动的现金流入和流出的性质分项列示；银行、保险公司和非银行金融机构的经营活动按照其经营活动特点分项列示。

（二）投资活动，是指企业长期资产的购建和不包括在现金等价物范围内的投资及其处置活动。在现金流量表上，投资活动的现金流量应当按照其投资活动的现金流入和流出的性质分项列示。

（三）筹资活动，是指导致企业资本及债务规模和构成发生变化的活动。在现金流量表上，筹资活动的现金流量应当按照其筹资活动的现金流入和流出的性质分项列示。

第十二条　相关附表是反映企业财务状况、经营成果和现金流量的补充报表，主要包括利润分配表以及国家统一的会计制度规定的其他附表。

利润分配表是反映企业一定会计期间对实现净利润以及以前年度未分配利润的分配或者亏损弥补的报表。利润分配表应当按照利润分配各个项目分类分项列示。

第十三条　年度、半年度会计报表，至少应当反映两个年度或者相关两个期间的比较数据。

第十四条　会计报表附注是为便于会计报表的编制基础、编制依据、编制原则和方法及主要项目所作的解释。会计报表附注至少应当包括下列内容：

（一）不符合基本会计假设的说明；

（二）重要会计政策和会计估计及其变更情况、变更原因及其对财务状况和经营成果的影响；

（三）或有事项和资产负债表日后事项的说明；

（四）关联方关系及其交易说明；

（五）重要资产的转让及其出售情况；

（六）企业合并、分立；

（七）重大投资、融资活动；

（八）会计报表中重要项目的明细资料；

（九）有助于理解和分析会计报表需要说明的其他事项。

第十五条　财务情况说明书至少应当对下列情况做出说明：

（一）企业生产经营的基本情况；

（二）利润实现和分配情况；

（三）资金增减和周转情况；

（四）对企业财务状况、经营成果和现金流量有重大影响的其他事项。

第三章　财务会计报告的编制

第十六条　企业应当于年度终了编制年度财务会计报告。国家统一的会计制度规定企业应当编报年度、季度和月度财务会计报告的，从其规定。

第十七条　企业编制财务会计报告，应当依据真实的交易、事项以及完整、准确的账簿记录等资料，并按照国家统一的会计制度规定的编制基础、编制依据、编制原则和编制方法。企业不得违反本条例和国家统一的会计制度规定，随意改变财务会计报告的编制基础、编制依据、编制原则和编制方法。任何组织或者个人不得授意、指使、强令企业违反本条例和国家统一的会计制度规定，改变财务会计报告的编制基础、编制依据、编制原则编制和编制方法。

第十八条　企业应当依照本条例和国家统一的会计制度规定，对会计报表中各项会计要素进行合理的确认与计量，不得随意改变会计要素的确认和计量标准。

第十九条　企业应当依照有关法律、行政法规和本条例规定的结账日进行结账，不得提前或者延迟。年度结账日为公历年度每年的12月31日；半年度、季度、月度结账日分别为公历年度每半年、每季、每月的最后一天。

第二十条　企业在编制年度财务会计报告前，应当按照下列规定，全面清查资产、核实债务：

（一）结算款项，包括应收款项、应付款项、应交税费等是否存在，与债务、债权单位的相应债务、债权金额是否一致；

（二）原材料、在产品、自制半成品、库存商品等各项存货的实存数量与账面是否一致，是否有报废损失和积压物资等；

（三）各项投资是否存在，投资收益是否按照国家统一的会计制度规定进行确认和计量；

（四）房屋建筑物、机器设备、运输工具等各项固定资产的实存数量与账面是否一致；

（五）在建工程的实际发生额与账面记录是否一致；

（六）需要清查、核实的其他内容。

企业通过前款规定的清查、核实，查明财产物资的实存数量是否一致、各项结算款项的拖欠情况及其原因、材料物资的实际储备情况、各项投资是否达到预期目的、固定资产的使用情况及其完好程度等。企业清查、核实后，应当将清查、核实的结果及其处理办法向企业的董事会或者相应机构报告，并根据国家统一的会计制度的规定进行相应的会计处理。

企业应当在年度中间根据具体情况，对各项财产物资和结算款进行重点抽查、轮流清查或者定期清查。

第二十一条　企业在编制会计报告前，除应当全面清查资产、核实债务外，还应当完成下列工作：

（一）核对各会计账簿记录与会计凭证的内容、金额等是否一致，记账方向是否相符；

（二）依照本条例规定的结账日进行结账，结出有关会计账簿的余额和发生额，并核对各会计账簿之间的余额；

（三）检查相关的会计核算是否按照国家统一的会计制度的规定进行；

（四）对于国家统计的会计制度没有规定核算方法的交易、事项，检查其是否按照会计核算的一般原则进行确认和计量以及相关账务处理是否合理；

（五）检查是否存在因会计差错、会计政策变更等原因需要调整前期或者本期相关项目。

在前款规定工作中发现问题的，应当按照国家统一的会计制度的规定进行处理。

第二十二条　企业编制年度和半年度财务会计报告时，对经查实后的资产、负债有变动的，应当按照资产、负债的确认和计量标准进行确认和计量，并按照国家统一的会计制度的规定进行会计处理。

第二十三条　企业应当按照国家统一的会计制度的会计报表格式和内容，根据登记完整、核对无误的会计账簿记录和其他有关资料编制会计报表，做到内容完整、数字真实、计算准确，不得漏报或者任意取舍。

第二十四条　会计报表之间、会计报表各项目之间，凡有对应关系的数字，应当相互一致；会计报表中本期与上期的有关数字应当相互一致；会计报表中本期与上期的有关数字应当相互衔接。

第二十五条　会计报表附注和财务情况说明书应当按照本条例和国家统一的会计制度的规定，对会计报表中需要说明的事项做出真实、完整、清楚的说明。

第二十六条　企业发生合并、分立情形的，应当按照国家统一的会计制度的规定编制相应的财务会计报告。

第二十七条　企业终止营业的，应当在终止营业时按照编制年度财务会计报告的要求全面清查资产、核实债务、进行结账，并编制财务会计报告；在清算期间，应当按照国家统一的会计制度的规定编制清算期间的财务会计报告。

第二十八条　按照国家统一的会计制度的规定，需要编制合并会计报表的企业集团,母公司除编制其个别会计报表外,还应当编制企业集团的合并会计报表。

企业集团合并会计报表,是指反映企业集团整体财务状况、经营成果和现金流量的会计报表。

第四章 财务会计报告的对外提供

第二十九条 对外提供的财务会计报告反映的会计信息应当真实、完整。

第三十条 企业应当依照法律、行政法规和国家统一的会计制度有关财务报告提供期限的规定,及时对外提供财务会计报告。

第三十一条 企业对外提供的财务会计报告应当依次编定页数,加具封面,装订成册,加盖公章。封面上应当注明:企业名称、企业统一代码、组织形式、地址、报表所属年度或者月份、报出日期,并由企业负责人和主管会计工作的负责人、会计机构负责人(会计主管人员)签名并盖章;设置总会计师的企业,还应当由总会计师签名并盖章。

第三十二条 企业应当依照企业章程的规定,向投资者提供财务会计报告。

国务院派出监事会的国有大型企业、国有重点金融机构和省、自治区、直辖市人民政府派出监事会的国有企业,应当依法定期向监事会提供财务会计报告。

第三十三条 有关部门或者机构依照法律、行政法规或者国务院的规定,要求企业提供部分或者全部财务会计报告及其有关数据的,应当向企业出示依据,并不得要求企业改变财务会计报告有关数据的会计口径。

第三十四条 非依照法律、行政法规或者国务院的规定,任何企业或者个人不得要求企业提供部分或者全部财务会计报表及其有关数据。

违反本条例规定,要求企业提供部分或者全部财务会计报告及其有关数据的企业有权拒绝。

第三十五条 国有企业、国有控股的或者占主导地位的企业,应当至少每年一次向本企业的职工代表大会公布财务会计报告,并重点说明下列事项:

(一)反映与职工利益密切相关的信息,包括管理费用的构成情况,以及其他与职工利益相关的信息;

(二)内部审计发现的问题及纠正情况;

(三)注册会计师审计的情况;

(四)国家审计机关发现的问题及纠正情况;

(五)重大的投资、融资和资产处置决策及其原因的说明;

(六)需要说明的其他重要事项。

第三十六条 企业依照本条例规定向有关各方提供的财务会计报告,其编制基础、编制依据、编制原则和编制方法应当一致,不得提供编制基础、编制依据、编制原则和编制方法不同的财务会计报告。

第三十七条 财务会计报告必须经注册会计师审计的,企业界应当将注册会计师及其会计师事务所出具的审计报告随同财务会计报告一并对外提供。

第三十八条 接受企业财务会计报告的组织或者个人,在企业财务会计报告未正式对外披露前,应当对其内容保密。

第五章 法律责任

第三十九条 违反本条例规定,有下列行为之一的,由县级以上人民政府责令限期改正,对企业可以处3 000元以上5万元以下的罚款;属于国家工作人员的,并依法给予行政处分或者纪律处分:

(一)随意改变会计要素的确认和计量标准的;

(二)随意改变财务会计报告的编制基础、编制依据、编制原则和编制方法的;

(三)提前或者延迟结账日结账;

(四)在编制年度财务会计报告前,未按照本条例规定全面清查资产核实债务的;

(五)拒绝财政部门和其他有关部门对财务会计报告依法进行监督检查,或者不如实提供有关情况的。

会计人员有前款所列行为之一,情节严重的,由县级以上人民政府部门吊销会计人员从业资格证书。

第四十条 企业编制、对外提供虚假的或者隐瞒重要事实的财务会计报告,构成犯罪的,依法追究刑事责任。

有前款行为,尚不构成犯罪的,由县级以上人民政府财政部门予以通报,对企业可以处5 000元以上10万元以下的罚款;对直接负责的主管人员和其他直接责任人员,可以处3 000元以上5万元以下的罚款;属于国家工作人员的,并依法给予撤职直至开除的行政处分或者纪律处分;对其中的会计人员,情节严重的,并由县级以上人民政府财政部门吊销会计人员从业资格证书。

第四十一条 授意、指使强令会计机构、会计人员及其他人员编制、对外提供虚假的或者隐瞒重要事实真相的财务会计报告,构成犯罪的,依法追究刑事责任;尚不构成犯罪的,可以处5 000元以下的罚款;属于国家工作人员的,并依法给予降级、撤职、开除的行政处分或者纪律处分。

第四十二条 违反本条例的规定,要求企业向其提供部分或者全部财务会计报告及其有关数据的,由县级以上人民政府责令改正。

第四十三条 违反本条例规定,同时违反其他法律、行政法规规定的,由有关部门在各自的职权范围内依法给予处罚。

第六章 附 则

第四十四条 国务院财政部门可以根据本条例的规定,制定财务会计的具体编报办法。

第四十五条 不对外筹集资金、经营规模较小的企业编制和对外提供财务会计报告的办法,由国务院财政部门根据本条例的原则另行规定。

第四十六条 本条例自2001年1月1日起施行。

📖 本项目小结

本项目主要介绍资产负债表和利润表的编制方法。会计报表是企业会计核算的重要组成部分,是会计核算专门方法之一。会计报表是通过整理、汇总日常会计核算资料而定期编制的用来记账、总括地反映企业单位在某一特定日期的财务状况以及某一特定时期的经营成果和现金流量等的书面报告。会计报表主要包括资产负债表、利润表和现金流量表、所有者权益变动表等。

资产负债表是反映企业某一特定日期的全部资产、负债和所有者权益及其构成情况的报表,它是静态报表。资产负债表的格式,使用较多的是账户式。其基本结构是左方反映资产情况,右方反映负债和所有者权益情况。它的编制有的根据总分类账户的期末余额填列,有的根据明细账户的余额填列;有的可以直接填列,有的需要整理、汇总、计算后填列。

利润表是反映企业在某一时期内经营成果的会计报表,它是动态报表。利润表的格式一般采用多步式,其基本结构分为四段。它的编制根据收入、费用类账户的净发生额和其他有关资料填列。

现金流量表是反映企业在某一时期内,现金流入和流出情况的财务报表,它也是动态报表。现金流量表的基本内容分为三部分:经营活动产生的现金流量、投资活动产生的现金流量和筹资活动产生的现金流量。它的编制根据资产负债表、利润表及其他有关账簿资料分析、汇总后填列。

课后练习

一、判断题

1. 资产负债表上的时间为一时期数,利润表上的时间为一时点数。（   ）
2. 编制会计报表的目的是为了满足会计信息使用者(包括本企业内部管理者和员工、投资者、债权人、潜在的投资者和债权人、上级主管部门、政府部门等)对会计信息的需求。（   ）
3. 我国会计制度规定采用报告式资产负债表。（   ）
4. 资产负债表左侧各项目是按照资产各自的流动性大小,即变现能力的强弱来排列的,反映企业资产可变现的数额和变现的速度(流动性),提供企业支付能力的信息。
（   ）
5. 企业采用"表结法"结转本年利润的,年度内每月月末损益类科目发生额合计数和月末累计余额无须转入"本年利润"科目,但要将其填入利润表,在年末时将损益类科目全年累计余额转入"本年利润"科目。（   ）
6. 资产负债表中的"固定资产原价"项目应包括融资租入固定资产的原价。（   ）
7. "利润分配"总账的年末余额不一定与相应的资产负债表中未分配项目的数额一致。（   ）
8. 资产负债表中的"长期待摊费用"项目应根据"长期待摊费用"科目的余额直接填列。（   ）

9. 资产负债表中确认的资产都是企业拥有的。（　）
10. 资产负债表是依据"资产＝负债＋所有者权益"的平衡原理编制的。（　）
11. 利润表中的"营业税金及附加"项目应根据总账科目余额直接填列。（　）
12. 计算利润总额时，应从营业利润中扣除销售费用、财务费用及管理费用。（　）
13. 现金流量表是以收付实现制为基础编制的动态报表。（　）
14. 资产负债表的"期末数"栏各项目主要是根据总账或有关明细账期末贷方余额直接填列。（　）
15. 现金流量表中的现金主要包括库存现金，可以随时用于支付的各种存款，其他货币资金和现金等价物。（　）

二、单项选择题

1. 下列不属于对外会计报表的是（　）。
   A. 现金流量表　　B. 制造费用分配表　　C. 资产负债表　　D. 利润表
2. 下列会计报表中属于静态报表的是（　）。
   A. 利润表　　　　　　　　　　B. 所有者权益变动表
   C. 现金流量表　　　　　　　　D. 资产负债表
3. 提供企业资产的流动性和偿债能力情况的报表是（　）。
   A. 资产负债表　　B. 利润表　　C. 现金流量表　　D. 利润分配表
4. 会计报表编制的根据是（　）。
   A. 原始凭证　　　　　　　　　B. 记账凭证
   C. 汇总记账凭证　　　　　　　D. 账簿记录
5. 下列会计报表中属于反映企业特定日期财务状况的是（　）。
   A. 损益表　　B. 利润分配表　　C. 资产负债表　　D. 现金流量表
6. 某企业 2008 年 12 月 31 日结账后的"库存现金"科目余额为 20 万元，"银行存款"科目余额为 4 000 万元，"其他货币资金"科目余额为 100 万元。该企业 2008 年 12 月资产负债表中的"货币资金"项目金额为（　）万元。
   A. 4 120　　　B. 4 020　　　C. 4 100　　　D. 4 000
7. 某企业 2008 年"长期待摊费用"科目的期末余额为 300 万元，将于一年内摊销的数额为 50 万元。该企业 2008 年 12 月 31 日资产负债表中的"长期待摊费用"项目金额为（　）万元。
   A. 250　　　　B. 300　　　　C. 150　　　　D. 350
8. 某企业 2008 年 12 月 31 日结账后的"固定资产"科目余额为 11 000 万元，"累计折旧"科目余额为 300 万元，"固定资产减值准备"科目余额为 200 万元。该企业 2008 年 12 月 31 日资产负债表中的"固定资产"项目金额为（　）万元。
   A. 10 500　　　B. 11 000　　　C. 10 700　　　D. 10 800
9. 某企业 2008 年 12 月 31 日结账后的"无形资产"科目余额为 1 000 万元，"累计摊销"科目余额为 400 万元，"无形资产减值准备"科目余额为 200 万元。该企业 2008 年 12 月 31 日资产负债表中的"无形资产"项目金额为（　）万元。

A. 600　　　　B. 400　　　　C. 800　　　　D. 1 000

10. 某企业2005年4月1日从银行借入期限为3年的长期借款500万元，编制2008年12月31日资产负债表时，此项借款应填入的报表项目是（　　）。
　　A. 短期借款　　　　　　　　B. 长期借款
　　C. 其他长期负债　　　　　　D. 一年内到期的非流动负债

11. 某企业2008年度"主营业务收入"科目的贷方发生额为5 000万元，借方发生额为1 000万元（系11月份发生的购买方退货），"其他业务收入"科目的贷方发生额为3 000万元。该企业2008年度利润表中"营业收入"的项目金额为（　　）万元。
　　A. 4 000　　　B. 8 000　　　C. 5 000　　　D. 7 000

12. 某企业2008年度"主营业务成本"科目的借方发生额为3 000万元，贷方发生额为1 000万元（系11月份发生的购买方退货），"其他业务成本"科目的借方发生额为1 500万元。该企业2008年度利润表中的"营业成本"的项目金额为（　　）万元。
　　A. 5 500　　　B. 200　　　　C. 3 500　　　D. 4 500

13. 下列各项中不影响工业企业营业利润的有（　　）。
　　A. 计提的工会经费　　　　　B. 发生的业务招待费
　　C. 收到退回的所得税　　　　D. 处置投资取得的净收益

14. 编制资产负债表依据的会计等式是（　　）。
　　A. 收入－费用＝利润　　　　B. 有借必有贷，借贷必相等
　　C. 借方余额合计＝贷方余额合计　　D. 资产＝负债＋所有者权益

15. 下列资产负债表项目中可直接根据某个总账余额填列的是（　　）。
　　A. 货币资金　　B. 交易性金融资产　　C. 存货　　D. 应收账款

16. 某企业"应付账款"科目月末贷方余额40 000元，其中："应付甲公司账款"明细科目贷方余额30 000元，"应付乙公司账款"明细科目贷方余额10 000元，"预付账款"科目月末贷方余额30 000元，其中："预付A工厂账款"明细科目贷方余额50 000元，"预付B工厂账款"明细科目借方余额20 000元。该企业月末资产负债表中"应付账款"项目的金额为（　　）元。
　　A. 70 000　　　B. 30 000　　　C. 40 000　　　D. 90 000

17. 反映企业一定会计期间经营成果的会计报表是（　　）。
　　A. 现金流量表　　B. 产品生产成本表　　C. 资产负债表　　D. 利润表

18. 财务报表的列表基础是（　　）。
　　A. 持续经营　　B. 权责发生制　　C. 重要性原则　　D. 谨慎性原则

19. 下列项目中不应列为流动资产项目的是（　　）。
　　A. 货币资金　　B. 预收账款　　C. 预付账款　　D. 应收账款

20. 处置无形资产的现金流量属于（　　）产生的现金流量。
　　A. 经营活动　　B. 投资活动　　C. 筹资活动　　D. 汇率变动

三、多项选择题

1. 会计报表按反映的经济内容的不同，可以分为（　　）。

A. 个别报表　　B. 合并报表　　C. 静态报表　　D. 动态报表
2. 在编制资产负债表时,应根据总账科目的期末借方余额直接填列的项目有(　　)。
A. 短期借款　　B. 应付票据　　C. 应收账款　　D. 应收股利
3. 所有者权益包括(　　)。
A. 投入资本　　B. 长期投资　　C. 资本公积　　D. 盈余公积
4. 下列各项资产中属于流动资产的有(　　)。
A. 银行存款　　B. 应收账款　　C. 原材料　　D. 固定资产
5. 下列资产负债表项目中,需根据账户余额减去其备抵项目后的净额填列的有(　　)。
A. 货币资金　　B. 存货　　C. 应收票据　　D. 应收账款
6. 在资产负债表中所有者权益应按照以下项目分项列示,包括(　　)。
A. 实收资本　　B. 资本公积　　C. 盈余公积　　D. 未分配利润
7. 利润表根据排列方式的不同,可分为(　　)。
A. 三栏式利润表　　　　　　B. 单步式利润表
C. 多步式利润表　　　　　　D. 多栏式利润表
8. 下列会计科目的期末余额,应当列入资产负债表"存货"项目的有(　　)。
A. 生产成本　　　　　　　　B. 材料采购
C. 委托加工物资　　　　　　D. 委托代销商品
9. 下列各项中影响当期利润表中利润总额的有(　　)。
A. 固定资产盘盈　　　　　　B. 确认所得税费用
C. 对外捐赠固定资产　　　　D. 无形资产出售利得
10. 下列各项中应计入营业外收入的有(　　)。
A. 原材料盘盈　　　　　　　B. 无法查明原因的现金溢余
C. 转让长期投资取得的净收益　　D. 转让无形资产所有权取得的净收益
11. 企业吸收投资者出资时,下列会计科目的余额可能发生变化的有(　　)。
A. 盈余公积　　B. 资本公积　　C. 实收资本　　D. 利润分配
12. 下列资产负债表各项目中,属于流动负债的有(　　)。
A. 预收账款　　　　　　　　B. 其他应付款
C. 预付账款　　　　　　　　D. 一年内到期的长期借款
13. 资产负债表中"存货"项目的金额,应根据(　　)账户的余额分析填列。
A. 物资采购　　B. 材料成本差异　　C. 发出商品　　D. 生产成本
14. 下列各项属于经营活动现金流量的有(　　)。
A. 销售商品收到的现金　　　B. 购买固定资产支付的现金
C. 吸收投资收到的现金　　　D. 偿还应付账款支付的现金

四、实训题

(一) 甲上市公司为增值税一般纳税人,适用的增值税税率为17%。原材料和库存商品均按实际成本核算,商品售价不含增值税,其销售成本随销售同时结转。2008年1月1日总分类账户期初余额表资料如表5-9所示。

表 5-9　期初余额表

2008年1月1日　　　　　　　　　　　　　　　　　　　金额单位:万元

会计科目	年初余额（借方余额）	会计科目	年初余额（贷方余额）
库存现金	20.4	短期借款	200
银行存款	300	应付账款	84
交易性金融资产	0	应付票据	40
应收票据	24	预收账款	60
应收账款	159.2	应付职工薪酬	4
预付账款	0.16	应交税费	9.6
原材料	68	应付利息	40
库存商品	300	长期借款	1 008
长期股权投资	480	实收资本	1 600
固定资产	1 480	盈余公积	96
累计折旧	38	未分配利润	6.16
在建工程	100		
无形资产	204		
长期待摊费用	50		

2008年甲上市公司发生如下交易或事项。

（1）以商业承兑汇票支付方式购入材料一批,发票账单已经收到,增值税专用发票上注明的贷款为30万元,增值税额为5.1万元。材料已验收入库。

（2）委托证券公司购入公允价值为100万元的股票,作为交易性金融资产核算。期末交易性金融资产公允价值仍为100万元。

（3）计算并确认短期贷款利息5万元。

（4）计算并确认坏账准备8万元。

（5）计提行政管理部门用固定资产折旧20万元;摊销管理用无形资产成本10万元。

（6）销售库存商品一批,该批商品售价为100万元,增值税为17万元,实际成本为65万元,商品已发出。甲公司已于上年预收货款60万元,其余款项尚未结清。

（7）分配工资费用,其中企业行政管理人员工资15万元,在建工程人员工资5万元。

（8）计提应记入在建工程成本的长期借款利息20万元。

（9）确认对联营企业的长期投资收益50万元。

（10）计算并确认应交城市维护建设税3万元(教育费附加略)。

（11）转销无法支付的应付账款30万元。

（12）本年度实现利润总额54万元,所得税费用和应交所得税均为18万元(不考虑其他因素);提取盈余公积3.6万元。

要求:利用上述资料编制资产负债表。

（二）已知某企业2008年1月31日损益类账户发生额如表5-10所示。

表 5-10 某企业 2008 年 1 月 31 日损益类账户发生额　　金额单位:元

会计科目	本月发生额	
	借方	贷方
主营业务收入		2 000 000.00
其他业务收入		80 000.00
主营业务成本	1 200 000.00	
营业税金及附加	80 000.00	
其他业务成本	60 000.00	
销售费用	100 000.00	
管理费用	100 000.00	
财务费用	120 000.00	
资产减值损失	50 000.00	
营业外支出	11 000.00	
所得税费用	400 000.00	

要求:根据上述资料编制利润表。

项目六 会计基本技能的综合运用

Xiangmu 6

技能目标

1. 能对账户按经济内容分类，并对各种常用账户按用途和结构分类。
2. 能够非常清楚地区分各种会计核算程序的不同点，并能够熟练地叙述常用的两种会计核算程序的步骤。
3. 能正确选择会计核算程序，并能应用于企业实际工作。

知识目标

1. 了解会计账户分类的标志和方法。
2. 掌握账户按经济内容分类的方法和具体内容。
3. 了解账户按用途结构分类的意义和作用，掌握账户按用途结构分类的内容。
4. 了解会计核算程序的选择原则。
5. 掌握三种常用会计核算程序的特点、账务处理程序、适用范围和优、缺点。

案例导入

赵明于 2008 年 1 月 1 日用自家存款 100 000 元作为投资创办了红光霓虹灯加工厂，并以每月 2 000 元的租金租用了一个房屋作为加工场地，向银行贷款 80 000 元，设备、材料已购入，招聘工人 5 名，每人月薪 1 000 元。5 月 1 日正式对外加工，在经营过程中经常有客户赊欠的业务，也有购入材料未付款业务。该企业除每年年初支付全年房屋租金外，每月还要支付一定的水电费和其他杂费。由于赵明不懂会计，准备聘请两名会计人员。假如你被聘任，你将为该企业设计一套怎样的账务处理程序呢？

任务6.1 账户分类

前已述及,企业为了全面、连续、系统地记录各项经济业务,并为企业内外信息使用者提供所需要的会计信息,必须通过设置和登记账户来进行。

6.1.1 案例资料

红光霓虹灯加工厂在生产经营过程中,设置了如下账户,指出各账户的性质及核算内容。说明每个账户的结构是怎样的?各账户如有余额,它反映的是什么数据?

库存现金、银行存款、应收账款、其他应收款、原材料、库存商品、固定资产、累计折旧、应付账款、应交税费、应付职工薪酬、长期借款、生产成本、制造费用、实收资本、主营业务收入、主营业务成本、营业税金及附加、管理费用、销售费用、财务费用、所得税费用、本年利润、利润分配。

6.1.2 账户按用途和结构不同分类

账户的主要功能是记载经济业务的变化过程及结果。为了运用好账户,需要从不同角度全方位认识账户体系的全貌,即从账户所核算和监督会计要素的具体内容、账户的用途和结构两个角度进行归类。账户按经济内容的分类前已述及,这里不再重述。现就账户按用途和结构进行总结。

账户按其反映的经济内容进行分类,明确了完整的账户体系以及各类账户所核算的经济内容和经济性质,这对于合理设置账户,具有重要的意义。但是,账户按经济内容的分类,并不能说明设置账户的目的以及在什么条件下使用各类账户,即账户的用途是什么;同时,账户按经济内容的分类,也没有明确如何使用各类账户,以及各类账户的基本结构内容,即账户的结构是怎样的。因此,有必要在账户按经济内容分类的基础上,对账户按其用途和结构进行分类。

所谓账户的用途,是指设置和运用账户的目的,即通过账户记录提供什么核算指标。所谓账户的结构,是指在账户中如何登记经济业务,以取得所需要的各种核算指标,即账户借方登记什么,贷方登记什么,账户期末有无余额,如有余额在账户的哪一方,其含义是什么?

账户按其用途和结构的不同,可以分为盘存账户、资本账户、结算账户、集合分配账户、成本计算账户、财务成果账户、计价对比账户和调整账户等。

下面分别说明各类账户的用途和结构特点。

1. 盘存账户

盘存账户是指用来反映和监督各项财产物资和货币资金的增减变动及其结存情况的账户。如案例中的"库存现金"、"银行存款"、"原材料"、"库存商品"、"固定资产"等账户。"生产成本"账户的期初期末余额表示在产品,也具有盘存账户的性质。这类账户的结构是,借方登记各项财产物资和货币资金的增加数,贷方登记各项财产物资和货币资金的减少数,期末余额总是在借方,表示期末各项财产物资和货币资金的实际结存数。该类账户的结构如图 6-1 所示。

借方	盘存账户	贷方
期初余额:财产物资和货币资金的实存数		
发生额:本期财产物资和货币资金的增加额		发生额:本期财产物资和货币资金的减少额
期末余额:财产物资和货币资金的实存数		

图 6-1　盘存账户

盘存账户的特点是:①盘存账户反映的财产物资和货币资金,都可以通过财产清查的方法(实地盘点或对账)确定其实有数,并检查其实存数与账存数是否相符。②该类账户如有余额一般在借方。③除"库存现金"和"银行存款"账户外,其他盘存账户,如"原材料"、"库存商品"、"固定资产"等账户,在进行明细分类核算时,除了采用货币计量外,还需兼用实物计量,以提供实物数量和金额两种指标。

2. 资本账户

资本账户是用来核算和监督企业所有者投资以及内部形成的积累的增减变动及其结存情况的账户。如案例中的"实收资本"账户。此外,还有"资本公积"、"盈余公积"等账户。在借贷记账法下,资本账户的贷方反映各项投资和积累的增加;借方反映各项投资和积累的减少;余额在贷方,反映各项投资和积累的结存。该类账户的结构如图 6-2 所示。

借方	资本账户	贷方
		期初余额:期初投资或积累的实有额
发生额:本期投资或积累的减少额		发生额:本期投资或积累的增加额
		期末余额:期末投资或积累的实有额

图 6-2　资本账户

资本账户的特点是:①在企业生产经营期间,反映外部投资的账户一定有贷方余额,反映企业内部积累的账户,如有余额也在贷方。②该类账户无论是总分核算还是明细分类核算,只需货币计量,以总括说明资本规模及其增减变化。

3. 结算账户

结算账户是指用来反映和监督企业同其他单位或个人之间债权(应收款项或预付款

项)、债务(应付款项或预收款项)结算情况的账户。由于结算业务的性质不同,决定了不同结算账户具有不同的用途和结构。因此,结算账户按其用途和结构的不同,又可以分为债权结算(资产结算)账户、债务结算(负债结算)账户和债权债务结算(资产负债结算)账户三类。

（1）债权结算账户又称资产结算账户,它是用来核算和监督企业同各单位或个人之间的债权结算业务的账户。案例中属于这类账户的有"应收账款"、"其他应收款"账户。此外,还有"预付账款"等账户。在借贷记账法下,这类账户的借方登记债权的增加数,贷方登记债权的减少数,期末余额一般在借方,表示期末尚未收回债权的实有数。该类账户的结构如图6-3所示。

借方	债权结算账户	贷方
期初余额:期初尚未收回的应收款项或预付款项的实有数		
发生额:本期应收款项或预付款项的增加额		发生额:本期应收款项或预付款项的减少额
期末余额:期末尚未收回的应收款项或预付款项的实有数		

图 6-3 债权结算账户

债权结算账户的特点是:①为了保证核算资料的正确性,债权人需要定期通过与有关债务单位或个人核对账目来保证账账相符。②该类账户的期末余额一般在借方,表示债权的实有数,但也有可能出现贷方余额,这时,账户的性质就具有负债的性质。③该类账户应按照对方单位和个人设置明细分类核算,并只进行货币计量。

（2）债务结算账户亦称负债结算账户,是指用来反映和监督企业同其他单位或个人之间的债务结算业务的账户。如案例中"应付账款"、"长期借款"、"应付职工薪酬"、"应交税费"等账户,此外,还有"预收账款"、"短期借款"、"应付股利"、"其他应付款"等账户。在借贷记账法下,这类账户的贷方登记债务的增加数,借方登记债务的减少数,期末余额一般在贷方,表示期末尚未偿还的债务的实有数。该类账户的结构如图6-4所示。

借方	债务结算账户	贷方
	期初余额:期初结欠的借入款项、应付款项或预收款项的实有数	
发生额:本期借入款项、应付款项或预收款项的减少额	发 生 额:本期借入款项、应付款项或预收款项的增加额	
	期末余额:期末结欠的借入款项、应付款项或预收款项的实有数	

图 6-4 债务结算账户

债务结算账户的特点是:①为了保证核算资料的正确性,需要定期通过与有关债权单位或个人核对账目来保证账账相符。②该类账户的期末余额一般在贷方,表示负债的实有数,但也有可能出现借方余额,这时,账户的性质就具有债权的性质。③该类账户应按照对方单位和个人设置明细分类核算,并只进行货币计量。

（3）债权债务结算账户又称资产负债结算账户或往来结算账户。这类账户既反映债权结算业务，又反映债务结算业务，是双重性质的结算账户。这类账户的使用基于以下情况：在实际工作中，某些与企业经常发生业务往来的单位，有时是企业的债权人，有时是企业的债务人，如企业向同一单位销售产品，如果是先发货后收款，发生的应收而尚未收到的款项就构成了企业的债权；如果合同规定购买方先预付货款，企业预收的款项就构成了企业的债务。为了集中反映企业与同一单位发生的债权和债务的往来结算情况，有必要设置和运用这类债权债务的结算账户，在同一个债权结算账户或者同一个债务结算账户，反映应收和预付或者应付和预收该单位款项的增减变动及其结余情况。在借贷记账法下，这类账户的借方登记债权（应收款项和预付款项）的增加额和债务（应付款项和预收款项）的减少额；贷方登记债务的增加额和债权的减少额。期末账户余额可能在借方，也可能在贷方，如在借方，表示尚未收回的债权净额，即尚未收回的债权大于尚未偿付的债务的差额；如在贷方，表示尚未偿付的债务净额，即尚未偿付的债务大于尚未收回的债权的差额。该账户所属明细账的借方余额之和与贷方余额之和的差额，应当与总账的余额相等。该类账户的结构如图6-5所示。

借方 债权债务结算账户	贷方
期初余额：期初债权大于债务的差额	期初余额：期初债务大于债权的差额
发生额：(1)本期债权增加额 (2)本期债务减少额	发生额：(1)本期债务增加额 (2)本期债权减少额
期末余额：期末债权大于债务的差额	期末余额：期末债务大于债权的余额

图6-5 债权债务结算账户

4. 集合分配账户

集合分配账户是指用来归集和分配企业生产经营过程中某一阶段所发生的成本费用，并借以核算和监督该阶段费用预算执行情况以及费用分配情况的账户。如"制造费用"账户。在借贷记账法下，这类账户的借方登记各种费用的发生数，贷方登记按照一定标准分配计入各个成本计算对象的费用分配数，除季节性生产的企业外，归集在这类账户借方的费用一般在当期都全部分配出去，所以这类账户期末通常没有余额。可见，集合分配账户具有明显的过渡性质。该类账户的结构如图6-6所示。

借方 集合分配账户	贷方
发生额：本期各种费用的发生额	发生额：本期各种费用的分配额

图6-6 集合分配账户

集合分配账户的特点是：①由于该类账户归集的成本费用，一般要在期末时全部分配到各受益对象中去，因此，本类账户期末无余额。②该类账户一般要分项目进行明细分类核算。③该类账户只需要货币计量。

5. 成本计算账户

成本计算账户是用来反映和监督企业生产经营过程中某一阶段所发生的、应计入成本的全部费用,并确定各个成本计算对象的实际成本的账户。案例中属于这类账户的是"生产成本",此外,还有"材料采购"等账户。在借贷记账法下,这类账户的借方登记应计入成本的全部费用,包括直接计入各个成本计算对象的费用和按一定标准分配计入各个成本计算对象的费用;贷方登记转出的已完成某一过程的成本计算对象的实际成本。该类账户的结构如图 6-7 所示。

借方	成本计算账户	贷方
期初余额:期初尚未完成某一过程的成本计算对象的实际成本		
发生额:生产经营过程某一阶段发生的应计入成本的费用		发生额:结转已完成某一过程的成本计算对象的实际成本
期末余额:尚未完成某一过程的成本计算对象的实际成本		

图 6-7 成本计算账户

成本计算账户的特点是:①具有盘存账户的特点和作用,这是因为该类账户的余额表示尚未结束经营过程某一阶段上成本计算对象的实际成本,如在产品、在途物资等。②该类账户应按成本计算对象设置明细账,并按成本项目归集费用。③该类账户所属明细分类账既要借助于货币计量,总括反映全部消耗,提供综合的成本信息,又要借助于实物或劳动计量,反映物资或劳动消耗。

6. 财务成果账户

财务成果账户是用来计算并反映企业在一定期间(月份、季度、年度)内全部生产经营活动最终成果的账户。财务成果是企业在一定时期内所取得的各项收入抵补各项费用、支出后的净收益。因此,用来核算企业财务成果的账户包括财务成果形成过程账户和财务成果计算账户。

(1) 财务成果形成过程账户。财务成果形成过程账户是用来核算企业一定时期内财务成果形成情况的账户。

设置这类账户的目的是全面反映和监督企业在一定时期内所取得的各项收入、发生的各种费用、支出的增减变动情况以及结转"本年利润"账户的数额。

这类账户包括收入账户和费用、支出账户,这是两类不同性质的账户。但是,从平时所登记的内容来看,其结构有相同之处,即借方登记影响财务成果减少的数额,贷方登记影响财务成果增加的数额,期末都应将其借贷方差额转入"本年利润"账户,结转后都无余额。

常见的收入账户有"主营业务收入"、"其他业务收入"和"营业外收入"等账户。该类账户的结构如图 6-8 所示。

借方	收入账户	贷方
发生额：本期各项收入减少发生额数和转入"本年利润"账户的数额		发生额：本期各项收入的增加发生额
期末余额：	0	

图6-8　收入账户

常见的费用、支出账户有"主营业务成本"、"营业税金及附加"、"其他业务支出"、"销售费用"、"管理费用"、"财务费用"、"营业外支出"、"所得税费用"等账户。该类账户的结构如图6-9所示。

借方	费用、支出账户	贷方
发生额：费用（支出）的发生额		发生额：转入"本年利润"账户的费用额
期末余额：	0	

图6-9　费用、支出账户

(2) 财务成果计算账户。财务成果计算账户是用来计算并确定企业在一定时期内全部经营活动的最终财务成果的账户。如"本年利润"账户。这类账户的基本结构是贷方登记各项经营业务活动的收入，借方登记各项经营业务活动的费用和损失；期末将借方发生额和贷方发生额进行比较，就可以得出本计算期的最终财务成果。该类账户的结构如图6-10所示。

借方	财务成果账户	贷方
发生额：期末转入的各项费用、支出数额		发生额：期末转入的各项收入数额
期末余额：本期发生的亏损数额		期末余额：本期实现的利润数额

图6-10　财务成果账户

财务成果计算账户的特点是：①年度内各期期末都有余额，若为贷方余额，表示企业本期实现的净利润；若出现借方余额，则表示本期发生的亏损总额。年终决算后应将其余额结转到"利润分配"账户，结转后无余额。②无论总分类账还是明细分类账，均只提供货币信息。

7. 计价对比账户

计价对比账户是用来对某项经济业务按照两种不同的计价标准进行对比，借以确定其业务成果的账户。

计价对比账户的基本结构是借方登记某项业务发生的各种支出或损失额，贷方登记某项业务所取得的收入额；将借贷两方发生额对比，就可以确定某项业务的净收益或净损失，并于期末将其净收益或净损失结转有关账户，结转后本账户无余额。属于这类账户的有"固定资产清理"、"材料采购"（计划成本核算时使用）等账户。该类账户的结构如图6-11所示。

借方	计价对比账户	贷方
发生额：本期某项业务发生的支出或损失数额或期末转入有关账户的净收益数额		发生额：本期某项业务发生的收入数额或期末转入有关账户的净损失数额
期末余额： 0		

图 6-11 计价对比账户

8. 调整账户

调整账户是指用来调整被调整账户的余额，以求得被调整账户的实际余额而设置的账户。

在会计核算中，由于管理上的需要或其他方面的原因，对于某些会计要素，要求用两种数字从不同的方面进行反映。在这种情况下，就需要设置两个账户：一个用来反映其原始数字；另一个用来反映对原始数字的调整数字。例如，固定资产由于使用发生损耗，其价值不断减少，但从管理的角度考虑，需要"固定资产"账户能提供固定资产的原始价值指标，因此，固定资产价值的减少不直接记入"固定资产"账户的贷方，冲减其原始价值，而是另外开设了"累计折旧"账户，将提取的折旧记入"累计折旧"账户的贷方，用以反映固定资产由于损耗而不断减少的价值。将"固定资产"账户的借方余额（现有固定资产的原始价值）减去"累计折旧"账户的贷方余额（现有固定资产的累计折旧额），其差额就是现有固定资产的净值（或称折余价值）。可见，"累计折旧"账户就是为了调整"固定资产"账户借方余额（原始价值）以求得其实际价值（净值）而设置的。"累计折旧"账户就属于调整账户。属于这类账户的还有"利润分配"、"材料成本差异"、"坏账准备"等账户。

调整账户按其调整方式的不同，可以分为备抵账户、附加账户和备抵附加账户三类。

（1）备抵账户又称抵减账户，是用来抵减被调整账户余额，以求得被调整账户实际余额的账户。其调整方式，可用下列计算公式表示：

被调整账户余额－调整账户余额＝被调整账户的实际余额

备抵账户的特点是：被调整账户的余额与备抵账户的余额一定是相反的方向；如果被调整账户的余额在借方，则备抵账户的余额一定在贷方；反之亦然。

备抵账户，按照被调整账户的性质，又可分为资产备抵账户和权益备抵账户两类。

① 资产备抵账户。是用来抵减某一资产账户（被调整账户）余额，以求得该资产账户实际余额的账户。例如"累计折旧"账户是"固定资产"这个资产账户的备抵账户。两个账户之间的关系，可用图 6-12 表示如下。

借方	固定资产	贷方	借方	累计折旧	贷方
期末余额：原始价值 550 000					期末余额：累计折旧额 80 000

	固定资产的原始价值	550 000
减：	固定资产的累计折旧	80 000
	固定资产账面净值	470 000

图 6-12 资产备抵账户

属于资产备抵账户的还有"坏账准备"账户,它是"应收账款"的备抵账户。

② 权益备抵账户。是用来抵减某一权益账户(被调整账户)的余额,以求得该权益账户实际余额的账户。例如,"利润分配"账户就是"本年利润"账户的备抵账户。"本年利润"账户的期末贷方余额,反映期末已实现利润数,"利润分配"账户的借方余额,反映本期已分配的利润数。用"本年利润"账户的贷方余额减去"利润分配"账户的借方余额,其差额表示企业期末尚未分配的利润数。"本年利润"账户与"利润分配"账户的关系,如图 6-13 所示。

借方	利润分配	贷方	借方	本年利润	贷方
期末余额:已分配的利润数					期末余额:已实现的利润数
450 000					700 000
	已实现的利润数			700 000	
	减:已分配的利润数			450 000	
	未分配的利润数			250 000	

图 6-13 权益备抵账户

(2) 附加账户是用来增加被调整账户的余额,以求得被调整账户的实际余额的账户。其调整方式可用下列计算公式表示:

被调整账户余额+附加账户余额=被调整账户的实际余额

附加账户的特点是:附加账户的余额与被调整账户的余额一定是在同一方向(借方或贷方)。如"应付债券——债券溢价"账户就是"应付债券——债券面值"的一个附加账户。在实际工作中,单纯的附加账户很少设置。

(3) 备抵附加账户是指既可以用来抵减,又可以用来附加被调整账户的余额,以求得被调整账户实际余额的账户。这类账户属于双重性质账户,兼有备抵账户和附加账户的功能,但不能同时起两种作用。其在某一时期执行的是哪一种功能,取决于该账户的余额与被调整账户的余额是在同一方向还是相反方向。工业企业采用计划成本进行材料的日常核算时,所设置的"材料成本差异"账户就属于备抵附加账户。

"材料成本差异"账户是"原材料"账户的调整账户。当"材料成本差异"账户是借方余额时,表示实际成本大于计划成本的超支数,用"原材料"账户的借方余额加上"材料成本差异"账户的借方余额,就是材料的实际成本;当"材料成本差异"账户是贷方余额时,表示实际成本小于计划成本的节约数,用"原材料"账户的借方余额减去"材料成本差异"账户的贷方余额,其差额为材料的实际成本。

综上所述,调整账户具有以下特点。

(1) 调整账户与被调整账户反映的经济内容相同,但用途和结构不同。

(2) 被调整账户反映会计要素的原始数字,而调整账户反映的是同一要素的调整数字。因此,调整账户不能脱离被调整账户而独立存在。

(3) 调整方式是指原始数字与调整数字是相加还是相减,以求得有特定含义的数字。调整方式是相加还是相减则取决于被调整账户与调整账户的余额是在同一方向还是相反方向。

任务 6.2 账务处理程序的运用

前几个项目学习了会计凭证的填制与审核、会计账簿的设置与登记、会计报表的编制等知识与技能。在会计核算过程中所运用的这些方法并不是彼此孤立、互不联系的,而应该使其有机结合,形成一个能够连续、系统、全面、综合地对各单位的经济活动进行会计核算和监督的系统,以便准确提供管理上所需要的会计信息。

账务处理程序也称为会计核算组织程序或会计核算形式,是指会计凭证、会计账簿、财务报表相结合的方式。一个单位采用什么样的账务处理程序,应从本单位的业务性质、规模大小、业务量及管理要求等实际情况出发,选择一个既满足管理需要,又能提高工作效率,保证核算质量和便于会计人员分工协作的账务处理程序。

账务处理程序的基本步骤包括:接受并审核会计凭证,填制记账凭证;登记序时账和分类账(总分类账、明细分类账);对账,调整应计账项并计算成本与损益;结账;编制会计报表。

在账务处理程序中,上述步骤是共有的,但由于登记总账的依据不同,就产生了不同的账务处理程序。目前,我们常用的账务处理程序主要有:记账凭证账务处理程序、科目汇总表账务处理程序、汇总记账凭证账务处理程序、多栏式日记账账务处理程序、日记总账账务处理程序。现以最常用的记账凭证账务处理程序、科目汇总表账务处理程序和汇总记账凭证账务处理程序三种账务处理程序为重点进行学习。

6.2.1 记账凭证账务处理程序

1. 案例

永欣公司 2008 年 7 月初有关总账账户余额如表 6-1 所示。

表 6-1 总账账户期初余额表　　　　　　　　　　金额单位:元

账 户 名 称	借方金额	贷方金额
库存现金	3 500	
银行存款	165 180	
应收账款	12 500	
原材料	256 000	
库存商品	128 300	
预付账款	6 000	
固定资产	435 900	

续表

账户名称	借方金额	贷方金额
累计折旧		124 600
生产成本	136 920	
短期借款		230 000
应付账款		11 100
应付职工薪酬		3 950
应交税费		4 500
应付利息		6 000
实收资本		600 000
盈余公积		32 830
利润分配	32 830	
本年利润		164 150
合 计	1 177 130	1 177 130

永欣公司有关明细分类账户的资料如表6-2所示。

表6-2 明细分类账期初余额表　　　　　金额单位:元

总账科目	明细分类科目	借或贷	余 额
应收账款	文斌公司	借	10 000
	华运公司	借	2 500
原材料	甲材料(30 000千克,单价5元)	借	150 000
	乙材料(26 500千克,单价4元)	借	106 000
库存商品	001产品(440件)	借	77 000
	002产品(380件)	借	51 300
预付账款	黄河公司	借	6 000
生产成本	001产品(740件,材料成本)	借	82 140
	002产品(660件,材料成本)	借	54 780
应付账款	中兴公司	贷	8 000
	海天公司	贷	3 100
应付利息	利息支出	贷	6 000

2008年7月发生如下经济业务。

(1)7月1日,李利出差借款800元,以现金支付。

(2)7月2日,企业管理部门购买办公用品300元,以银行存款支付。

(3)7月2日,销售给文斌公司001产品200件,单价240元,002产品150件,单价180元,价款共计75 000元,增值税率17%,增值税销项税额12 750元,价税合计87 750元,产品已经发出,款项尚未收到。

(4)7月3日,收到国家对企业的投资300 000元存入银行。

(5)7月3日,以存款缴纳上月城市维护建设税4 500元。

(6) 7月4日,购入甲材料 6 500 千克,单价 5 元,计 32 500 元,乙材料 7 000 千克,单价 4 元,计 28 000 元,价款合计 60 500 元;增值税率 17%,增值税进项税额为 10 285 元,价税合计 70 785 元,以银行存款支付。

(7) 7月4日,收到文斌公司前欠货款 87 750 元,款项已存入银行。

(8) 7月5日,销售给华运公司 001 产品 240 件,单价 240 元,计 57 600 元,002 产品 200 件,单价 180 元,计 36 000 元,价款共计 93 600 元;增值税率 17%,增值税销项税额 15 912 元,价税合计 109 512 元,产品已经发出,款项已收到并存入银行。

(9) 7月7日,以银行存款偿还前欠海天公司货款 3 100 元。

(10) 7月7日,李利出差回来,报销差旅费共计 740 元,余款 60 元交回现金。

(11) 7月8日,收到文斌公司归还欠款 10 000 元,存入银行。

(12) 7月9日,以现金报销职工培训费 300 元。

(13) 7月10日,以银行存款支付车间生产设备的维修费用 450 元。

(14) 7月11日,从银行提取现金 3 000 元备用。

(15) 7月12日,从银行提取现金 78 000 元,备发工资。

(16) 7月12日,以现金支付职工工资 78 000 元。

(17) 7月14日,购入甲材料 7 800 千克,单价 5 元,计 39 000 元,购入乙材料 8 000 千克,单价 4 元,计 32 000 元,价款共计 71 000 元。增值税率 17%,增值税进项税额为 12 070 元,价税合计 83 070 元,以银行存款支付。

(18) 7月15日,以存款预付长江公司货款 16 000 元。

(19) 7月16日,以现金报销职工医药费 800 元。

(20) 7月17日,文斌公司购买 001 产品 10 件,单价 240 元,价款 2 400 元,增值税率 17%,增值税进项税额 408 元。价税合计 2 808 元,款项尚未收到。

(21) 7月19日,以银行存款购买打印机一台,计 1 850 元,已交付办公室使用。

(22) 7月20日,以银行存款支付中兴公司前欠货款 8 000 元。

(23) 7月21日,收到文斌公司转账支票一张 2 808 元,已送存银行,结清前欠货款。

(24) 7月22日,从银行提取现金 2 000 元备用。

(25) 7月22日,以银行存款支付电费 3 900 元,其中:001 产品电费 1 600 元,002 产品电费 1 800 元,车间照明电费 500 元。

(26) 7月23日,预提本月银行借款利息 3 000 元。

(27) 7月23日,以现金预付李利出差借款 1 000 元。

(28) 7月24日,从中兴公司购入甲材料 9 000 千克,单价 5 元,计 45 000 元,乙材料 8 000 千克,单价 4 元,计 32 000 元,价款共计 77 000 元;增值税率 17%,增值税进项税额 13 090 元,价税合计 90 090 元。材料已如数收到并验收入库,款项尚未支付。

(29) 7月25日,销售给文斌公司 001 产品 300 件,单价 240 元,计 72 000 元,002 产品 310 件,单价 180 元,计 55 800 元,价款共计 127 800 元;增值税率 17%,增值税销项税额 21 726 元,价税合计 149 526 元,产品已经发出,款项已收到并存入银行。

(30) 7月26日,以银行存款支付前欠中兴公司材料款 90 090 元。

(31) 7月28日,以银行存款支付本月水费 460 元,其中:001 产品水费 180 元,002 产品水费160元,车间水费120元。

(32) 7月29日,以存款支付产品广告费1 000元。

(33) 7月29日,以银行存款支付第二季度短期借款利息6 000元。

(34) 7月31日,计提本月固定资产折旧费3 180元,其中:车间为2 000元,企业管理部门为1 180元。

(35) 7月31日,分配本月工资78 000元,其中:生产工人工资62 400元,车间管理人员工资10 600元,企业管理人员工资5 000元;生产工人工资按照生产工时分配(001产品生产工时12 000小时,002产品生产工时8 000小时);按工资总额78 000元的14%提取职工福利费10 920元。工资及福利费分配表如表6-3所示。

表6-3 工资及福利费分配表
2008年7月31日

项 目	生产工时	应分配工资	应提取福利费
生产工人	20 000	62 400.00	8 736.00
001产品	12 000	37 440.00	5 241.60
002产品	8 000	24 960.00	3 494.40
车间管理人员		10 600.00	1 484.00
企业管理人员		5 000.00	700.00
合 计	20 000	78 000.00	10 920.00

(36) 7月31日,结转本月发出材料成本,本月材料耗用情况如表6-4所示。

表6-4 材料耗用汇总表
2008年7月31日

项 目	甲 材 料		乙 材 料		金额合计
	数 量	金 额	数 量	金 额	
001产品	9 750	48 750	9 500	38 000	86 750
002产品	6 400	32 000	6 000	24 000	56 000
修理设备	100	500	80	320	820
合 计	16 250	81 250	15 580	62 320	143 570

(37) 7月31日,将本月制造费用按照产品生产工时比例分配计入001、002产品生产成本。制造费用分配表如表6-5所示。

表6-5 制造费用分配表
2008年7月31日

产 品	生产工时	应分配制造费用
001产品	12 000	9 584.40
002产品	8 000	6 389.60
合 计	20 000	15 974.00

(38) 7月31日,本月001产品完工800件,总成本144 174元;002产品完工700件,总成本97 116元,两产品均已验收入库,结转完工产品成本。

(39) 7月31日,计算本月应交城建税14 940元。

(40) 7月31日,结转已销产品生产成本224 474元,其中001产品133 774元,002产品90 700元。

(41) 7月31日,将本月发生的各项收入、费用结转到"本年利润"账户。

主营业务收入: 298 800
主营业务成本: 224 474
营业税金及附加: 14 940
管理费用: 8 220
销售费用: 1 000
财务费用: 3 000

(42) 7月31日,计算本月应交所得税15 564元,并结转到"本年利润"账户。

请根据上述资料,分别采用不同的账务处理程序,完成建账、编制记账凭证、登记账簿、对账、结账、编制会计报表等各项工作。

2. 记账凭证账务处理程序工作步骤

在记账凭证账务处理程序下,对上述案例进行如下操作。

第一步,根据原始凭证或原始凭证汇总表填制记账凭证,如表6-6所示。

表6-6 记账凭证(简化格式)

2008年		凭证编号	摘要	账户名称		金额	
月	日			借方	贷方	借方	贷方
7	1	付1	预付差旅费	其他应收款——李利		800	
					库存现金		800
7	1	付2	支付办公费	管理费用		300	
					银行存款		300
7	2	转1	销售产品	应收账款——文斌公司		87 750	
					主营业务收入		75 000
					应交税费——增值税		12 750
7	3	收1	接受投资	银行存款		300 000	
					实收资本——国家		300 000
7	3	付3	缴纳城建税	应交税费——城建税		4 500	
					银行存款		4 500
7	4	付4	购入材料	原材料——甲材料		32 500	
					——乙材料		28 000	
				应交税费——增值税		10 285	
					银行存款		70 785
7	4	收2	收回欠款	银行存款		87 750	
					应收账款——文斌公司		87 750

续表

2008年		凭证编号	摘要	账户名称		金额	
月	日			借方	贷方	借方	贷方
7	5	收3	销售产品	银行存款		109 512	
					主营业务收入		93 600
					应交税费——增值税		15 912
7	7	付5	偿还货款	应付账款——海天公司		3 100	
					银行存款		3 100
7	7	转2	报销差旅费	管理费用		740	
					其他应收款——李利		740
7	7	收4	收回借款	库存现金		60	
					其他应收款——李利		60
7	8	收5	收回货款	银行存款		10 000	
					应收账款——文斌公司		10 000
7	9	付6	报销培训费	管理费用		300	
					库存现金		300
7	10	付7	支付车间维修费	制造费用		450	
					银行存款		450
7	11	付8	提现备用	库存现金		3 000	
					银行存款		3 000
7	12	付9	提现备发工资	库存现金		78 000	
					银行存款		78 000
7	12	付10	发放工资	应付职工薪酬——工资		78 000	
					库存现金		78 000
7	14	付11	购入材料	原材料——甲材料		39 000	
				——乙材料		32 000	
				应交税费——增值税		12 070	
					银行存款		83 070
7	15	付12	预付货款	预付账款——长江公司		16 000	
					银行存款		16 000
7	16	付13	报销医药费	应付职工薪酬——职工福利		800	
					库存现金		800
7	17	转3	销售产品	应收账款——文斌公司		2 808	
					主营业务收入		2 400
					应交税费——增值税		408
7	19	付14	购入打印机	固定资产——打印机		1 850	
					银行存款		1 850
7	20	付15	偿还货款	应付账款——中兴公司		8 000	
					银行存款		8 000
7	21	收6	收回货款	银行存款		2 808	
					应收账款——文斌公司		2 808

· 202 ·

续表

2008年		凭证编号	摘要	账户名称		金额	
月	日			借方	贷方	借方	贷方
7	22	付16	提现备用	库存现金		2 000	
					银行存款		2 000
7	23	付17	支付电费	生产成本——001产品		1 600	
				——002产品		1 800	
				制造费用		500	
					银行存款		3 900
7	23	转4	预提借款利息	财务费用		3 000	
					应付利息		3 000
7	23	付18	预付差旅费	其他应收款——李利		1 000	
					库存现金		1 000
7	24	转5	购入材料	原材料——甲材料		45 000	
				——乙材料		32 000	
				应交税费——增值税		13 090	
					应付账款——中兴公司		90 090
7	25	收7	销售产品	银行存款		149 526	
					主营业务收入		127 800
					应交税费——增值税		21 726
7	26	付19	偿还货款	应付账款——中兴公司		90 090	
					银行存款		90 090
7	28	付20	支付水费	生产成本——001产品		180	
				——002产品		160	
				制造费用		120	
					银行存款		460
7	29	付21	支付广告费	销售费用		1 000	
					银行存款		1 000
7	29	付22	支付二季度利息	应付利息		6 000	
					银行存款		6 000
7	31	转6	计提折旧费	制造费用		2 000	
				管理费用		1 180	
					累计折旧		3 180
7	31	转7	分配工资	生产成本——001产品		37 440	
				——002产品		24 960	
				制造费用		10 600	
				管理费用		5 000	
					应付职工薪酬——工资		78 000

续表

2008年		凭证编号	摘要	账户名称		金额	
月	日			借方	贷方	借方	贷方
7	31	转8	计提福利费	生产成本——001产品		5 241.60	
				——002产品		3 494.40	
				制造费用		1 484	
				管理费用		700	
					应付职工薪酬——工资		10 920
7	31	转9	领用材料	生产成本——001产品		86 750	
				——002产品		56 000	
				制造费用		820	
					原材料——甲材料		81 250
					——乙材料		62 320
7	31	转10	分配制造费用	生产成本——001产品		9 584.40	
				——002产品		6 389.60	
					制造费用		15 974
7	31	转11	结转完工产品成本	库存商品——001产品		144 174	
				——002产品		97 116	
					生产成本——001产品		144 174
					——002产品		97 116
7	31	转12	计算城建税	营业税金及附加		14 940	
					应交税费——城建税		14 940
7	31	转13	结转销售成本	主营业务成本		224 474	
					库存商品——001产品		133 774
					——002产品		90 700
7	31	转14	转入利润	主营业务收入		298 800	
					本年利润		298 800
7	31	转15	转入利润	本年利润		251 634	
					主营业务成本		224 474
					营业税金及附加		14 940
					管理费用		8 220
					销售费用		1 000
					财务费用		3 000
7	31	转16	计算应交所得税	所得税费用		15 564	
					应交税费——所得税		15 564
7	31	转17	转入利润	本年利润		15 564	
					所得税费用		15 564

第二步，根据收款凭证、付款凭证逐笔登记现金日记账和银行存款日记账，如表6-7和表6-8所示。

表 6-7　现金日记账

2008年		凭证		摘　要	借方							贷方							借或贷	余额						
月	日	字	号		万	千	百	十	元	角	分	万	千	百	十	元	角	分		万	千	百	十	元	角	分
7	1			上月结转															借		3	5	0	0	0	0
7	1	付	1	李利出差借款									8	0	0	0	0	0	借		2	7	0	0	0	0
7	7	收	4	李利交回余款			6	0	0	0	0								借		2	7	6	0	0	0
	9	付	6	报销培训费										3	0	0	0	0	借		2	4	6	0	0	0
	11	付	8	提现备用		3	0	0	0	0	0								借		5	4	6	0	0	0
	12	付	9	提现备发工资	7	8	0	0	0	0	0								借	8	3	4	6	0	0	0
	12	付	10	发放工资								7	8	0	0	0	0	0	借		5	4	6	0	0	0
	16	付	13	报销职工医药费										8	0	0	0	0	借		4	6	6	0	0	0
	22	付	16	提现备用		2	0	0	0	0	0								借		6	6	6	0	0	0
	23	付	18	李利出差借款									1	0	0	0	0	0	借		5	6	6	0	0	0
	31			本月合计	8	3	0	6	0	0	0	8	0	9	0	0	0	0	借		5	6	6	0	0	0

表 6-8　银行存款日记账

2008年		凭证		摘　要	借方								贷方								借或贷	余额							
月	日	字	号		十万	万	千	百	十	元	角	分	十万	万	千	百	十	元	角	分		十万	万	千	百	十	元	角	分
7	1			上月结转																	借	1	6	5	1	8	0	0	0
	2	付	2	购买办公用品												3	0	0	0	0	借	1	6	4	8	8	0	0	0
	3	收	1	收到国家投资	3	0	0	0	0	0	0	0									借	4	6	4	8	8	0	0	0
	3	付	3	缴纳上月城建税												4	5	0	0	0	借	4	6	0	3	8	0	0	0
	4	付	4	支付材料款										7	0	7	8	5	0	0	借	3	8	9	5	9	5	0	0
	4	收	2	收文斌公司欠款		8	7	7	5	0	0	0									借	4	7	7	3	4	5	0	0
	5	收	3	销售产品	1	0	9	5	1	2	0	0									借	5	8	6	8	5	7	0	0
	7	付	5	归还海天公司款											3	1	0	0	0	0	借	5	8	3	7	5	7	0	0
	8	收	5	收文斌公司欠款		1	0	0	0	0	0	0									借	5	9	3	7	5	7	0	0
	10	付	7	支付设备修理费													4	5	0	0	借	5	9	3	3	0	7	0	0
	11	付	8	提现备用												3	0	0	0	0	借	5	9	0	3	0	7	0	0
	12	付	9	提现备发工资										7	8	0	0	0	0	0	借	5	1	2	3	0	7	0	0
	14	付	11	支付货款										8	3	0	7	0	0	0	借	4	2	9	2	3	7	0	0
	15	付	12	预付货款										1	6	0	0	0	0	0	借	4	1	3	2	3	7	0	0
	19	付	14	购入打印机										1	8	5	0	0	0	0	借	4	1	1	3	8	7	0	0
	20	付	15	归还中兴公司款											8	0	0	0	0	0	借	4	0	3	3	8	7	0	0
	21	收	6	收文斌公司欠款		2	8	0	8	0	0	0									借	4	0	6	1	9	5	0	0

续表

2008年		凭证		摘要	借方								贷方								借或贷	余额							
月	日	字	号		十万	万	千	百	十	元	角	分	十万	万	千	百	十	元	角	分		十万	万	千	百	十	元	角	分
7	22	付	16	提现备用											2	0	0	0	0	0	借		4	0	4	1	9	5	0	0
	23	付	17	支付电费												3	9	0	0	0	借		4	0	0	2	9	5	0	0
	25	收	7	销售产品		1	4	9	5	2	6	0	0								借		5	4	9	8	2	1	0	0
	26	付	19	偿还中兴公司款											9	0	0	9	0	0	借		4	5	9	7	3	1	0	0
	28	付	20	支付水费													4	6	0	0	借		4	5	9	2	7	1	0	0
	29	付	21	支付广告费												1	0	0	0	0	借		4	5	8	2	7	1	0	0
	29	付	22	支付借款利息												6	0	0	0	0	借		4	5	2	2	7	1	0	0
	31			本月合计		6	5	9	5	9	6	0	0		3	7	2	5	0	5	0	借		4	5	2	2	7	1	0	0

第三步,根据记账凭证及所附的原始凭证或原始凭证汇总表登记明细分类账。本案例仅登记原材料、应收账款、生产成本、应付账款明细分类账,其他明细账从略。如表6-9~表6-16所示。

表6-9   原材料 明细分类账

材料类别:主要材料   品名:甲材料   规格: 计量单位:千克   第 页

2008年		凭证		摘要	借方(收入)			贷方(发出)			结存		
月	日	字	号		数量	单价	金额/元	数量	单价	金额/元	数量	单价	金额/元
7	1			期初余额							30 000	5.00	150 000
	3	付	4	购入材料	6 500	5.00	32 500				36 500		
	14	付	11	购入材料	7 800	5.00	39 000				44 300		
	24	转	5	购入材料	9 000	5.00	45 000				53 300		
	31	转	9	本月领料				16 250	5.00	81 250	37 050		
	31			本月合计	23 300		116 500	16 250		81 250	37 050	5.00	185 250

表6-10   原材料 明细分类账

材料类别:主要材料   品名:乙材料   规格: 计量单位:千克   第 页

2008年		凭证		摘要	借方(收入)			贷方(发出)			结存		
月	日	字	号		数量	单价	金额/元	数量	单价	金额/元	数量	单价	金额/元
7	1			期初余额							26 500	4.00	106 000
	4	付	4	购入材料	7 000	4.00	28 000				33 500		
	14	付	11	购入材料	8 000	4.00	32 000				41 500		
	24	转	5	购入材料	8 000	4.00	32 000				49 500		
	31	转	9	本月领料				15 580	4.00	62 320	33 920		
	31			本月合计	23 000		92 000	15 580		62 320	33 920	4.00	135 680

表 6-11　　应收账款 明细分类账

明细科目：华运公司

2008年		凭证		摘要	借方	贷方	借或贷	余额
月	日	字	号					
7	1			上月结转			借	2 500 00

表 6-12　　应收账款 明细分类账

明细科目：文斌公司

2008年		凭证		摘要	借方	贷方	借或贷	余额
月	日	字	号					
7	1			上月结转			借	1 000 00
	2	转	1	文斌公司欠货款	8 775 00		借	9 775 00
	4	收	2	收回欠款		8 775 00	借	1 000 00
	8	收	5	收回欠款		1 000 00	平	0
	17	转	3	文斌公司欠货款	2 808 00		借	2 808 00
	21	收	6	收回欠款		2 808 00	平	0
	31			本月合计	9 055 80	10 055 80		0

表 6-13　　生产成本 明细账

产品名称：001 产品

2008年		凭证		摘要	借方（成本项目）				贷方	借或贷	余额
月	日	字	号		直接材料	直接工资	制造费用	合计			
7	1			月初在产品						借	82 140.00
	23	付	17	分配电费			1 600.00	1 600.00		借	83 740.00
	28	付	20	分配水费			180.00	180.00		借	83 920.00
	31	转	7	分配工资		37 440.00		37 440.00		借	121 360.00
	31	转	8	计提福利费		5 241.60		5 241.60		借	126 601.60
	31	转	9	本月领料	86 750.00			86 750.00		借	213 351.60
	31	转	10	分配制造费			9 584.40	9 584.40		借	222 936.00
	31	转	11	完工产品转出					144 174	借	78 762.00

表 6-14　　生产成本 明细账

产品名称：002产品

2008年		凭证		摘要	借方(成本项目)				贷方	借或贷	余额
月	日	字	号		直接材料	直接工资	制造费用	合　计			
7	1			月初在产品						借	54 780.00
	23	付	17	分配电费			1 800.00	1 800.00		借	56 580.00
	28	付	20	分配水费			160.00	160.00		借	56 740.00
	31	转	7	分配工资		24 960.00		24 960.00		借	81 700.00
	31	转	8	计提福利费		3 494.40		3 494.40		借	85 194.40
	31	转	9	本月领料	56 000.00			56 000.00		借	141 194.40
	31	转	10	分配制造费			6 389.60	6 389.60		借	147 584.00
	31	转	11	完工转出成本					97 116.00	借	50 468.00

表 6-15　　应付账款 明细分类账

明细科目：中兴公司

2008年		凭证		摘要	借方									贷方									借或贷	余　额								
月	日	字	号		十	万	千	百	十	元	角	分	十	万	千	百	十	元	角	分		十	万	千	百	十	元	角	分			
7	1			上月结转																	贷			8	0	0	0	0	0
	20	付	15	归还欠款			8	0	0	0	0	0									平								0
	24	转	5	购料款未付											9	0	0	9	0	0	贷			9	0	0	9	0	0
	26	付	19	归还欠款			9	0	0	9	0	0									平								0
	31			本月合计			9	8	0	9	0	0			9	0	0	9	0	0	平								0

表 6-16　　应付账款 明细分类账

明细科目：海天公司

2008年		凭证		摘要	借方									贷方									借或贷	余　额								
月	日	字	号		十	万	千	百	十	元	角	分	十	万	千	百	十	元	角	分		十	万	千	百	十	元	角	分			
7	1			上月结转																	贷			3	1	0	0	0	0
	7	付	5	归还欠款			3	1	0	0	0	0									平								0
	31			本月合计			3	1	0	0	0	0									贷								0

第四步，根据记账凭证登记总分类账，库存现金和银行存款两个总账账户的登记同日记账，其他总分类账户的登记如表 6-17～表 6-41 所示。

表 6-17　　总 分 类 账

会计科目：应收账款

2008年		凭证		摘要	借方	贷方	借或贷	余额
月	日	字	号		十万千百十元角分	十万千百十元角分		十万千百十元角分
7	1			上月结转			借	1 2 5 0 0 0 0
	2	转	1	销售产品	8 7 7 5 0 0 0		借	1 0 0 2 5 0 0 0
	4	收	2	收回货款		8 7 7 5 0 0 0	借	1 2 5 0 0 0 0
	8	收	5	收回货款		1 0 0 0 0 0 0	借	2 5 0 0 0 0
	17	转	3	销售产品	2 8 0 8 0 0		借	5 3 0 8 0 0
	21	收	6	收回货款		2 8 0 8 0 0	借	2 5 0 0 0 0
				本月合计				

表 6-18　　总 分 类 账

会计科目：原材料

2008年		凭证		摘要	借方	贷方	借或贷	余额
月	日	字	号		十万千百十元角分	十万千百十元角分		十万千百十元角分
7	1			上月结转			借	2 5 6 0 0 0 0 0
	4	付	4	购入材料	6 0 5 0 0 0 0		借	3 1 6 5 0 0 0 0
	14	付	11	购入材料	7 1 0 0 0 0 0		借	3 8 7 5 0 0 0 0
	24	转	5	购入材料	7 7 0 0 0 0 0		借	4 6 4 5 0 0 0 0
	31	转	10	本月领用材料		1 4 3 5 7 0 0 0	借	3 2 0 9 3 0 0 0
				本月合计				

表 6-19　　总 分 类 账

会计科目：库存商品

2008年		凭证		摘要	借方	贷方	借或贷	余额
月	日	字	号		十万千百十元角分	十万千百十元角分		十万千百十元角分
7	1			上月结转			借	1 2 8 3 0 0 0 0
	31	转	11	产品入库	2 4 1 2 9 0 0 0		借	3 6 9 5 9 0 0 0
	31	转	13	结转已销产品成本		2 2 4 4 7 4 0 0	借	1 4 5 1 1 6 0 0
				本月合计				

表6-20　　总分类账

会计科目：预付账款

2008年		凭证		摘要	借方 十万千百十元角分	贷方 十万千百十元角分	借或贷	余额 十万千百十元角分
月	日	字	号					
7	1			上月结转			借	6 0 0 0 0 0
	15	付	12	预付货款	1 6 0 0 0 0 0		借	2 2 0 0 0 0 0
				本月合计				

表6-21　　总分类账

会计科目：其他应收款

2008年		凭证		摘要	借方 十万千百十元角分	贷方 十万千百十元角分	借或贷	余额 十万千百十元角分
月	日	字	号					
7	1	付	1	预付差旅费	8 0 0 0 0		借	8 0 0 0 0
	7	转	2	报销差旅费		7 4 0 0 0	借	6 0 0 0
	7	收	4	收回借款		6 0 0 0	平	0
	23	付	18	预付差旅费	1 0 0 0 0		借	1 0 0 0 0
				本月合计				

表6-22　　总分类账

会计科目：固定资产

2008年		凭证		摘要	借方 十万千百十元角分	贷方 十万千百十元角分	借或贷	余额 十万千百十元角分
月	日	字	号					
7	1			上月结转			借	4 3 5 9 0 0 0 0
	19	付	14	购入打印机	1 8 5 0 0 0		借	4 3 7 7 5 0 0 0
				本月合计				

表6-23　　总分类账

会计科目：累计折旧

2008年		凭证		摘要	借方 十万千百十元角分	贷方 十万千百十元角分	借或贷	余额 十万千百十元角分
月	日	字	号					
7	1			上月结转			贷	1 2 4 6 0 0 0 0
	31	转	6	本月折旧		3 1 8 0 0 0	贷	1 2 7 7 8 0 0 0
				本月合计				

表 6-24　总 分 类 账

会计科目：生产成本

2008年		凭证		摘要	借方									贷方									借或贷	余额								
月	日	字	号		十万	万	千	百	十	元	角	分		十万	万	千	百	十	元	角	分			十万	万	千	百	十	元	角	分	
7	1			上月结转																		借		1	3	6	9	2	0	0	0
	23	付	17	支付电费			3	4	0	0	0	0										借		1	4	0	3	2	0	0	0
	28	付	20	支付水费				3	4	0	0	0										借		1	4	0	6	6	0	0	0
	31	转	7	分配工资			6	2	4	0	0	0										借		2	0	3	0	6	0	0	0
	31	转	8	计提福利费			8	7	3	6	0	0										借		2	1	1	7	9	6	0	0
	31	转	9	本月领用材料		1	4	2	7	5	0	0										借		3	5	4	5	4	6	0	0
	31	转	10	分配制造费			1	5	9	7	4	0										借		3	7	0	5	2	0	0	0
	31	转	11	转出成本											2	4	1	2	9	0	0	0	借		1	2	9	2	3	0	0	0
				本月合计																											

表 6-25　总 分 类 账

会计科目：制造费用

2008年		凭证		摘要	借方									贷方									借或贷	余额								
月	日	字	号		十万	万	千	百	十	元	角	分		十万	万	千	百	十	元	角	分			十万	万	千	百	十	元	角	分	
7	10	付	7	支付修理费				4	5	0	0	0										借					4	5	0	0	0
	23	付	17	支付电费				5	0	0	0	0										借					9	5	0	0	0
	28	付	20	支付水费				1	2	0	0	0										借				1	0	7	0	0	0
	31	转	6	计提折旧费				2	0	0	0	0										借				3	0	7	0	0	0
	31	转	7	分配工资			1	0	6	0	0	0										借				1	3	6	7	0	0	0
	31	转	8	计提福利费				1	4	8	4	0										借				1	5	1	5	4	0	0
	31	转	9	分配材料费				8	2	0	0	0										借				1	5	9	7	4	0	0
	31	转	10	分配费用												1	5	9	7	4	0	0	平							0			
				本月合计																											

表 6-26　总 分 类 账

会计科目：短期借款

2008年		凭证		摘要	借方									贷方									借或贷	余额								
月	日	字	号		十万	万	千	百	十	元	角	分		十万	万	千	百	十	元	角	分			十万	万	千	百	十	元	角	分	
7	1			上月结转																		贷		2	3	0	0	0	0	0	0

表 6-27　　总 分 类 账

会计科目：应付账款

2008年		凭证		摘要	借方	贷方	借或贷	余额
月	日	字	号		十万千百十元角分	十万千百十元角分		十万千百十元角分
7	1			上月结转			贷	1 1 1 0 0 0 0
	7	付	5	归还海天公司欠款	3 1 0 0 0 0		贷	8 0 0 0 0 0
	20	付	15	归还中兴公司欠款	8 0 0 0 0 0		平	0
	24	转	5	欠中兴公司货款		9 0 0 9 0 0 0	贷	9 0 0 9 0 0 0
	26	付	19	归还中兴公司货款	9 0 0 9 0 0 0		平	0
				本月合计				

表 6-28　　总 分 类 账

会计科目：应交税费

2008年		凭证		摘要	借方	贷方	借或贷	余额
月	日	字	号		十万千百十元角分	十万千百十元角分		十万千百十元角分
7	1			上月结转			贷	4 5 0 0 0 0
	2	转	1	销售产品		1 2 7 5 0 0 0	贷	1 7 2 5 0 0 0
	3	付	3	缴纳城建税	4 5 0 0 0 0		贷	1 2 7 5 0 0 0
	3	付	4	购入材料	1 0 2 8 5 0 0		贷	2 4 6 5 0 0
	5	收	3	销售产品		1 5 9 1 2 0 0	贷	1 8 3 7 7 0 0
	14	付	11	购入材料	1 2 0 7 0 0 0		贷	6 3 0 7 0 0
	17	转	3	销售产品		4 0 8 0 0	贷	6 7 1 5 0 0
	24	转	5	购入材料	1 3 0 9 0 0 0		借	6 3 7 5 0 0
	25	收	7	销售产品		2 1 7 2 6 0 0	贷	1 5 3 5 1 0 0
	31	转	12	计提城建税		1 4 9 4 0 0	贷	3 0 2 9 1 0 0
	31	转	16	本月所得税		1 5 5 6 4 0 0	贷	4 5 8 5 5 0 0
				本月合计				

表 6-29　　总 分 类 账

会计科目：应付职工薪酬

2008年		凭证		摘要	借方	贷方	借或贷	余额
月	日	字	号		十万千百十元角分	十万千百十元角分		十万千百十元角分
7	1			上月结转			贷	3 9 5 0 0 0
	12	付	10	支付工资	7 8 0 0 0 0		借	7 4 0 5 0 0 0
	16	付	13	报销医药费	8 0 0 0 0		借	7 3 8 5 0 0
	31	转	7	分配工资		7 8 0 0 0 0	贷	3 1 5 0 0
	31	转	8	计提福利费		1 0 9 2 0 0	贷	1 4 0 7 0 0
				本月合计				

表 6-30　　总 分 类 账

会计科目：应付利息

2008年		凭证		摘要	借方								贷方								借或贷	余额								
月	日	字	号		十	万	千	百	十	元	角	分	十	万	千	百	十	元	角	分		十	万	千	百	十	元	角	分
7	1			上月结转																	贷			6	0	0	0	0	0
	23	转	4	计提借款利息											3	0	0	0	0	0	贷			9	0	0	0	0	0
	29	付	22	支付利息			6	0	0	0	0	0									贷			3	0	0	0	0	0
				本月合计			6	0	0	0	0	0			3	0	0	0	0	0									

表 6-31　　总 分 类 账

会计科目：实收资本

2008年		凭证		摘要	借方									贷方									借或贷	余额									
月	日	字	号		十	万	千	百	十	元	角	分	十	万	千	百	十	元	角	分			十	万	千	百	十	元	角	分
7	1			上月结转																		贷	6	0	0	0	0	0	0	0
	3	收	1	接受投资									3	0	0	0	0	0	0	0	贷	9	0	0	0	0	0	0	0
				本月合计																										

表 6-32　　总 分 类 账

会计科目：盈余公积

2008年		凭证		摘要	借方								贷方								借或贷	余额								
月	日	字	号		十	万	千	百	十	元	角	分	十	万	千	百	十	元	角	分		十	万	千	百	十	元	角	分
7	1			上月结转																	贷		3	2	8	3	0	0	0
				本月合计																									

表 6-33　　总 分 类 账

会计科目：本年利润

2008年		凭证		摘要	借方								贷方								借或贷	余额								
月	日	字	号		十	万	千	百	十	元	角	分	十	万	千	百	十	元	角	分		十	万	千	百	十	元	角	分
7	1			上月结转																	贷	1	6	4	1	5	0	0	0
	31	转	14	本月收入									2	9	8	8	0	0	0	0	贷	4	6	2	9	5	0	0	0
	31	转	15	本月费用	2	5	1	6	3	4	0	0									贷	2	1	1	3	1	6	0	0
	31	转	16	所得税费用	1	5	5	6	4	0	0										贷	1	9	5	7	5	2	0	0
				本月合计																										

表 6-34　　总分类账

会计科目：利润分配

2008年		凭证字号	摘要	借方 十万千百十元角分	贷方 十万千百十元角分	借或贷	余额 十万千百十元角分
月	日						
7	1		上月结转			借	3 2 8 3 0 0 0
			本月合计				

表 6-35　　总分类账

会计科目：主营业务收入

2008年		凭证字号	摘要	借方 十万千百十元角分	贷方 十万千百十元角分	借或贷	余额 十万千百十元角分
月	日						
7	2	转1	销售产品		7 5 0 0 0 0 0	贷	7 5 0 0 0 0 0
	5	收3	销售产品		9 3 6 0 0 0 0	贷	1 6 8 6 0 0 0 0
	17	转3	销售产品		2 4 0 0 0 0	贷	1 7 1 0 0 0 0 0
	25	收7	销售产品		1 2 7 8 0 0 0 0	贷	2 9 8 8 0 0 0 0
	31	转14	转本年利润	2 9 8 8 0 0 0 0		平	0
			本月合计				

表 6-36　　总分类账

会计科目：主营业务成本

2008年		凭证字号	摘要	借方 十万千百十元角分	贷方 十万千百十元角分	借或贷	余额 十万千百十元角分
月	日						
7	31	转13	本月销售成本	2 2 4 4 7 4 0 0		借	2 2 4 4 7 4 0 0
	31	转15	转本年利润		2 2 4 4 7 4 0 0	平	0
			本月合计				

表 6-37　　总分类账

会计科目：营业税金及附加

2008年		凭证字号	摘要	借方 十万千百十元角分	贷方 十万千百十元角分	借或贷	余额 十万千百十元角分
月	日						
7	31	转12	计提城建税	1 4 9 4 0 0		借	1 4 9 4 0 0
	31	转15	转本年利润		1 4 9 4 0 0	平	0
			本月合计				

表 6-38　　总分类账

会计科目：管理费用

2008年		凭证		摘要	借方	贷方	借或贷	余额
月	日	字	号		十万千百十元角分	十万千百十元角分		十万千百十元角分
7	1	付	2	支付办公费	3 0 0 0 0		借	3 0 0 0 0
	7	转	2	报销差旅费	7 4 0 0 0		借	1 0 4 0 0 0
	9	付	6	报销培训费	3 0 0 0 0		借	1 3 4 0 0 0
	31	转	6	计提折旧费	1 1 8 0 0 0		借	2 5 2 0 0 0
	31	转	7	分配工资	5 0 0 0 0 0		借	7 5 2 0 0 0
	31	转	8	计提福利费	7 0 0 0 0		借	8 2 2 0 0 0
	31	转	15	转本年利润		8 2 2 0 0 0	平	0
				本月合计				

表 6-39　　总分类账

会计科目：销售费用

2008年		凭证		摘要	借方	贷方	借或贷	余额
月	日	字	号		十万千百十元角分	十万千百十元角分		十万千百十元角分
7	29	付	21	支付广告费	1 0 0 0 0 0		借	1 0 0 0 0 0
	31	转	15	转本年利润		1 0 0 0 0 0	平	0
				本月合计				

表 6-40　　总分类账

会计科目：财务费用

2008年		凭证		摘要	借方	贷方	借或贷	余额
月	日	字	号		十万千百十元角分	十万千百十元角分		十万千百十元角分
	23	转	4	计提利息费用	3 0 0 0 0 0		借	3 0 0 0 0 0
	31	转	15	转本年利润		3 0 0 0 0 0	平	0
				本月合计				

表 6-41　　总分类账

会计科目：所得税费用

2008年		凭证		摘要	借方	贷方	借或贷	余额
月	日	字	号		十万千百十元角分	十万千百十元角分		十万千百十元角分
7	31	转	16	应交税费		1 5 5 6 4 0 0	贷	1 5 5 6 4 0 0
	31	转	17	转本年利润	1 5 5 6 4 0 0		平	0
				本月合计				

小提示

企业在登记账簿前,应根据企业的经济业务内容设置账簿,有期初余额的账户,应先登记期初余额,再登记本期发生额。这是因为账簿组织是核心,决定对凭证种类的选择,制约各种凭证之间、凭证与账簿之间的联系方式。

第五步,期末,将日记账、明细账与总账核对。

由同学们自己对原材料总分类账与原材料明细账、库存商品总分类账与库存商品明细账、应收账款总分类账与应收账款明细账、生产成本总分类账与生产成本明细账进行核对,检查期末余额是否相符。

第六步,根据总账及其所属的明细账和其他资料编制会计报表。

由此可完成该企业资产负债表和利润表的编制工作。

小思考

1. 通过上述案例操作,你能叙述记账凭证账务处理程序的操作过程吗?
2. 记账凭证账务处理程序下,总分类账是依据什么登记的?登记总分类账能否简化?

知识链接6-1 记账凭证账务处理程序的相关知识

(1)凭证设置:记账凭证可以采用一种通用的格式,也可以采用专用记账凭证。

(2)账簿组织:一般应设置现金日记账、银行存款日记账、总分类账和有关明细账。日记账和总账一般采用三栏式,明细账采用三栏式、数量金额式或多栏式等格式。

(3)主要优点:一是会计凭证和账簿格式及账务处理程序简单明了,易于理解和运用;二是由于总账是根据各种记账凭证逐笔登记的,因此总账能比较详细和具体地反映各项经济业务,便于查账。

(4)主要缺点:由于根据记账凭证逐笔登记总账,故登记总账的工作量较大。

(5)适用范围:一般适用于规模较小,业务量较少及记账凭证不多的企业采用。

记账凭证账务处理程序,特别适宜于计算机处理。

6.2.2 科目汇总表账务处理程序

1. 案例

见6.2.1小节记账凭证账务处理程序的经济业务资料。

2. 科目汇总表账务处理程序工作步骤

第一步,根据发生的经济业务编制记账凭证,如表6-6所示。

第二步，根据记账凭证登记现金日记账和银行存款日记账，如表6-7和表6-8所示。

第三步，根据记账凭证和原始凭证登记明细账，如表6-9～表6-16所示。

第四步，根据记账凭证编制科目汇总表。

编制科目汇总表首先进行科目汇总，科目汇总表的编制时间，要根据各企业单位的业务量大小而定。业务量较多的单位可以每日、每旬汇总一次；业务量较小的单位可以十天、半个月或一个月汇总一次。本案例是按照15天汇总一次的办法进行汇总。科目汇总表编制结果如表6-42和表6-43所示。

表 6-42　科目汇总表

2008年7月1日至7月15日　　　　　　　　　　　　　　　　汇字第1号

金额单位：元

会 计 科 目	账　页	本期发生额		记账凭证起讫号数
		借　方	贷　方	
库存现金		81 060	79 100	
银行存款		507 262	259 205	
应收账款		87 750	97 750	
预收账款		16 000		
原材料		131 500		
其他应收款		800	800	
应付账款		3 100		自第1～19号止
应交税费		26 855	28 662	
应付职工薪酬		78 000		
制造费用		450		
实收资本			300 000	
主营业务收入			168 600	
管理费用		1 340		
合　　计		934 117	934 117	

会计主管：×× 　　　　记账：×× 　　　　审核：×× 　　　　制表：××

表 6-43　科目汇总表

2008年7月16日至7月31日　　　　　　　　　　　　　　　　汇字第2号

金额单位：元

会 计 科 目	账　页	本期发生额		记账凭证起讫号数
		借　方	贷　方	
库存现金		2 000	1 800	
银行存款		152 334	113 300	
应收账款		2 808	2 808	自第20～42号止
原材料		77 000	143 570	
库存商品		241 290	224 474	

续表

会计科目	账页	本期发生额 借方	本期发生额 贷方	记账凭证起讫号数
其他应收款		1 000		
固定资产		1 850		
累计折旧			3 180	
应付账款		98 090	90 090	
应交税费		13 090	52 638	
应付职工薪酬		800	88 920	
应付利息		6 000	3 000	
生产成本		233 600	241 290	
制造费用		15 524	15 974	自第20~42号止
本年利润		267 198	298 800	
主营业务收入		298 800	130 200	
主营业务成本		224 474	224 474	
营业税金及附加		14 940	14 940	
销售费用		1 000	1 000	
管理费用		6 880	8 220	
财务费用		3 000	3 000	
所得税费用		15 564	15 564	
合　计		1 677 242	1 677 242	

会计主管：×× 　　　记账：×× 　　　审核：×× 　　　制表：××

第五步，根据科目汇总表登记总分类账。本案例只登记库存现金、银行存款、原材料总分类账，其他账户从略，如表6-44~表6-46所示。

表6-44　总　分　类　账

会计科目：库存现金

2008年		凭证		摘　要	借　方								贷　方								借或贷	余　额							
月	日	字	号		十万	万	千	百	十	元	角	分	十万	万	千	百	十	元	角	分		十万	万	千	百	十	元	角	分
7	1			上月结转																	借			3	5	0	0	0	0
	15	汇	1	1~15日汇总		8	1	0	6	0	0	0		7	9	1	0	0	0	0	借			5	4	6	0	0	0
	31	汇	2	16~31日汇总			2	0	0	0	0	0			1	8	0	0	0	0	借			5	6	6	0	0	0
				本月合计		8	3	0	6	0	0	0		8	0	9	0	0	0	0	借			5	6	6	0	0	0

表 6-45　　总 分 类 账

会计科目：银行存款

2008年		凭证		摘要	借方									贷方									借或贷	余额								
月	日	字	号		十万	万	千	百	十	元	角	分		十万	万	千	百	十	元	角	分			十万	万	千	百	十	元	角	分
7	1			上月结转																		借		1	6	5	1	8	0	0	0
	15	汇	1	1～15日汇总		5	0	7	2	6	2	0	0		2	5	9	2	0	5	0	0	借		4	1	3	2	3	7	0	0
	31	汇	2	16～31日汇总		1	5	2	3	3	4	0	0		1	1	3	3	0	0	0	0	借		4	5	2	2	7	1	0	0
				本月合计		6	5	9	5	9	6	0	0		3	7	2	5	0	5	0	0	借		4	5	2	2	7	1	0	0

表 6-46　　总 分 类 账

会计科目：原材料

2008年		凭证		摘要	借方									贷方									借或贷	余额								
月	日	字	号		十万	万	千	百	十	元	角	分		十万	万	千	百	十	元	角	分			十万	万	千	百	十	元	角	分
7	1			上月结转																		借		2	5	6	0	0	0	0	0
	15	汇	1	1～15日汇总		1	3	1	5	0	0	0	0										借		3	8	7	5	0	0	0	0
	31	汇	2	16～31日汇总			7	7	0	0	0	0	0		1	4	3	5	7	0	0	0	借		3	2	0	9	3	0	0	0
				本月合计		2	0	8	5	0	0	0	0		1	4	3	5	7	0	0	0	借		3	2	0	9	3	0	0	0

小思考

通过上述案例操作，指出该账务处理程序与记账凭证账务处理程序的区别是什么？为什么要采用这种程序？

知识链接6-2　科目汇总表账务处理程序的优缺点和适用范围

（1）**主要优点**：由于总分类账是根据科目汇总表登记的，因此简化了登记总分类账的工作量。同时在登记总账之前，通过编制科目汇总表，起到了试算平衡的作用，可以保证登记总分类账的正确性。

（2）**主要缺点**：由于科目汇总表和总分类账中不反映账户的对应关系，因而不便于查账和分析解决业务的来龙去脉，故登记总账的工作量较大。

（3）**适用范围**：一般适用于规模较大，经济业务较多的单位。

6.2.3 汇总记账凭证账务处理程序

1. 案例

见 6.2.1 小节记账凭证账务处理程序的经济业务资料。

2. 账务处理程序

第一步,根据发生的经济业务编制收款凭证、付款凭证、转账凭证,如表 6-6 所示。

第二步,根据收款凭证、付款凭证逐笔登记现金日记账和银行存款日记账,如表 6-7 和表 6-8 所示。

第三步,根据记账凭证和原始凭证登记明细账,如表 6-9～表 6-16 所示。

第四步,根据收款凭证、付款凭证和转账凭证定期编制汇总记账凭证。

这一步与以上两种账务处理程序有不一致之处,主要是为了减少总账的登记次数,以便减少会计人员的工作量。假设我们还是半个月汇总一次,汇总方法如下。

(1) 将本月收款凭证进行汇总

本月收款凭证共 7 张,通过 T 型账户加以汇总,如图 6-14 所示。

银行存款		库存现金	
收 1: 300 000		收 4: 60	
收 2: 87 750		发生额: 60	
收 3: 109 512			
收 5: 10 000			
收 6: 2 808		实收资本	
收 7: 149 526			收 1: 300 000
发生额: 659 596			发生额: 300 000

应收账款		主营业务收入	
	收 2: 87 750		收 3: 93 600
	收 5: 10 000		收 7: 127 800
	收 6: 2 808		发生额: 221 400
	发生额: 100 558		

应交税费	
	收 3: 15 912
	收 7: 21 726
	发生额: 37 638

图 6-14 通过 T 型账户汇总收款凭证

根据以上 T 型账户的发生额编制汇总收款凭证,如表 6-47 和表 6-48 所示。

表 6-47　汇 总 收 款 凭 证

借方科目：库存现金　　　　　　　　　2008 年 7 月份　　　　　　　　　　　汇收字第 1 号

贷方科目	金额			总账页数	
	1～15 日汇总	16～31 日汇总	合　计	借方	贷方
其他应收款	60.00		60.00		
合　计	60.00		60.00		

表 6-48　汇 总 收 款 凭 证

借方科目：银行存款　　　　　　　　　2008 年 7 月份　　　　　　　　　　　汇收字第 2 号

贷方科目	金额			总账页数	
	1～15 日汇总	16～31 日汇总	合　计	借方	贷方
实收资本	300 000.00		300 000.00		
应收账款	97 750.00	2 808.00	100 558.00		
主营业务收入	93 600.00	127 800.00	221 400.00		
应交税费	15 912.00	21 726.00	37 638.00		
合　计	507 262.00	152 334.00	659 596.00		

(2) 将本月付款凭证进行汇总

本月付款凭证共 22 张，将付款凭证登记 T 型账户如图 6-15 和图 6-16 所示。

```
        其他应收款                         应付职工薪酬
付1：       800              付10：     78 000
付18：     1 000              付13：        800
发生额：   1 800              发生额：   78 800


         应交税费                            原材料
付3：     4 500               付4：      60 500
付4：    10 285               付11：     71 000
付11：   12 070               发生额：  131 500
发生额： 26 855
```

图 6-15　通过 T 型账户汇总付款凭证

银行存款			
付2：	300		
付3：	4 500		
付4：	70 785		
付5：	3 100		
付7：	450		
付8：	3 000		
付9：	78 000		
付11：	83 070		
付12：	16 000		
付14：	1 850		
付15：	8 000		
付16：	2 000		
付17：	3 900		
付19：	90 090		
付20：	460		
付21：	1 000		
付22：	6 000		
发生额：	372 505		

库存现金			
付8：	3 000	付1：	800
付9：	78 000	付6：	300
付16：	2 000	付10：	78 000
		付13：	800
		付18：	1 000
发生额：	83 000	发生额：	80 900

应付利息	
付22：	6 000
发生额：	6 000

销售费用	
付21：	1 000
发生额：	1 000

生产成本	
付17：	3 400
付20：	340
发生额：	3 740

制造费用	
付7：	450
付17：	500
付20：	120
发生额：	1 070

预付账款	
付12：	16 000
发生额：	16 000

固定资产	
付14：	1 850
发生额：	1 850

应付账款	
付5：	3 100
付15：	8 000
付19：	90 090
发生额：	101 190

管理费用	
付2：	300
付6：	300
发生额：	600

图 6-16　通过 T 型账户汇总付款凭证

根据 T 型账户汇总结果编制汇总付款记账凭证如表 6-49 和表 6-50 所示。

小知识

当涉及库存现金与银行存款之间的相互划转业务时，为避免重复过账，只编制付款凭证，汇总时以付款凭证为根据。

表 6-49　　汇总付款凭证

贷方科目：库存现金　　　　　　2008年7月份　　　　　　　　　　汇付字第 1 号

借方科目	金额			总账页数	
	1～15日汇总	16～31日汇总	合　计	借方	贷方
其他应收款	800.00	1 000.00	1 800.00		
管理费用	300.00		300.00		
应付职工薪酬	78 000.00	800.00	78 800.00		
合　计	79 100.00	1 800.00	80 900.00		

表 6-50　　汇总付款凭证

贷方科目：银行存款　　　　　　2008年7月份　　　　　　　　　　汇付字第 2 号

借方科目	金额			总账页数	
	1～15日汇总	16～31日汇总	合　计	借方	贷方
管理费用	300.00		300.00		
库存现金	81 000.00	2 000.00	83 000.00		
应交税费	26 855.00		26 855.00		
原材料	131 500.00		131 500.00		
应付账款	3 100.00	98 090.00	101 190.00		
制造费用	450.00	620.00	1 070.00		
预付账款	16 000.00		16 000.00		
生产成本		3 740.00	3 740.00		
应付利息		6 000.00	6 000.00		
固定资产		1 850.00	1 850.00		
销售费用		1 000.00	1 000.00		
合　计	259 205.00	113 300.00	372 505.00		

(3) 将本月的转账凭证汇总

本月转账凭证共 17 张，汇总结果如表 6-51～表 6-68 所示（T 型账户略）。

表 6-51 汇总转账凭证

贷方科目:其他应收款　　　　　2008 年 7 月份　　　　　　　汇转字第 1 号

借方科目	金额			总账页数	
	1～15 日汇总	16～31 日汇总	合　计	借方	贷方
管理费用	740.00		740.00		
合　计	740.00		740.00		

表 6-52 汇总转账凭证

贷方科目:原材料　　　　　　　2008 年 7 月份　　　　　　　汇转字第 2 号

借方科目	金额			总账页数	
	1～15 日汇总	16～31 日汇总	合　计	借方	贷方
生产成本		142 750.00	142 750.00		
制造费用		820.00	820.00		
合　计		143 570.00	143 570.00		

表 6-53 汇总转账凭证

贷方科目:库存商品　　　　　　2008 年 7 月份　　　　　　　汇转字第 3 号

借方科目	金额			总账页数	
	1～15 日汇总	16～31 日汇总	合　计	借方	贷方
主营业务成本		224 474.00	224 474.00		
合　计		224 474.00	224 474.00		

表 6-54 汇总转账凭证

贷方科目:主营业务收入　　　　2008 年 7 月份　　　　　　　汇转字第 3 号

借方科目	金额			总账页数	
	1～15 日汇总	16～31 日汇总	合　计	借方	贷方
应收账款	75 000.00	2 400.00	77 400.00		
合　计	75 000.00	2 400.00	77 400.00		

表 6-55　　汇总转账凭证

贷方科目:应交税费　　　　　2008 年 7 月份　　　　　　　　　　汇转字第 4 号

借方科目	金额			总账页数	
	1~15 日汇总	16~31 日汇总	合　计	借方	贷方
营业税金及附加		14 940.00	14 940.00		
所得税费用		15 564.00	15 564.00		
应收账款	12 750.00	408.00	13 158.00		
合　计	12 750.00	30 912.00	43 662.00		

表 6-56　　汇总转账凭证

贷方科目:累计折旧　　　　　2008 年 7 月份　　　　　　　　　　汇转字第 5 号

借方科目	金额			总账页数	
	1~15 日汇总	16~31 日汇总	合　计	借方	贷方
制造费用		2 000.00	2 000.00		
管理费用		1 180.00	1 180.00		
合　计		3 180.00	3 180.00		

表 6-57　　汇总转账凭证

贷方科目:应付账款　　　　　2008 年 7 月份　　　　　　　　　　汇转字第 6 号

借方科目	金额			总账页数	
	1~15 日汇总	16~31 日汇总	合　计	借方	贷方
原材料		77 000.00	77 000.00		
应交税费		13 090.00	13 090.00		
合　计		90 090.00	90 090.00		

表 6-58　　汇总转账凭证

贷方科目:应付职工薪酬　　　2008 年 7 月份　　　　　　　　　　汇转字第 7 号

借方科目	金额			总账页数	
	1~15 日汇总	16~31 日汇总	合　计	借方	贷方
生产成本		71 136.00	71 136.00		
制造费用		12 084.00	12 084.00		
管理费用		5 700.00	5 700.00		
合　计		88 920.00	88 920.00		

表 6-59　汇 总 转 账 凭 证

贷方科目:应付利息　　　2008 年 7 月份　　　汇转字第 8 号

借方科目	金　额			总账页数	
	1～15 日汇总	16～31 日汇总	合　计	借方	贷方
财务费用		3 000.00	3 000.00		
合　计		3 000.00	3 000.00		

表 6-60　汇 总 转 账 凭 证

贷方科目:财务费用　　　2008 年 7 月份　　　汇转字第 9 号

借方科目	金　额			总账页数	
	1～15 日汇总	16～31 日汇总	合　计	借方	贷方
本年利润		3 000.00	3 000.00		
合　计		3 000.00	3 000.00		

表 6-61　汇 总 转 账 凭 证

贷方科目:生产成本　　　2008 年 7 月份　　　汇转字第 10 号

借方科目	金　额			总账页数	
	1～15 日汇总	16～31 日汇总	合　计	借方	贷方
库存商品		241 290.00	241 290.00		
合　计		241 290.00	241 290.00		

表 6-62　汇 总 转 账 凭 证

贷方科目:制造费用　　　2008 年 7 月份　　　汇转字第 11 号

借方科目	金　额			总账页数	
	1～15 日汇总	16～31 日汇总	合　计	借方	贷方
生产成本		15 974.00	15 974.00		
合　计		15 974.00	15 974.00		

表 6-63　　汇 总 转 账 凭 证

贷方科目：本年利润　　　　　　2008 年 7 月份　　　　　　　　　汇转字第 12 号

借方科目	金　额			总账页数	
	1～15 日汇总	16～31 日汇总	合　计	借方	贷方
主营业务收入		298 800.00	298 800.00		
合　计		298 800.00	298 800.00		

表 6-64　　汇 总 转 账 凭 证

贷方科目：主营业务成本　　　　　2008 年 7 月份　　　　　　　　　汇转字第 13 号

借方科目	金　额			总账页数	
	1～15 日汇总	16～31 日汇总	合　计	借方	贷方
本年利润		224 474.00	224 474.00		
合　计		224 474.00	224 474.00		

表 6-65　　汇 总 转 账 凭 证

贷方科目：营业税金及附加　　　　2008 年 7 月份　　　　　　　　　汇转字第 14 号

借方科目	金　额			总账页数	
	1～15 日汇总	16～31 日汇总	合　计	借方	贷方
本年利润		14 940.00	14 940.00		
合　计		14 940.00	14 940.00		

表 6-66　　汇 总 转 账 凭 证

贷方科目：管理费用　　　　　　2008 年 7 月份　　　　　　　　　汇转字第 15 号

借方科目	金　额			总账页数	
	1～15 日汇总	16～31 日汇总	合　计	借方	贷方
本年利润		8 220.00	8 220.00		
合　计		8 220.00	8 220.00		

表 6-67　汇 总 转 账 凭 证

贷方科目:销售费用　　　　　2008 年 7 月份　　　　　　　　汇转字第 16 号

借方科目	金　　额			总账页数	
	1～15 日汇总	16～31 日汇总	合　计	借方	贷方
本年利润		1 000.00	1 000.00		
合　计		1 000.00	1 000.00		

表 6-68　汇 总 转 账 凭 证

贷方科目:所得税费用　　　　2008 年 7 月份　　　　　　　　汇转字第 17 号

借方科目	金　　额			总账页数	
	1～15 日汇总	16～31 日汇总	合　计	借方	贷方
本年利润		15 564.00	15 564.00		
合　计		15 564.00	15 564.00		

小提示

　　汇总转账凭证上的账户对应关系是一个贷方账户与一个或几个借方账户相对应的,所以,在汇总记账凭证账务处理程序下,为了便于编制汇总转账凭证,在平时编制转账凭证时,应使账户的对应关系保持一个贷方账户与一个或几个借方账户相对应,不得填制一个借方账户或几个借方账户与几个贷方账户相对应的转账凭证。否则,就不能以贷方账户为主进行汇总。

　　(4) 根据汇总记账凭证登记总分类账,仅以"库存现金"、"银行存款"账户为例进行登记,其余账户的登记从略,如表 6-69 和表 6-70 所示。

表 6-69　总 分 类 账

会计科目:库存现金

2008 年		凭证		摘　要	借　方							贷　方							借或贷	余　额						
月	日	字	号		万	千	百	十	元	角	分	万	千	百	十	元	角	分		万	千	百	十	元	角	分
7	1			上月结转															借		3	5	0	0	0	0
	31	汇收	1	1～15 日发生额			6	0	0	0	0								借		3	5	6	0	0	0
	31	汇付	2	1～15 日发生额	8	1	0	0	0	0	0								借	8	4	5	6	0	0	0
	31	汇付	1	1～15 日发生额								7	9	1	0	0	0	0	借		5	4	6	0	0	0

续表

2008年		凭证		摘要	借方							贷方							借或贷	余额						
月	日	字	号		万	千	百	十	元	角	分	万	千	百	十	元	角	分		万	千	百	十	元	角	分
	31	汇付	2	16~31日汇总	2	0	0	0	0	0									借		7	4	6	0	0	0
	31	汇付	1	16~31日汇总									1	8	0	0	0	0	借		5	6	6	0	0	0
				本月合计	8	3	0	6	0	0	0	8	0	9	0	0	0	0	借		5	6	6	0	0	0

表 6-70　总 分 类 账

会计科目：银行存款

2008年		凭证		摘要	借方								贷方								借或贷	余额							
月	日	字	号		十万	万	千	百	十	元	角	分	十万	万	千	百	十	元	角	分		十万	万	千	百	十	元	角	分
7	1			上月结转																	借		1	6	5	1	8	0	0	0
	31	汇收	2	1~15日汇总		5	0	7	2	6	2	0	0									借		6	7	2	4	4	2	0	0
	31	汇付	2	1~15日汇总											2	5	9	2	0	5	0	0	借		4	1	3	2	3	7	0	0
	31	汇收	2	16~31日汇总		1	5	2	3	3	4	0	0									借		5	6	5	5	7	1	0	0
	31	汇付	2	16~31日汇总											1	1	3	3	0	0	0	0	借		4	5	2	2	7	1	0	0
				本月合计		6	5	9	5	9	6	0	0		3	7	2	5	0	5	0	0								

> **小思考**
>
> 1. 汇总记账凭证账务处理程序与前两种账务处理程序有何异同？能否替代使用？
> 2. 汇总记账凭证账务处理程序下账簿和凭证有何要求？

知识链接6-3 ｜ 汇总记账凭证的编制方法

1. 汇总收款凭证的编制

汇总收款凭证是按"库存现金"、"银行存款"的借方分别设置，根据汇总期内现金、银行存款的收款凭证，分别按与设置科目相对应的贷方科目定期加以归类汇总。计算出合计数后，据以登记现金、银行存款总账的借方和各个对应账户的贷方。但对于货币资金相互划转业务，只在汇总付款凭证中汇总，不在汇总收款凭证中汇总，避免重复。

2. 汇总付款凭证的编制

汇总付款凭证是按"库存现金"、"银行存款"的贷方分别设置，根据汇总期内现金、银行存款的付款凭证，分别按与设置科目相对应的借方科目定期加以归类汇总。计算出合计数后，据以登记现金、银行存款总账的贷方和各个对应账户的借方。

3. 汇总转账凭证的编制

汇总转账凭证通常是按每个科目的贷方分别设置，根据汇总期内的转账凭证，分别

按与设置科目相对应的借方科目定期加以归类汇总。计算出合计数后,据以登记总账中有关账户的借方和设置账户的贷方。

若汇总期内某一贷方科目的转账凭证不多,为简化核算,可不汇总转账凭证,直接根据转账凭证登记总账。

注意:为了避免汇总时出现重漏,平时填制转账凭证时,只能按一个贷方科目与一个或几个借方科目相对应来填制,而不能以几个贷方科目与同一个借方科目相对应来填制。

知识链接6-4 汇总转账凭证账务处理程序的优缺点和适用范围

(1) 主要优点:记账凭证、汇总记账凭证和总分类账三者能清晰地反映账户的对应关系,便于经常分析、检查经济活动的情况;同时,由于总分类账是根据汇总记账凭证于月终时一次登记入账,减轻了登记总账的工作量。

(2) 主要缺点:汇总转账凭证的工作量较大,按贷方科目汇总而不是按经济业务的性质汇总,不利于日常核算工作的合理分工。

(3) 适用范围:适用于经济规模较大、经济业务较多的大、中型企业和单位。

本项目小结

本项目主要介绍了账户按用途和结构的分类和账务处理程序。账户分类是对企业会计核算中所用账户的总结,通过认识各类账户的本质特征和基本特征,从而达到能够灵活和综合运用账户的目的。

账户可以按不同的分类标准进行分类,但最基本的分类标准是:以账户的经济内容不同分类;以账户的用途和结构不同分类。账户按经济内容不同分类,可以分为资产类账户、负债类账户、共同类账户、所有者权益类账户、成本类账户和损益类账户六大类。账户按用途和结构不同分类可以分为盘存账户、结算账户、资本账户、集合分配账户、成本计算账户、财务成果账户、计价对比账户和调整账户等。

账务处理程序也称为会计核算组织程序或会计核算形式,是指会计凭证、会计账簿、财务报表相结合的方式。账务处理程序的基本步骤包括:接受并审核会计凭证,填制记账凭证;登记序时账和分类账(总分类账,明细分类账);对账,调整应计账项并计算成本与损益;结账;编制会计报表。

本项目重点讲述了三种常见的账务处理程序。记账凭证账务处理程序是各种账务处理程序的基础,其主要特点是:根据记账凭证逐笔登记总账。科目汇总表账务处理程序是在记账凭证账务处理程序基础上发展起来的,其主要特点是:根据记账凭证定期编制科目汇总表,根据科目汇总表登记总账。而汇总记账凭证账务处理程序的主要特点是:根据记账凭证定期编制汇总记账凭证,然后根据汇总记账凭证登记总账。不同的账务处理程序各有其不同的优缺点和适用范围。

课后练习

一、判断题

1. 生产成本账户期末借方余额表示尚未完工的产品成本,其经济实质是企业的一项资产。（　　）
2. 制造费用、管理费用和本年利润都是损益类科目。（　　）
3. "累计折旧"账户贷方登记本期增加额,所以属于负债类账户。（　　）
4. 采用记账凭证账务处理程序,不仅可以简化登记总账的工作,而且便于对账。（　　）
5. 各种账务处理程序的基础是记账凭证账务处理程序。（　　）
6. 记账凭证账务处理程序适用于所有类型的企业单位。（　　）
7. 各种会计账簿登记的依据都是记账凭证。（　　）
8. 采用科目汇总表账务处理程序时,需要根据定期编制的科目汇总表登记企业的明细分类账和总分类账。（　　）
9. 采用汇总记账凭证账务处理程序的单位,平时也需要逐笔登记日记账和明细分类账。（　　）
10. 不同的账务处理程序下,企业登记日记账的依据也不同。（　　）
11. 为了便于总账和明细账的核对,企业最好依据总账所属明细分类账的记录登记总账。（　　）
12. 由于记账凭证账务处理程序易于理解、便于掌握,业务量较多的大型企业也最好采用这种方法进行经济业务的处理。（　　）
13. 不同的账务处理程序下,企业编制会计报表的依据也不相同。（　　）

二、单项选择题

1. （　　）是损益类账户。
   A. 生产成本　　B. 长期待摊费用　　C. 制造费用　　D. 财务费用
2. 企业在不单独设置"预付账款"账户的情况下,可用（　　）账户代替。
   A. 应收账款　　B. 预收账款　　C. 应付账款　　D. 应收票据
3. 制造费用账户按用途结构分类属于（　　）账户。
   A. 资产类　　B. 费用类　　C. 成本计算类　　D. 集合分配类
4. "管理费用"属于（　　）账户。
   A. 资产类　　　　　　　　B. 负债类
   C. 所有者权益类　　　　　D. 损益类
5. 按照账户的用途和结构不同分类,累计折旧属于（　　）账户。

A. 资产　　　B. 损益　　　C. 集合分配　　D. 调整账户

6. 反映企业收益情况的账户是（　　）。

　　A. 本年利润　B. 营业外收入　C. 利润分配　　D. 盈余公积

7. 反映企业所有者权益的账户是（　　）。

　　A. 利润分配　B. 长期借款　　C. 累计折旧　　D. 主营业务收入

8. 各种账务处理程序的主要区别是（　　）。

　　A. 各单位的经济业务特点不同　　B. 各单位的管理要求不同
　　C. 登记总账的依据不同　　　　　D. 会计凭证传递的程序不同

9. 根据汇总记账凭证登记总账的账务处理程序称为（　　）。

　　A. 记账凭证账务处理程序　　　　B. 科目汇总表账务处理程序
　　C. 汇总记账账务处理程序　　　　D. 普通日记账账务处理程序

10. 科目汇总表的主要缺点是不能反映出（　　）。

　　A. 借方发生额　　　　　　　　　B. 贷方发生额
　　C. 借贷方发生额　　　　　　　　D. 会计科目对应关系

11. 在汇总记账凭证账务处理程序下，编制转账凭证时，一般情况会计科目对应关系应保持（　　）。

　　A. 一个借方科目与同一个贷方科目相对应
　　B. 一个借方科目与几个贷方科目相对应
　　C. 一个贷方科目与几个借方科目相对应
　　D. 几个贷方科目与几个借方科目相对应

12. 科目汇总表账务处理程序与汇总记账凭证账务处理程序（　　）。

　　A. 登记总账的依据相同　　　　　B. 都需要对记账凭证进行汇总
　　C. 汇总凭证的方法相同　　　　　D. 汇总凭证的格式相同

13. 编制科目汇总表的直接依据是（　　）。

　　A. 原始凭证　　　　　　　　　　B. 记账凭证
　　C. 原始凭证汇总表　　　　　　　D. 汇总记账凭证

14. 记账凭证账务处理程序的主要缺点是（　　）。

　　A. 不便于会计人员合理分工　　　B. 不能体现账户的对应关系
　　C. 方法不容易理解和掌握　　　　D. 登记总账的工作量大

15. 汇总记账凭证账务处理程序下，其总账账页的格式一般采用（　　）。

　　A. 三栏式账页　　　　　　　　　B. 多栏式账页
　　C. 数量金额式账页　　　　　　　D. 设有"对方科目"栏的三栏式账页

三、多项选择题

1. 以下属于备抵账户的有（　　）。

　　A. 利润分配　　　　　　　　　　B. 坏账准备
　　C. 存货跌价准备　　　　　　　　D. 累计折旧

2. 下列账户中与资产类账户结构完全相反的是（　　）。

A. 负债 　　B. 费用 　　C. 收入 　　D. 所有者权益
3. 反映流动资产的账户有(　　)。
　　A. 固定资产　　B. 累计折旧　　C. 原材料　　D. 库存商品
4. 一般需要设置明细分类账的总分类账户有(　　)。
　　A. 累计折旧　　B. 生产成本　　C. 利润分配　　D. 银行存款
5. 反映负债的账户有(　　)。
　　A. 预收账款　　B. 预付账款　　C. 应收账款　　D. 应付账款
6. 反映所有者权益情况的账户有(　　)。
　　A. 长期借款　　B. 实收资本　　C. 本年利润　　D. 利润分配
7. 下列账户中属于费用账户的有(　　)。
　　A. 所得税费用　　　　　　B. 制造费用
　　C. 管理费用　　　　　　　D. 主营业务成本
8. 记账凭证账务处理程序一般适用于(　　)企业。
　　A. 规模较小　　　　　　　B. 经济业务量较少
　　C. 产销的产品单一　　　　D. 记账凭证不多
9. 科目汇总表账务处理程序的优点主要是(　　)。
　　A. 能进行发生额的试算平衡
　　B. 能反映各科目的借方、贷方发生额
　　C. 能清楚地反映科目之间的对应关系
　　D. 能减少登记总账的工作量
10. 采用汇总记账凭证账务处理程序,各总分类账户的借方发生额依据(　　)予以登记。
　　A. 汇总收款凭证的合计数　　B. 汇总付款凭证的合计数
　　C. 汇总转账凭证的合计数　　D. 记账凭证汇总表的合计数

参考文献

1. 中华人民共和国财政部. 企业会计准则. 北京:经济科学出版社,2006
2. 中华人民共和国财政部. 企业会计准则——应用指南. 北京:经济科学出版社,2006
3. 会计从业资格考试培训教材编写组. 会计基础. 北京:经济科学出版社,2008
4. 缪启军. 会计基础与实务. 上海:立信出版社,2007
5. 李昕,韩国薇. 基础会计. 北京:经济科学出版社,2008
6. 金跃武,王炜. 基础会计(第2版). 北京:高等教育出版社,2006
7. 潘上永. 基础会计. 北京:科学出版社,2008
8. 徐淑华,张志和. 会计基础. 北京:高等教育出版社,2006
9. 汪洪波. 会计学基础. 重庆:重庆大学出版社,2008
10. 王觉. 基础会计. 大连:东北财经大学出版社,2008
11. 郭慧云. 基础会计. 大连:东北财经大学出版社,2007
12. 最新财会法规文件选编编写组. 最新财会法规文件选编. 北京:新华出版社,2008
13. 陈岩,宋玉章. 基础会计. 北京:电子工业出版社,2007